백종현　서울대학교 명예교수

강순전　명지대학교 철학과 교수

박찬부　경북대학교 명예교수

박찬국　서울대학교 철학과 교수

오생근　서울대학교 명예교수

장춘익　한림대학교 철학과 교수

김상환　서울대학교 철학과 교수

김성곤　서울대학교 명예교수

고전 강연 4

근대정신과 비판

문화의 안과 밖

고전 강연

백종현
강순전
박찬부
박찬국
오생근
장춘익
김상환
김성곤

4

근대정신과
비판

민음사

머리말

『고전 강연』은 네이버 문화재단이 지원하는 '문화의 안과 밖' 강연의 두 번째 시리즈 '오늘을 성찰하는 고전 읽기'를 책으로 엮은 것이다. '문화의 안과 밖'은 오늘날 학문의 여러 분야에서 문제가 될 만한 주제들을 다루면서, 학문의 현재 위상에 대한 일단의 성찰을 시도하고 그 기초의 재확립에 기여할 것을 목표로 한 기획이었다.

지금까지 우리 학문의 기본자세를 결정한 것은 긴급한 시대의 부름이었다. 이는 정당한 것이면서도, 전통적으로 학문의 사명으로 정의되어 왔던 진리 탐구의 의무를 뒷전으로 밀리게 하는 일이기도 했다. 그리하여 새삼스럽게 상기할 필요가 있는 것은 진리에 대한 추구가 문화의 핵심에 자리할 때 건전한 사회가 유지될 수 있다는 사실이다. 그리고 그에 비추어서만 현실 문제에 대한 진정한 해답도 찾을 수 있다.

'문화의 안과 밖'은 학문적 기준을 지키면서도 일반 청중에 열려 있는 강연 시리즈다. 일반 청중과의 대화는 학문 자체를 위해서도 중요한 의미를 지닌다. 그것은 특별한 문제에 집중하여 전문적으로 연구하는 학문을 보다 넓은 관점에서 되돌아보게 한다. 사회적 열림은 자연스럽게 학문이 문화 일반과 맺는 관련을 생각하게 한다. 그리고 그에 요구되는 다면적 검토는 학문 상호 간의 대화를 자극할 것이다.

그리하여 넓어지는 학문적 성찰은 당면하는 문제의 궁극적인 배경으로서 보편성의 지평을 상정할 수 있게 한다. 가장 넓은 의미에서의 건전한 사회의 바탕은 여기에 이어져야 마땅하다고 할 수 있다.

그러나 너무 넓은 관점에서 시도되는 성찰은 지나치게 일반적이고 추상적인 것이 되어 학문적 사고가 태어나는 구체적 정황을 망각하게 할 수 있다. 현실에 대한 개념적 이해는 학문이 추구하는 목표의 하나다. 이에 못지않게 중요한 것은 그러한 개념과 이해가 생성되는 이해의 동역학이다. 이것을 생각하게 하는 계기의 하나는 고전 텍스트의 주의 깊은 독서일 것이다. 그러나 고전이 된 텍스트는 새로이 해석되어야 비로소 살아 움직이는 현실로서 이해될 수 있다. 해석은 텍스트에 충실하면서 그것이 오늘의 삶에 지니는 의미를 생각해 보는 작업이다. 또 고전이 동시대에 지녔던 자리와 의미를 알아보는 일도 필요하다. 이러한 동시대적 의미를 밝힘으로써 고전은 삶의 핵심적 사건으로서 구체성을 얻게 되고, 오늘의 삶의 조명에 도움을 줄 수 있다.

물론 고전을 읽는 데에 한 가지 고정된 접근 방법이 있는 것은 아니다. 선택된 고전을 어떻게 읽느냐 하는 것은 고전의 독특한 성격에 따라, 또 강연자의 관심에 따라 다를 수밖에 없다. 접근 방법을 고정하는 것은 고전을 통하여 사회의 정신을 넓히고 깊게 하는 것이 아니라 그것을 좁히고 옅게 하는 일이 될 것이다.

이번 고전 강연 시리즈에서 다루는 텍스트는 50여 권에 한정된다. 이를 선택하는 것은 극히 어려운 일이었다. 우리는 강연에서 다루는 고전들이 다른 고전 텍스트로 나아가는 길을 열기를 희망한다. 시리즈의 처음, 1권에 자리한 여러 고전 전통에 대한 글은 보다 넓은 고전들의 세계로 나가는 길잡이로서 계획된 것이다. 고전 읽기가 우리 문화의 안과 밖을 넓히고 깊이 있게 하는 데 도움이 되기를 바란다.

문화의 안과 밖 자문위원회

지식학에서 철학으로

칸트의 『순수이성비판』 읽기

백종현 (서울대학교 명예교수)

임마누엘 칸트(Immanuel Kant, 1724~1804)
동프로이센의 항구 도시 쾨니히스베르크(지금의 러시아 칼리닌그라드)에서 태어났다. 쾨니히스
베르크 대학에서 철학과 수학, 자연과학 등을 공부하고 졸업 후 생계를 위해 가정 교사로 일하기
도 했다. 1755년부터 모교에서 강의를 시작해 1770년에 논리학과 형이상학 정교수가 되었다. 평
생 고향을 떠나지 않았지만 호기심이 왕성하고 박학다식하여 철학 외에도 천문학, 물리학, 화학,
수학, 신학, 지리학 등 다양한 과목을 가르쳤다.
저서에 『순수이성비판』, 『실천이성비판』, 『판단력비판』, 『형이상학 서설』, 『윤리형이상학 정초』,
『윤리형이상학』, 『이성의 한계 안에서의 종교』, 『자연과학의 형이상학적 기초원리』 등이 있다. 경
험주의와 이성주의의 서구 근세철학을 비판적으로 종합하고 전면적 재편성을 시도하여 이후의 철
학 전반에 큰 영향을 미쳤다.

1 칸트철학과 철학의 과제

칸트는 그를 '우리의 철학자'로 있게 한 저술 『순수이성비판(*Kritik der reinen Vernunft*)』의 개정판(1787)을 베이컨(Francis Bacon, 1561~1626)의 『대혁신(*Instauratio magna*)』(1605)의 머리말을 인용함으로써 시작한다.[1] 거기에서 읽을 수 있는바 칸트의 저술 의도는 (1) 사람들이 진실을 밝히는 도정에서 부딪치는 "끝없는 착오를 종결짓고, 그것의 합당한 한계를 제시하는 것"과 이를 통해 (2) "인류의 복지와 존엄을 위한 토대를 마련하는 것"이다.

잘 알려져 있듯이 칸트는 "세계시민적 의미에서의 철학 분야"를 형이상학·도덕론·종교론·인간학이라 꼽으면서 그 중심 물음을 아래와 같이 밝힌 바 있다.

(1) 나는 무엇을 알 수 있는가?
(2) 나는 무엇을 행해야만 하는가?
(3) 나는 무엇을 희망해도 좋은가?
(4) 인간은 무엇인가?(*Log*, IX, 25[2])

부실한 토대 위에 가건물의 형상만 하고 있는 형이상학·도덕론·종교론에 학문적 기반을 마련해 주기 위해 칸트가 수행한 작업이 '이성 비판'이다. 철학은 "개념들에 의한 이성 인식의 체계"(*Log*, IX, 23)인 만큼, 철학의 과제는 일차적으로 "(1) 인간 지식의 원천, (2) 모든 지식의 가능하고 유용한 사용의 범위, 그리고 끝으로 (3) 이성의 한계를 규정할 수 있어야만 하기"(*Log*, IX, 25) 때문이다. 그러나 철학의 소임이 한낱 세련되고 엄밀한 지식의 체계를 세우는 것에 그치는 것은 아니다. 이것은 철학의 "학교 개념(Schulbegriff)"일 뿐이다. 진정한 철학, 곧 "세계 개념(Weltbegriff)"으로서의 철학은 "인간 이성의 최종 목적들에 대한 학문"(*Log*, IX, 23)이다. 철학의 "이러한 고차적 개념이 철학에 위엄[존엄성], 다시 말해 절대적 가치를 부여한다."(*Log*, IX, 23) 이러한 개념의 철학이야말로 "단 하나 내적 가치를 가진 것으로서, 여타의 모든 인식에 비로소 하나의 가치를 부여하는 것이다." (*Log*, IX, 24)

철학은 한낱 사유의 "숙련성"이 아니라 "유용성"을 향해 있다. 이런 의미에서 철학은 '철학'의 그리스어 낱말 '필로소피아(philosophia)'의 뜻 그대로 "지혜의 학문"이다. 지혜란 인간 이성의 최종 목적들을 제시하는 힘을 말하거니와 그 힘은 여러 가지 목적들이 있을 때 그 선택의 원칙을 세우는 데서 발휘된다. 그래서 "철학은 우리 이성 사용의 최고 준칙에 대한 학문이라고 부를 수 있다. 준칙을 여러 가지 목적들 중의 선택의 내적 원리라고 이해하는 한에서 말이다."(*Log*, IX, 24) 요컨대 철학은 "모든 지식 및 이성 사용의 인간 이성의 궁극 목적, 즉 여타의 모든 목적들이 그에 종속되어 있고 그 안에서 합일하여 통일성을 이루어야만 하는 최상의 목적과의 관계에 대한 학문"(*Log*, IX, 24)이다. 이러한 철학의 개념 아래서 칸트는 자신의 『순수이성비판』 작업이 "인류의 복지와 존엄을 위한 토대를 마련하는 것"의 일환이며, 이를 위해 철학의 역사에서, 다시 말해 이성의 역사에서 반복되어 온 "끝없는 착오를 종결짓고, 그것의 합당한 한계를 제시하는 것"이 제일 과제임을 천명한다. 그리고 그 과제는 다름 아닌 이성의 자기비판을 통해 수행되는 것이다.

2 계몽주의와 칸트의 '순수 이성 비판'

칸트의 비판철학은 그 자체로 계몽철학이다. 코페르니쿠스-갈릴레이-뉴턴이 과학에서, 로크-루소-볼테르가 정치·사회 이론에서 계몽 정신을 시현(示現)했다면, 칸트는 무엇보다도 철학의 본령인 형이상학에서 그것을 시현했다.

사람들을 무지몽매에서 일깨워 밝은 빛으로 이끈다는 계몽(啓蒙)주의는 모든 진리, 모든 권위의 본부를 신·신적 이성·기독교회·성직자에 둔 상황을 무지몽매하다고 전제하고 있다. 그리고 그에 대치될 '밝은 빛'은 다름 아닌 인간의 보편적 지성 내지 이성이라는 것이다. 신의 계시로 설명되던 세상의 온갖 이치를 인간의 이성에 의해 밝혀 보겠다는 것이, 아니 세상의 온갖 이치의 본부는 다름 아닌 인간 자신의 이성이라는 것이 계몽주의의 주장이다. 이 같은 계몽주의가 형이상학의 영역에서는 칸트에 와서 정점에 이른다. 칸트의 철학은 계몽철학의 정점에 서 있다. 그러나 정점은 오르막의 끝이자 내리막의 시작이다. 계몽철학으로서 칸트의 철학은 모든 진리의 본부를 인간 이성에 두지만, 그 이성은 자기비판을 통하여 한계를 자각한 이성이다.

"계몽의 시대"는 "진정한 비판의 시대요, 모든 것은 비판에 부쳐져야 한다."(AXI) "이성은 오직, 그의 자유롭고 공명한 검토를 견뎌

지식학에서 철학으로

낸 것에 대해서만 꾸밈없는 존경을 허용한다."(AXI) ── 이것이 진실일진대, 이성은 응당 자기 자신부터 비판할 일이다. 이성이 "자기 자신의 능력에 대한 선행적 비판이 없이"(BXXXV) 하는 일은 무엇이나 그 자체가 교조적임을 면할 수 없는 것이니 말이다. 이에 칸트의 계몽철학은 이성 비판에서부터 발걸음을 내딛는다.

　순수한 개념 체계인 철학의 문제와 관련해서 비판의 대상이 되는 이성은 오로지 '순수한' 이성이다. 이성적 요소 외에는 아무것도 포함하지 않은 그 자체로서의 이성 말이다. 그래서 칸트의 첫 작업은 '순수 이성 비판'이다. 그것은 "순수 이성의 원천과 한계"(A11=B25)를 분별하는 일로, 이로써 이성은 "이성에 대해, 이성이 하는 업무들 중에서도 가장 어려운 것인 자기 인식의 일에 새로이 착수하고, 하나의 법정을 설치하여, 정당한 주장을 펴는 이성은 보호하고, 반면에 근거 없는 모든 월권에 대해서는 강권적 명령에 의해서가 아니라 이성의 영구불변적인 법칙에 의거해 거절할 수 있을 것을 요구"(AXI 이하)하는 것이다. 이제 이 순수 이성 비판이라는 법정의 심판대에 이성 자신과 더불어 첫 번째로 세워지는 피고가 다름 아니라 이른바 '순수한 이성의 이론적 체계'인 형이상학이다.

　형이상학이 과연 엄밀한 이성 인식의 체계인가를 변별하는 이 작업이야말로 "이제는 더 이상 사이비 지식에 자신을 내맡기지는 않으려는 시대의 성숙한 판단력에서 비롯한 것"(AXI)으로, 이것은 철학적 문제 영역에 있어서의 계몽주의의 첫째 과제이자, 또한 칸트 비판철학의 근본 과제이다.

　칸트의 이성 비판은 이성의 자기 분간이고, 그러므로 그것은 이성의 자기 분열이다. 당시의 계몽주의 정신에 알맞게 칸트는 인간 사회에서 논의되는 모든 것을 심판대에 세웠고, 그 심판관은 이성이었다. 그러나 '인간 사회에서 논의되는 모든 것'은 바로 인간 이성 자신의 산물인 까닭에, 그 심판은 이성 자신의 자기 심판이었다. 이 분간과 심판의 결과가 이성의 활동 방식과 영역에 따른 철학의 분류에도 그대로 반영되었다. 순수 이성 인식의 체계로서 철학은 크게 이성의 자기 원리를 탐구하는 (형식) 논리학과 이성에 의해 초감성적 대상을 탐구하는 형이상학으로 나뉘고, 이 형이상학은 다시 자연, 곧 존재하는 것에 대한 형이상학과 자유, 따라서 당위적인 것에 대한 형이상학으로 나뉘며, 존재하는 것에 대한 형이상학은 다시금 존재 일반의 의미를 묻는 일반 형이상학 곧 존재론과 특수한 형이상적(形而上的)인 것들의 정체를 묻는 영혼론·우주론·신학 등으로 나뉜다. 이런 토대적 연구를 수행하는 근본학인 철학의 기초 위에 여러 분과학(分科學)들이 특정의 연구 영역을 할당받아 갖는다. 이것은 자기반성을 거친 이성이 스스로 분수를 알아 정한, 이를테면 분업(分業)의 형태이다. 이것은 몽테스키외(Baron de Montesquieu, 1689~1755)가 정치 영역에서 이상적 형태로 본 권력 분립에, 애덤 스미스(Adam Smith, 1723~1790)가 산업 생산에서 효율적이라고 파악한 분업의 형태에 상응한다. 그러나 분업의 장점은 협업(協業)의 체계가 뒷받침되었을 때에야 비로소 제대로 발휘될 수 있는 법이다.

이성이 가진 여러 기능의 성격상, 그리고 탐구해야 할 대상의 성격상 분업할 수밖에 없는 이성의 모습을 그려 낸 칸트는, 그러나 그 분업적인 작업을 연결시키는 이성의 또 다른 매개 기능을 찾는 데 부심했다. 그 대표적인 것이 (형식) 논리학과 형이상학을 분간해 놓은 후에, 다시 '초월 논리학'을 세워 이성의 논리적 기능과 존재자의 존재에 대한 이성의 탐구 기능을 하나로 묶은 것이다. 더 나아가 그는 또한 존재에 대한 이론적 작업과 목적을 향한 실천적 활동을 구분한 연후에, 존재 안에서 목적을 보는 이성의 반성적 기능을 끌어들여 '이성 비판'의 3단계를 완료하고자 했다. 그것은 이성의 분업적 활동이 체계적 통일성을 동시에 가지고 있음을 함의한다.

자연을 인식하는 이론적 이성 기능, 자연 안에서 살면서 자유롭게 행위하는 실천 이성의 기능, 자연 안에서 자유롭게 행위하면서도 자연의 이법에 부합하는 자신을 발견하는 반성적 판단력의 원리와 활동 한계를 구명한 칸트의 3대 비판서는 다름 아닌 그의 비판적 형이상학의 얼개를 보여 준다.

개인의 성장 과정에서도 사춘기에 이르러 사람들이 가장 진지하게 묻는 것이 '나란 무엇인가?', '도대체 인간이란 무엇인가?'라는 물음이고, 그래서 자기를 묻고, 자아를 캐고, 주체성을 세우고, 인간성을 따져 보려 하듯이, 자신들이 살고 있는 시대를 계몽의 시대라고 스스로 규정하며 자기 탐구에 들어선 사춘기적 근대인들이 궁극적으로 알고 싶어 했던 것은 '인간이 무엇인가?'였다.

칸트가 인간을 무엇으로 파악했는지는 이성에 대한 3대 비판서를 통해 드러난 그의 '비판적' 형이상학에서 그 핵심을 볼 수 있다.

이성의 이론적 작업의 대상으로서 자연은 인간 이성에 의해 규정받으며, 이때 자연은 객체이고 인간은 주체이다. 자연에서 태어나서 자연에서 행위하는 인간에게 있어서, 자연(Natur)은 인간의 본성(Natur)을 결정하며, 따라서 인간은 자연의 법칙에 종속한다. 그러나 자연 가운데서 실천적으로 행위하는 자유 의지를 가진 인간은 그의 행위를 통해 자연을 변화시키며 자연 내에서 그 실재를 확인할 수도 없는 도덕적 이상을 자연 안에서 실현해 간다. 그러나 반성하는 이성은 이성의 이런 지향적 노력 자체가 자연의 합목적성임을 발견한다.

자연을 지향적으로 규정하는 초월적 주관으로서 인간은 그가 인식한 것이 곧 존재하는 것이며, 존재하는 것은 다름 아닌 그의 인식 내용임을 알아챈다. 자유의 주체로서 인간은 그의 의지 행위를 통해 자연, 곧 존재를 비로소 현실화하며, 반성적인 판단자로서 인간은 그 같은 그의 행위가 자연의 합목적성 안에 있음을 깨친다.

이 같은 칸트의 발언은 형이상학이 더 이상 '존재의 학', 사실의 학이 아니라 '이념의 학'임을 천명한 것으로, 신적 이성에게에나 어울릴 무한한 존재-인식의 세계를 인간의 세계에서 배제하는 대신, 유한한 자연 존재의 세계와 무한한 이념-희망의 세계를 인간 이성에 적합한 세계로 규정한 것이다. 이 칸트의 비판적 형이상학 체계가 그의 이성 비판의 결실이며, 이 결실은 당초의 순수 사변 이성 비판의 묘목이 자라서 맺은 것이다. 칸트의 이 비판적 형이상학은 인간의 이론 이성의 자기 한계 규정의 산물로서, 그것은 그러니까 종래 '이성'의 이름으로 거대한 체계를 구축했던 "참월한" 재래 형이상학을 '초월적 변증학'이라는 이름 아래서 비판 폐기함으로써 얻은, 자기 분수를 아는 '새로운 형이상학'이다. 이 같은 해체와 재건을 위한 작업, 이를테면

'방법적 비판'의 작업 과정이 칸트의 대표 저술『순수이성비판』의 순서와 구조를 이룬다.

3 『순수이성비판』의 체제

『순수이성비판』은 철학사에서 대혁신을 넘어 혁명적 영향을 미치고 있다. 그러나 기본적인 서술 구도나 다수의 개념 사용에서 칸트는 서구의 전통적 학술 유산을 상당 부분 계승하고 있다. 그리고『순수이성비판』이 칸트 자신에게나 독일인에게나 독일어로 쓰인 최초의 철학적 대저술이라는 사실은, 칸트의 상당수 독일어 철학 용어가 그 전에 사용되던 용어들, 곧 라틴어 철학 용어들의 번역어임을 말한다. 그런데 어떤 언어 사용 내지 차용은 그 언어가 실어 나르는 사상적 전통도 상당 부분 수용함을 뜻한다. 칸트가 그의 철학 사상에서 그로부터 벗어나 새로운 세계를 열어 보였음에도 불구하고, 그의 용어 사용이나 서술 방식은 실로 스콜라적이라 말해도 과언이 아니다.

인간의 활동 주체를 의식(Bewußtsein)으로 놓고, 의식의 대상과의 교섭 방식에 따라 의식 작용을 다시금 지(知, Wissen/Erkenntnis) · 정(情, Gefühl) · 의(意, Wille)로 구분한 것은 전통적인 최고 가치관, 곧 진(眞) · 선(善) · 미(美)의 구분 방식을 좇은 것이고, 그의『순수이성비판』·『실천이성비판』·『판단력비판』등 이른바 3대 비판서는 사실이 세 가지 가치 탐구의 예비학 성격을 가지고 있는 것이다.

'이성의 철학자' 또는 '이성 비판의 철학자'라고 해도 마땅할 칸트는 그 이름에 걸맞게 '이성(Vernunft)'이라는 말을 자주 사용하는데, 그 의미가 매우 다양하다. 그것은 그가 여러 전통의 맥락에서 오랜 사용 역사를 가진 이 말을 문맥에 따라 차용하고 있기 때문이다. 비록 칸트가 그런 사용 중에서 그 나름의 의미 영역을 획정해 나가고 있기는 하지만 말이다.

칸트에서 '이성'은 때로는 '인간은 이성적 동물'이라고 규정할 때처럼 인간 의식 작용 전체를 지칭한다. 이를 편의상 '가장 넓은 의미의 이성'이라고 이름 붙일 수 있다. 여기에는 사변 이성, 실천 이성은 말할 것도 없고, 판단력, 상상력, 감정 등 모든 심성 양태가 포함된다. 또 때로는 지식 능력 일반만을 이성이라고 일컫기도 하는데, 그것은 이른바 사변 이성을 지칭하는 것으로, 이것을 우리는 '넓은 의미의 이성'이라고 부를 수 있겠다. 『순수이성비판』에서 비판하고 비판받는 이성은 바로 이 '넓은 의미의 이성'이다. 칸트는 이 이성을 다시금 감성(Sinnlichkeit)·지성(Verstand)·이성(Vernunft) ── '좁은 의미의 이성' ── 으로 세분하는데, 이 세 이성 기능에 대한 비판의 전개가 그의 책 『순수이성비판』의 내용을 구성한다.

그런데 다른 한편, 책 『순수이성비판』을 사변적, 곧 논리적 이성 기능 전반에 대한 서술로 생각한 칸트는 이 역시 '로고스(logos, ratio)의 학문', 곧 '이성의 학문(philosophia rationalis)', 다시 말해 일종의 '논리학(logica, Logik)'으로 여겨, 당시의 논리학 저술 체계를 따르고 있다. 그래서 『순수이성비판』은 그의 『논리학』(AA IX, 1~150 참조)과 유사한 외양을 가지고 있다. 그것은 "순수 이성은 완전한 통일체여서" (AXIII), 어느 관점에서든 그것의 논리 구조를 따라 서술하고자 한다면, 같은 모습을 보게 될 것이기 때문일 것이다.

칸트는 논리학을 사고 형성의 요소를 다루는 요소론과 사고 및 인식의 성격과 구분을 설명하는 방법론으로 구성하는 당시의 방식에 따라 그의 『논리학』을 편성했을 뿐만 아니라, 이에 맞춰 그의 『순수이성비판』(뿐만 아니라 『실천이성비판』)을 썼다. 그의 『논리학』, 곧 일반 (형식) 논리학이 일반 요소론과 일반 방법론 두 부문으로 이루어져 있는 것에 비해, 초월(인식, 실질) 논리학을 기술하고 있는 그의 『순수이성비판』은 초월적 요소론과 초월적 방법론이라는 두 부문을 갖는다.

초월적 요소론은 인간의 대상 인식을 형성하는 요소들을 서술하는데, 그것은 초월적 감성학과 초월(적) 논리학의 두 부분으로 구성되어 있다. 감성학 부분은 일반 논리학에는 없는 것인데, 그것은 일반 논리학이 일체의 감각 대상은 도외시하고 순전한 사고의 형식적 요소만 살피는 것이기 때문이다. 그러니까 내용상으로는 초월(적) 논리학 부분만이 일반 논리학의 요소론에 상응하는 것이다. 논리 내지 사고의 일반 요소는 개념 · 판단 · 추리로서, 이 셋에 대한 서술이 일반 요소론의 세 절을 구성한다. 그에 비해, 초월(적) 논리학은 초월적 분석학과 초월적 변증학을 내용으로 갖는바, 초월적 분석학은 개념의 분석학과 원칙의 분석학(판단력의 초월적 교설)으로 구성되어 있고, 초월적 변증학은 순수 이성의 변증적 추리 형태들을 다룬다. 그러니까 개념의 분석학, 원칙의 분석학, 초월적 변증학은 일반 논리학의 요소론에서 각각 개념론 · 판단론 · 추리론에 상응한다고 볼 수 있다.

초월적 방법론은 이성의 일반적 성격과 사용의 구분에 대해서 논한다. 그것은 개념 일반의 성격과 구분을 서술한 일반 방법론에 상응한다.

여기에 통상적인 머리말과 철학적 저술이 대개 갖추고 있는 서론이 덧붙여진 대저술(A판 총 878면 / B판 총 928면)『순수이성비판』은 아래와 같이 구성되어 있다.

머리말(AVII~AXXII / BVII~BXLIV)

서론(A1~A16 / B1~B30)

Ⅰ. 초월적 요소론

　　1. 초월적 감성학(A19~A49 / B33~B73)

　　2. 초월적 논리학

　　　　서론(A50=B74~A64=B88)

　　　　1) 초월적 분석학(A64=B89~A292=B349)

　　　　　(1) 개념의 분석학

　　　　　(2) 원칙의 분석학

　　　　2) 초월적 변증학(A293=B349~A704=B732)

Ⅱ. 초월적 방법론(A705=B733~A856=B884)

이 편성에서 초월적 감성학 및 초월적 논리학 중 초월적 분석학 부분을 전반부, 초월적 변증학 이후의 부분을 후반부라고 통칭하는데, 전반부(=『순수이성비판 1』[3])에서 칸트는 이른바 그의 '초월철학(Transzendental-philosophie)'을 정립하고, 후반부에서는 이를 토대로 재래의 형이상학, 이른바 이성적 형이상학을 논파한다. 그것은 참다운 형이상학을 위한 정초 작업으로서, 이로써 순수한 이성의 이성 자신

　　　　　　　　　　　　　　　　　　　지식학에서 철학으로

에 대한 비판, 곧 순수 이성의 자기 한계 규정인 '순수 이성 비판'은 진정한 형이상학의 '예비학'의 성격을 얻는다.

4 『순수이성비판 1』의 대의

칸트 초월철학의 대강

인간은 감각 작용을 통해서만 대상을 인식할 수 있다. 직접적으로 대상과 접촉하는 이러한 감각 작용을 "직관(Anschauung)"이라고 부르며, 이렇게 직관하는 인간의 능력을 "감성(Sinnlichkeit)"이라고 일컫는다. 감각 작용은 그러니까 직관 활동으로서, 그것은 감성이 무엇인가에 의해 촉발되어 그때 주어지는 잡다한 것을 수용하는 것이다. 그런데 주어지는 잡다한 것들은 감성의 일정한 틀인 공간·시간의 형식에 맞춰, 곧 '서로 곁하여' 그리고 '서로 잇따라' 정리 정돈되어 수용된다. 이렇게 감각 작용을 통하여 수용된 것을 칸트는 "현상(Erscheinung)"이라고 일컬으며, 여기서 수용된 잡다한 것을 "현상의 질료"라 하고, 이 질료를 일정한 관계에서 정돈하는 '서로 곁하여' 곧 공간 표상과 '서로 잇따라' 곧 시간 표상을 "현상의 형식"이라고 부른다. 감각 작용의 이러한 결과를 "현상"이라고 부른다면, 이러한 현상이 있도록 감각 작용을 촉발한 '무엇인가'는 "사물 자체(Ding an sich)"라고 부를 수 있겠다. 또 저러한 현상을 경험적 대상이라고 부른다면, 저 '무엇인가'는 '초험적 대상'이라고 부를 수 있을 것이다.

대상 인식에서는 감각 작용을 통하여 이렇게 우리에게 나타난 것이 무엇인가, 어떻게 있는 것인가를 아는 작용이 뒤따르는데, 이 무엇인가를 아는 인간의 능력을 칸트는 "지성(Verstand)"이라고 부르며, 이 지성의 앎의 활동 방식을 "사고 작용"이라고 일컫는다. 그러니까 대상 인식이란 감성적 직관을 통해 수용된 것이 '무엇인가'(본질) 그리고 '어떻게 있는가'(존재(양태))를 파악하는 지성의 사고 작용으로 완성되는 것이다. 그런데 사고 작용 역시 일정한 틀, 즉 양·질·관계·양태의 형식들에 따라 수행되는 것이니, 이 사고 작용의 틀을 칸트는 "범주들(Kategorien)"이라고 일컬으며, 이 범주들은 순수한 지성이 이미 갖추고 있는 대상 파악의 얼개라는 의미에서 "순수 지성개념들"이라고도 부른다. 이 순수 지성개념들이 바로 사고의 형식으로 기능함으로써 사고 작용이 일어나는 것이다. 그리고 이 사고 작용을 통해서 우리에게 비로소 하나의 대상(Gegenstand), 예컨대 '지금 여기에 있는 하나의 갈색 책상'이 드러난다. 칸트는 이러한 맥락에서 이 대상 역시 '현상'이라고 부르는데, 그러니까 '현상'이란 칸트에게서는 이 중적 의미를 갖는 셈이다.

우리는 편의상 감성에서 직관된 것을 '일차적 의미의 현상'이라고 부르고, 이것이 지성의 사고를 통해 한 사물로서 그리고 그것의 본질과 존재 양태가 규정되어 우리에게 '하나의 어떠어떠한 사물(존재자)'로서 나타난 현상을 우리는 '엄밀한 의미에서의 현상'이라고 불러 양자를 구별할 수도 있겠다. 그러니까 지성 작용의 단계에서 볼 때 '일차적 의미에서의 현상'은 이 엄밀한 의미의 '현상의 질료'이고, 지성의 작용 틀로 기능하는 이른바 '순수하고 선험적인 지성의 개념들', 곧 "범주들"은 이 엄밀한 의미의 '현상의 형식'이라고 생각해도 좋겠다.

칸트는 범주들에 따라서 지성이 잡다한 현상들을 하나의 대상으로 통일 인식하는 작용을 일컬어 "사고한다(denken)" 또는 "규정한다(bestimmen)"고 하는바, 이때 이 사고함 내지 규정함은 선험적인 그러니까 주관적인 감성적 표상인 공간·시간 관계에 따라 일차적으로 정리된 자료를 다시금 선험적인 그러니까 주관적인 지성개념들인 범주들에 따라 통일(vereinigen) 결합함(verbinden)을 말한다. 그러므로 이러한 감성과 지성의 대상 인식 작용은, '그 자신 선험적이면서도 경험을 가능하게 하는 어떤 것'을 "초월적"(Prol, A204=IV373)이라고 일컫는 칸트의 용어법대로 표현하자면, 의식의 초월적 활동이다. 그리고 이러한 의식의 초월적 작용을 통해서만 우리 인간에게 대상 인식이 가능함을 해명하는 칸트의 철학이 '초월철학'이다.

초월철학과 인식론/존재론의 혁명

초월철학과 코페르니쿠스적 전환

칸트는 『순수이성비판 1』에서 그의 이른바 '초월철학'을 개진한다. 그가 자기의 철학을 '초월적'이라고 명명할 때부터 전통 철학을 전복시키는 '혁명'의 기치가 오른다. 본래 초월철학은 스콜라철학의 형이상학에 붙여야 마땅할 명칭이었는데, 정반대의 이론을 펴면서 칸트가 이 명칭을 사용하고 있으니 말이다.

한국어 '초월적'은 독일어 '트란첸덴탈(transzendental)'의 번역어이다. 그런데 어원상으로 볼 때, 독일어 낱말 '트란첸덴탈'은 '트란첸덴트(transzendent)'와 동근어(同根語)로서, 이 둘은 각각 '초월하다' 혹은 '넘어가다(넘어서다)'의 뜻을 갖는 라틴어 동사 '트란첸데레(transcendere)' ── 독일어 직역 hinübersteigen, überschreiten ── 에서 유래한 중세 라틴어 형용사 '트란첸덴탈리스(transcendentalis: 초월한, 초월적)'와 분사 '트란첸덴스(transcendens: 초월하는, 초월해 있는)'의 독일어 형태이다. 이 중 형용사 '트란첸덴트'는 라틴어 동사 '임마네레(immanere: 안에 있다, 부착해 있다)'의 분사 '임마넨스(immanens)'의 독일어 형태 '임마넨트(immanent: 내재하는, 내재적)'와 켤레 말로도 자주 쓰인다.(A296=B352 참조) 그런데 이러한 어원적 유래는 칸트의 '초월적'이라는 개념을 이해하는 데 도움이 되는 한편 장애가 되기도 한다.

철학적 문헌에서는 처음 스콜라철학에서 '트란첸덴탈'과 '트란첸덴트'가 상호 교환 가능한 말로 사용되었으니, 어의상으로나 철학적 관용으로 보나 두 낱말을 군이 구별할 것 없이 한국어로는 '초월적(超越的)'이라고 옮길 수 있다. 그러나 근대 이후에는 이 두 낱말이 때때로 차이 나게 쓰이고, 또 '트란첸덴트'와 '임마넨트'가 서로 짝 됨을 고려하여, '트란첸덴트'는 '감각 경험을 벗어나(넘어서) 있는'이라는 의미에서 '초험적(超驗的)' 또는 '초재적(超在的)'이라 하고, '트란첸덴탈'만을 '초월적'이라고 새겨서 양자를 구별해 주는 편이 더 나을 수 있다. 이때 '초월적'이란 의당 '초월하는' 기능(작용)과 '초월한(초월해 있는)' 상태 두 가지를 모두 지칭하겠다.

스콜라철학에서 초월적인 것 즉 초월자(transcendentia 또는 transcendentalia)란, 모든 범주들 내지는 유개념을 넘어서 모든 존재자에 무제약적으로 타당한 사고 내용(개념), 바꿔 말하면 '모든 개별 존재자들을 넘어서 있으면서도 각 개별자들에게 필연적으로 속하는 규정들'을 지시했다.⁴ 용어 '트란첸덴치아(transcendentia)'를 처음 사용한 것으로 알려져 있는 알베르투스 마그누스(Albertus Magnus, 약 1206~1280)는 이런 것으로 '존재자(ens)', '하나(unum)', '참임(verum)', '선함(bonum)'을 들었는데, 이것들은 본래 신에게만 적용할 수 있는 술어(述語)로서, 여타의 것들에는 단지 유비적으로만 사용될 수 있다고 보았고, 토마스 아퀴나스(Thomas Aquinas, 약 1225~1274)는 여기에 '사물(것)(res)'과 '어떤 것(aliquid)'을 추가했다. 둔스 스코투스(Duns Scotus, 약 1266~1308)에 이르러 이것을 '트란첸덴탈리아(transcendentalia)'라고도 일컫기 시작했는데, '존재자'는 가장 보편적인 것이고 나머지 다섯 가지는 이것의 불가결의 상태로 이해되었다.⁵ 한 '존재자'는 그 자체로 '사물(것)'이며, 분할을 거부함으로써 '하나(一者)'이고, 그런 점에서 다른 것과 구별되는 '어떤 것'이며, 인식과 관련해서는 '참(眞)'이고, 의지와 관련해서는 '선(善)'이라는 것이다. 그리고 이 같은 용어 사용은 다소간 변용되어 알스테드(J. H. Alsted, 1588~1638), 샤르프(J. Scharf, 1595~1660), 클라우베르크(J. Clauberg, 1622~1665), 애피누스(F. Aepinus, 1673~1750) 등 17~18세기 독일 프로테스탄트 스콜라철학자들을 거쳐 볼프(Ch. Wolff, 1679~1754)로 이어졌다.

계몽주의자 칸트는 그의 '모던(modern)' 철학을 개진하는 자리에서 이러한 연원을 가진 개념 '초월적'을 인간의 의식 작용 또는 그 작용 결과의 성격으로 규정했다. 그것은 단적인 "사고방식의 변혁"(BXVI)으로서, 이러한 이른바 '코페르니쿠스⁶적 전환'에 의해, 아우

구스티누스(Augustinus, 354~430) 이래 신의 세계 창조 원리를 뜻하던 '순수 이성(ratio pura)'이 인간의 의식을 지칭하게 됨으로써 일어난 일이다. 이로부터 '초월적인 것' 또한 코페르니쿠스적으로 전환된 의미를 갖게 된 것이다.

이제까지 사람들은 모든 우리의 인식은 대상들을 따라야 한다고 가정하였다. 그러나 대상들에 관하여 그것을 통해 우리의 인식이 확장될 무엇인가를 개념들에 의거해 선험적으로 이루려는 모든 시도는 이 전제 아래에서 무너지고 말았다. 그래서 사람들은 한번, 대상들이 우리의 인식을 따라야 한다고 가정함으로써 우리가 형이상학의 과제에 더 잘 진입할 수 있겠는가를 시도해 봄 직하다. 이런 일은 그것만으로도 이미 대상들이 우리에게 주어지기 전에 대상들에 관해 무엇인가를 확정해야 하는, 요구되는 바 대상들에 대한 선험적 인식의 가능성에 더 잘 부합한다. 이것은 코페르니쿠스의 최초의 사상이 처해 있던 상황과 똑같다. 전체 별무리가 관찰자를 중심으로 회전한다는 가정 아래서 천체 운동에 대한 설명이 잘 진척되지 못하게 된 후에, 코페르니쿠스는 관찰자를 회전하게 하고 반대로 별들을 정지시킨다면, 그 설명이 더 잘 되지 않을까를 시도했다. 이제 형이상학에서 우리는 대상들의 직관과 관련하여 비슷한 방식의 시도를 해 볼 수 있다. 직관이 대상들의 성질을 따라야만 하는 것이라면 나는 사람들이 어떻게 그것에 관하여 무엇인가를 선험적으로 알 수 있는가를 통찰하지 못한다. 그러나 대상이 (감관의 객관으로서) 우리 직관 능력의 성질을 따른다면, 나는 이 가능성을 아주 잘 생각할 수 있다. 그러나 이 직관들이 인식이어야 한다면, 나는 이 직관에 머무를 수만은 없고, 표상인 그것을 대상인 어떤 무엇인가와 관계 맺고 저 표상을 통해 이 대상을 규정해야 하므로, 나는 다음 두 가지 중 하나를 가정할 수 있다. 하나는, 나는 그것을 통해 내가 이 규정을 실현하는 그 개념들이 대상들을 따른다고 가정할 수 있고, 그때 나는 다시금, 내가 이에 관해 무엇인가를 어떻게 선험적으로 알 수 있는가의 방식 문제 때문에 똑같은 곤경에 빠지는 경우이다. 또 하나는, 그러니까 같은 말이 되겠지만, 나는 오로지 거기에서만 대상들이 (주어진 대상들로서) 인식되는 경험이 이 개념들을 따른다고 가정하고, 경험이란 그 자체가 일종의 인식방식으로서 내가 그것의 규칙을, 대상들이 나에게 주어지기 전에, 내 안에서, 그러니까 선험적으로 전제할 수밖에 없는 지성을 요구하는 것이고, 그러므로 이 규칙은 경험의 모든 대상들이 반드시 그것들에 따라야 하고 그것들과 합치해야만 하는 선험적 개념들에서 표출되는 것이므로, 이내 좀 더 쉽게 빠져나갈 길을 발견하는 경우이다.(BXVI~XVII)

코페르니쿠스적 전환, 그것은 사물 인식에서 사물을 '그 자체로 존재하는 것'이 아니라, 인식자에 의해 인식되는 것, 즉 '대상(Gegenstand)'으로 보는 "사고방식의 변혁"을 일컬음이다. 그것은 다름 아니라 인식에서 밑바탕에 놓여 있는 것(substratum)이라는 의미에서 '주체(subiectum)'로 여겨졌던 사물을 '객체(Objekt)'로 보고, '주체'란 오히려 이 객체를 인식하는 자, 곧 인간 주관을 지칭함을 뜻한다. 이것은 주객의 전환이요, 주객을 전도시키는 사고의 혁명이다. 이로써 '초월적인 것'이란 인간 인식 능력 너머의 것이 아니라, 인간의 인식 능력이, 인간의 의식이 자신을 넘어 대상 안으로 들어가는(초월하는) 자발적 작동을 지칭한다.

　일상어나 학술어나 자연 언어에서는 어느 정도의 다의성은 있는 것이고, 이러한 다의성은 혼동을 초래하기도 하지만 해석의 다양성을 촉발함으로써 말과 사상을 풍부하게 해 주는 요인이기도 하다. 이것은 철학이 자연 언어를 사용함으로써 오히려 얻는 매우 큰 장점이다.

　일상적인 한국어에서뿐만 아니라 독일어에서도 '초월(Transzendenz)'이란 보통 '경험과 감각 지각의(또는 감각적으로 인식 가능한 세계의) 한계를 넘어서 있음(die Grenzen der Erfahrung und des sinnlich Wahrnehmbaren(oder der sinnlich erkennbaren Welt) überschreitend sein)', '경험과 의식의 한계를 넘어섬, 이 세상을 넘어섬(das Überschreiten der Grenzen von Erfahrung und Bewußtsein, des Diesseits)', 심지어는 '저세상(Jenseits)'을 의미하고, 가령 '초월적 명상', '초월의식' 등은 '육체의 속박을 벗어나' '시공간을 떠나서 불가사의한 신비경으로 들어가는 의식' 같은 의미로 쓰이고 있다. 그러나 '초월하다(transzendieren)'는 단지 '경험 세계를 넘어서다'라는 뜻뿐만 아니라, 더 일반적으로는 '어떤 영역의 한계를 넘어서다(die Grenzen eines Bereiches überschreiten)'를 뜻한다. 그리고 이에서 더 나아가 '초월적(transzendental)'은 '초험적(transzendent)'이라는 일상적인 뜻과 함께, '일체의 주관적 경험 앞에 놓여 있으면서 대상들의 인식 자체를 비로소 가능하게 하는(vor jeder subjektiven Erfahrung liegend und die Erkenntnis der Gegenstände an sich erst ermöglichend)'이라는 뜻도 갖는다.[7] 독일어 '트란첸덴탈'의 이러한 의미 전환 내지 확장은 사실 코페르니쿠스적 전환으로 표현되는 칸트적 세계 인식으로 인한 것인 만큼, 칸트철학을 논의하는 자리에서는 한국어 '초월(적)'이 재래의 관용적 의미에서 벗어나는 경우 또한 받아들이는 것이 오히려 칸트철학을 철학사적 맥락에서 더 잘 이해할 수 있는 길이다. 기실 한국어 '초월(적)'의 일상적 의미는 철학사적 관점에서 볼 때는 상식 실재론에 기반을 둔 것이다. 그런데 칸트의 초월철학은 바로 그 상식 실재론을 전복시키는 것이니, 무엇보다도 용어 '초월'부터 전복시켜 읽고 사용하지 않으면 '초월철학'은 제대로 표현될 수도 없다. ― 보기에 따라서는 철학 사상사는 개념 전복의 역사라 할 수 있다. 철학 사상사의 줄거리란 동일한 낱말 '이성(理性, logos, ratio)', '주체(subjectum)' 또는 '객관(objectum)', '실체(substantia)' 또는 '실재(realitas, Realität, reality)'로 표현되는 개념의 변천 과정 내지 전복 과정이라고 할 수 있으니 말이다. 그렇기 때문에 뜻이 달라졌다 해서, 또는 정반대의 사태를 지시하게 되었다 해서 낱말 자체를 바꿔 버리면, 오히려 역사적 맥락을 잃게 된다. 고전에 대한 교양과 충분한 지성을 갖춘 어떤 후학이 앞선 이가 그 낱말로써 무엇을 지칭했는지를 몰라서 전혀 다른 의미로 그 낱말을 사용하겠는가! 용어의 의미 전환은 사태 또는 본질에 대한 시각의 전환을 요구한다 할 것이다. 칸트가 스콜라철학을 "옛사람들의 초월철학(Transzendentalphilosophie der Alten)"(B113)이라고 지칭하고, 거기에서 말하는 이른바 초월자들, 곧 "일(一, unum)", "진(眞, verum)", "선(善, bonum)"을 일러 "잘못 생각된[소위], 사물들의 초월적 술어들(transzendentale Prädikate)"(B113 이하)이라고 말하는 대목에서의 '초월적(트란첸덴탈)'은 칸트가 자기의 철학을 '초월적'이라 일컬을 때와는 그 지칭이 전혀 다르다. 칸트는 동일한 '초월철학'이라는 말로써 전혀 다른 내용을 지칭함으로써 '옛사람들의 초월철학'을 무효화하고 있는 것이다. ─ 이제 칸트와 더불어 (그 자체로 있는) 객관은 (순전히 수용적인) 우리를 초월해 있는 것이 아니라, (자기 활동적인) 주관인 우리가 객관으로 초월해 나가 객관을 규정하는 것이다.

스콜라철학에서 '모든 범주들 내지는 유개념을 초월하는 규정'들을 '초월적인 것'이라고 일컬었듯이, 칸트에서도 기본적으로 '초월적인 것'은 '규정(Bestimmung)' 곧 '형식(틀, Form)'을 일컫는 것이다. 다만 칸트는 이 형식을 모두 인간 의식에서 선험적인 것, 즉 순수 주관적인 것으로 파악하고, 우리에게 존재자는 모두 현상으로서, 이 현상은 무엇이든 어떻게 있든 순수 주관적인 형식, 곧 공간·시간이라는 직관 형식과 지성개념이라는 사고 형식에서 규정된다고 보기 때문에, 코페르니쿠스적 전환을 말하는 것이다. 그 때문에 칸트철학은 근본적으로는 관념론이라 일컬을 수 있겠다:

'대상'으로서의 사물(자연) 세계

우리 인간이 인식을 하든 말든, 어떻게 인식을 하든, 세계와 사물(res)은 그 자체로 존재한다는 믿음을 실재론(realism)이라 하고, 세계는 그리고 사물은 우리가 인식하는 한에서, 그렇게 존재하는 것, 그러니까 인식자에게 의존적이며, 그런 의미에서 일종의 관념(idea)이라는 주장을 관념론(idealism)이라고 일컬을 때, 칸트의 초월철학은 '진짜' 관념론이다. ─ 자신은 '형식적' 또는 '비판적' 관념론이라고 칭했지만. ─ 칸트에게서 사물 세계란 인간 의식, 곧 주관에 의해 표상(representation)된 것, 이른바 현상이다. 그러니까 '자연'이란 이런 "현상들의 총체"(B163)를 일컫는 말이다. 그런데 현상들이란 바로 주관(Subjekt)에 의해 표상된 것, 주관에 마주하여 서 있는 것, 곧 대상 (Gegenstand)이다. 이로써 종래 '존재자(ens)'라고 불리던 것은 이제 '객체/객관(Objekt)'이라는 이름을 얻었다. 존재의 세계는 주인 세계가 아니라 '손님 세계'인 것이다. 이것이 칸트의 코페르니쿠스적 전환, 곧 주객전도의 결과이다.

우리가 인식함에서 인식하고자 하는 것은 두말할 것 없이 그 자체로서 존재하는 것이다. 그러나 우리가 정작 인식한 대상은 한낱 우리에게 나타난 대로의 것, 즉 현상일 뿐이다. 물론 우리에게 나타난 그대로가 그것 자체일 수도 있다. 우리의 인식 능력이 어떤 것을 있는 그대로 인식할 수 있다면 말이다. 그러나 우리 자신의 인식 능력이 과연 그렇게 할 수 있는 것인지 여부를 우리는 확실하게 알 수가 없다. 확실한 것은, 인식하는 자인 내가(주관이) 인식한 것은 나에게 인식된 것이며, 그런데 나는 그것을 나의 인식 방식대로, 서로 곁하여(공간적으로) 그리고 서로 잇따라(시간적으로) 있는(실존하는) 어떤(일정한 성질을 가진) 하나의(일정한 분량의) 무엇(실체)으로 인식한다는 사실이다. 그렇기 때문에 나에게 인식된 것은 인식하는 '나(주관)'의 맞은편에 서 있는 것, 즉 객관 내지는 대상이다. 이 자연 세계는 바로 '나'에 의해 인식된 것들의 총체이고, 그렇기에 그것은 '객관들의 세계' 내지는 '대상들의 세계'이다.

그러므로 "주관은 세계에 속하지 않는다. 주관은 세계의 하나의 한계이다."[8] 세계는 주관이라는 '눈' 앞에 펼쳐진 '시야'이다. 바라보는 눈이 없다면 시야란 없다. 시야는 눈이라는 주관에 마주 서 있는 객관이다. 그러니 '눈'은 시야에 속하지 않는다. 눈앞에서 시야는 펼쳐지지만 그러나 눈은 시야의 일부가 아니다. 눈은 시야의 한계선에 있다. 그래서 칸트 인식론에서 주관은 '한계 개념'이고, 그런 인식 주관은 '초월적 주관'이라 일컬을 수 있다.

'있다' 범주의 등장

'있다(esse, Sein)'는 "실재적 술어(reales Prädikat)가 아니다." (A598=B626) 곧 사물(res)의 본질적 술어가 아니다. 그 때문에 존재자 (ens)의 본질(essentia)만을 다루는 재래의 형이상학에서는 정작 실존 (existentia)을 하나의 범주로 여기지 않았다.[9] 칸트가 본질을 규정하는 양(quantitas), 질(qualitas), 관계(relatio) 등 세 부류의 범주 외에 실존 양식(Existenzmodi)의 양태(Modalität) 범주들, 곧 '있을 수 있음', '실제로 있음', '반드시 있음' 규정을 통해서만 비로소 하나의 대상이 우리에 마주함을 천명함으로써, 무릇 '대상'이란 일정한 방식으로 실존하는 것을 일컫게 되었다.

플라톤이 '이데아'만이 '진짜로 있는 것'이라고 말하고, 데카르트가 정신과 물체를 두 종류의 '존재자/사물'이라고 말했을 때, '있는 것'/'존재자'란 무슨 뜻이었던가? 칸트는 플라톤이 말하는 '이데아'는 있을 수 있는 것도, 실제로 있는 것도, 반드시 있는 것도 아니라 한다. '이데아'는 도대체가 '있는 것'이 아니다. 데카르트는 물체도 존재자(ens)이고, 정신도 존재자라고 하면서, 그러나 정신은 연장성도 없고 감각될 수도 없는 것이라고 한다. 이때 '정신'은 무슨 뜻에서 존재하는 것인가?

칸트에 따르면 다음과 같은 세 가지 원칙이 충족되면 그 원칙에

지식학에서 철학으로

따라 인간의 경험적 사고는 하나의 대상에 대해 존재 태도를 정한다.

(1) 경험의 형식적 조건들과 (직관과 개념들의 면에서) 합치하는 것은 있을
수 있다[가능적으로 실존한다].

(2) 경험의 질료적 조건(즉 감각)과 관련되어 있는 것은 실제로 있다[현실
적으로 실존한다].

(3) 현실적인 것과의 관련이 경험의 보편적인 조건들에 따라 규정되는 것
은 반드시[필연적으로] 있다(실존한다).(A218=B265 이하)

'가능하게 있다' 함은 한낱 '논리적으로 가능하다' 곧 '자기모순
이 없다'는 것을 말하는 것이 아니다. 어떤 것에 대해 "그것은 있을
수 있는 것이다."라는, 어떤 것에 대해 실존적 의미에서 '있다'는 태도
(Verhalten)를 갖기 위해서는 적어도 그것이 "경험의 형식적 조건" 즉
공간·시간상에서 표상되고, 그럼으로써 수량으로 헤아릴 수 있고 힘
을 매개로 다른 것과 관계(Verhältnis)를 맺고 있음을 생각할 수 있어야
한다. 어떤 것이 공간·시간상에서 표상된다 함은 그것이 외적으로는
연장적 크기 곧 분량(分量)을, 그리고 내적으로는 밀도적 크기, 곧 도
량(度量)을 갖는다는 뜻이고, 그러니까 그것은 수학적으로 인식될 수
있는 것을 지칭한다. 이러한 것이 힘을 매개로 다른 것과 관계 맺는다
함은, 그것이 다른 것과 인과적으로 상호 작용한다는 것, 그러므로 그
것은 곧 역학적으로 인식될 수 있음을 지칭한다. 이로써 칸트는 수학
적-자연과학적으로 표상될 수 있는 것에 대해서만 '실존'이라는 술어
를 덧붙일 수 있다고 말하는 것이다. 그러니까 종래 형이상학의 표상

처럼 '신'이나 '영혼'이 수학적-자연과학적으로 인식될 수 없는 것이라면, 그런 것에 대해서 '실제로 있다'고 말하는 것은 무의미하다.

'있다'라는 범주의 사용 범위를 이렇게 획정함으로써 칸트는 종래의 존재 형이상학을 폐기했으며, 이후의 여러 반(反)형이상학적 사조의 기원이 되었다. 칸트는 존재 세계를 공간·시간 지평 내에 국한함으로써 이른바 초험적 세계를 배제했으니 말이다. 그러니까 칸트의 초월철학은 공간·시간상에서 감각 지각되는 것만이 실재한다는 '현상존재론'이다.

진리 개념에서의 주객전도

칸트의 현상존재론으로서의 초월철학의 요지는 그의 '진리' 개념에서 잘 드러난다. 칸트는 진리를 "사물과 지성의 합치(adaequatio rei et intellectus)"라 규정하고,[10] 인간의 참된 사물 인식은 "인식하는 자의 인식되는 것으로의 동(일)화(assimilatio cognoscentis ad rem cognitam)"로 해석해 오던 전통을 벗어나, 참된 인식은 "존재자의 지성에의 일치(convenientia entis ad intellectum)"로 인하여 성립한다는 사상을 표명하여, 이른바 인식자-인식대상 관계의 코페르니쿠스적 전환을 단행하고 있다. "창조될 사물의 신(神)의 지성에의 합치(adaequatio rei creandae ad intellectum divinum)"라는 뜻에서 "인식되는 사물의 형식이 인식하는 자 안에 있다."[11]라는 옛 초월철학의 문자를 그대로 받되, 사물을 인식하는 인간이 적어도 "부분적으로는 그 사물의 창조자"(Refl, 254: AA XV 참조)라고 보아 "사물과 지성의 합치"를 "(인간) 지성과 (인간 지성에 의해 인식되는) 사물의 합치(동일형식성, conformitas)"로 해석한다.

이로써 칸트는 인식을 가능하게 하는 형식 원리가 그 인식에서 인식되는 존재자, 다시 말해 인간에게 의미 있는 유일한 존재자를 존재자로서 가능하게 하는 존재 원리임을 분명히 한다. 그래서 칸트에게 인식론은 존재론이고 존재론은 인식론이다. 존재론이란 존재자 일반이 존재자임을 밝히는 학문, 존재자로서 존재자의 가능성의 원리를 추궁하는 학문이니 말이다. 칸트에게서 의미 있는 존재자란 현상뿐인 한에서, 이런 칸트의 존재론은 '현상존재론'이다. 이 칸트의 현상존재론에서 존재자로서의 존재자의 '참임(Wahrsein)', 곧 참된 의미에서의 존재(Sein)는 그 존재자에 대한 인식의 '참임', 곧 진리(Wahrheit)이다.

5 『순수이성비판』의 지향 ─ 지식학에서 철학으로

칸트의 현상존재론은 이론 이성이 자신의 순수한 인식 능력을 검사한 결과, 감성적인 것으로부터 초감성적인 것으로 넘어가 지식을 확장할 능력이 자신에게는 없음을 확인한 데서 비롯한 것이다. 이제 진리와 허위가 가려지는 지식의 영역은 현상 존재 세계에 국한된다. 그러니까 자연 현상 너머의 세계에 대한 지식 체계로서의 '형이상학'은 칸트철학 체계 안에서는 설자리가 없다. 그렇다면 인간의 삶에서 진리 · 허위의 분간보다도 어쩌면 더 가치가 있는 선함, 아름다움, 신성함이라든지 인생의 의의, 궁극 목적, 영생(永生)의 가능성에 대한 탐구는 어디서 기대할 수 있는 것일까? 이런 것들에 관해서조차 오로지 경험과학적인 탐구 방법밖에는 남아 있지 않은가? 아니, 그런데 이런 것들은 이미 '초경험적'인 것이니, 애당초 '경험과학적' 탐구의 대상이 될 수 없는 것 아닌가?

칸트는 이성 사용의 방식을 이론적 사용·실천적 사용으로 나누어 보았을 뿐 아니라 더 나아가서 반성적 사용의 방식도 있음을 밝혔다. 그리고 그 자신 과학적 탐구의 목표인 진리 가치 외에도 '형이상학적' 가치들을 지속적으로 탐구했다. 그러나 그에게 그런 가치들은 더 이상 인식의 대상은 아니고 희망과 믿음과 동경, 한마디로 이상(理想)의 표적이었다. 그러니까 칸트에게 '형이상학'은 지식학이 아니라 이념론이다. 그것은 이성주의, 합리주의의 정점에 서 있던 칸트가 낭만주의, 비합리주의의 길에 접어들고 있음을 함축한다.

칸트의 '이성 비판'이 형이상학을 파괴했다고 본 헤겔은, 칸트 이래로 사람들은 "형이상학 없는 세련된 족속"[12]이 돼 버렸다고 통탄했지만, 형이상학을 더 이상 진리 가치적, 이론적 지식의 체계로 볼 수 없다고 비판한 것이 형이상학을 무효화한 것일까?

칸트는 '이론 이성 비판'을 통해서 자연 세계가 실제로 무엇인지를 학적으로 밝혔다. 이 점에서 칸트의 공적이 너무나 혁혁하고, 또 세상 사람들의 취향에 부합했기 때문에, 칸트는 바야흐로 '지식 제일의 시대', '지성의 시대'를 여는 데 중추적 역할을 한 것처럼 보인다.

그러나 칸트는 '실천 이성 비판'을 통해서는 자연 존재자가 아니라 이성적 존재자로서 인간이 이상적으로 무엇이어야 하는가를 밝혔으며, '판단력 비판'을 통해서는 자연 안에서의 인간이 무엇일 수 있는가를 반성적으로 규정하려고 했다. 종교 이성·역사 이성 비판을 통해서는 장구한 세월을 두고 인간이 무엇이기를 기대해도 좋은지를 탐색했다. 이 모든 것은 '인간이 무엇인가?'에 대한 철학적 탐구의 일환이다. 그리고 이것들은 분명히 그의 '형이상학'의 내용을 이룬다. 그런데 이런 구명과 탐구에 체계의 완전성을 향한 '이성의 건축술'과 '믿음'과 '희망'과 '억측'이 개입돼 있다 해서, 그러니까 진위 분간이 손쉬운 순전한 지식 이외의 것이 섞여 있다 해서 형이상학은 "만학의 여왕" 자리를 잃게 되는 것일까?

칸트의 현상존재론은 이제까지 진리의 지식 체계이고자 했던 형이상학에게 선(善)과 미(美)와 성(聖) 그리고 완전성의 가치 체계로의 전환을 모색하게 한 것이 아닐까? 그렇다면 형이상학은 지성적 지식 안에서가 아니라 이성의 이념 속에서 자신의 자리를 찾아야 하는 것이 아닐까? — 이제 철학은 한낱 지성에 머무르지 말고 이성으로 나아갈 것을 칸트는 촉구한다.

인식 곧 지식은 감각 경험의 세계, 곧 자연을 있는 그대로 포착하는 것을 목표로 한다. 그러나 인간 심성은 객관과의 관계에서 인식만으로 충족되지 않는다. 인간은 왜 인식만 하지 않고 실천을 하는가? 인간은 왜 짐승처럼 행동하지 않고 '인간답게' 행위하려 하겠는가? 왜 인간은 수용만 하지 않고 창작을 하고 노동을 하는가? 인간은 왜 초목과 짐승들의 먹이 사슬에서 벗어나서 기술(技術)을 발휘하려 하겠는가? 왜 인간은 자연을 단지 생활 환경으로만 보지 않고 감상하며, 자연 속에서 외경과 전율에 빠지고, 예술 작품을 지어내겠는가? 인간의 "상상력은 곧 현실적인 자연이 그에게 준 재료로부터 이를테면 또 다른 자연을 창조해 내는 데 매우 강력한 힘을 가지고 있다."

(*KU*, B193=V314) 우리 인간은 현상 세계로서의 자연에서는 발견할 수 없는 어떤 이상(理想)에 자신을 맞추려 하고, 자연에 대한 감각적 경험이 우리에게 주는 소재를 가공하여 자연을 다른 어떤 것, 말하자면 자연을 넘어가는 어떤 것으로 개조해 나가며, 여기에서 인간의 인간임을 찾는다. 형이상학은 바로 이 지점에서 자기 자리를 얻어야 하는 것이 아닐까?

그러므로 칸트가 이성 비판을 통해 엄밀한 학으로서의 형이상학이 가능하지 않음을 드러냈다면, ─ 이 공적을 우리는 인정하고 그의 말을 귀담아들어야 한다. ─ 그때 무너진 형이상학은 진리의 학문이고자 했던 종래의 형이상학일 것이다. 그리고 종래 형이상학의 부질없음은 초감성적 언어로 쓰여야 할 형이상학이 당초에 감성적 언어로 읽히기를 기도한 탓이 아니겠는가? 이제 초감성적 세계의 학으로서의 "진정한" 형이상학은 그 체계가 자연 세계와 부합하는가의 여부에서 그 학문성이 평가되어서는 안 되고, 인간의 완성을 향해 있는 이성의 궁극적 관심(*KpV*, A141=V79; A219=V121 참조)에 비추어 평가되어야 하지 않을까? 그렇다면 진정한 형이상학은 더 이상 존재론의 확장이 아니라 이념론 혹은 이상론일 것이다.

칸트는 이성 비판을 통해 인간의 이성으로 알 수 있는 것(현상)과 알 수 없는 것(사물 자체)을 분간함으로써 지식 세계의 한계를 제시했다. 그러나 칸트는 다른 한편으로 철학이 근대 과학의 본을 따르는 한낱 지식학(scientia)에 머무르지 않고, 참철학인 지혜론(philosophia)으로서의 소임을 해야 함을 촉구한다. ─ 철학은 지식학의 하나가 아니다. '철학'은 자연과학들 위에 또는 밑에 있는 것으로, 자연과학들과

병렬하여 있는 그런 것을 의미하지 않는다.[13] — 이 참철학의 소임을
『순수이성비판』후반부는 소극적으로, 후속하는『실천이성비판』과
『판단력비판』은 적극적으로 수행한다. 칸트의 도덕철학과 합목적성
사상은 그 결실이다.

그러니까 칸트의 '비판'은 부정을 매개로 한 긍정의 산출 작업,
이를테면 '방법적 비판'이라 하겠고, 이 방법적 비판 작업을 통해서
다름 아닌 칸트가 지향한 "인류의 복지와 존엄을 위한 토대"가 마련
된다.

백종현　서울대학교 철학과와 동 대학원을 졸업하고 독일 프라이부르크 대학에서
철학 박사 학위를 받았다. 인하대학교와 서울대학교에서 철학을 가르쳤고 한국칸트
학회 회장과 한국철학회 회장을 역임했다. 현재 서울대학교 명예교수, 한국포스트휴
먼학회 회장이다. 저서로『독일철학과 20세기 한국의 철학』,『존재와 진리: 칸트『순
수이성비판』의 근본 문제』,『서양근대철학』,『칸트와 헤겔의 철학』,『동아시아의 칸트
철학』,『이성의 역사』등이 있고『순수이성비판 1·2』,『실천이성비판』,『판단력비판』,
『형이상학 서설』,『윤리형이상학』등 칸트의 주요 저서를 우리말로 옮겼다. 서울대 교
육상, 한국출판문화상(번역), 서우철학상(저술)을 수상했다.

『정신현상학』의 구조와 전개

헤겔의 『정신현상학』 읽기

강순전 (명지대학교 철학과 교수)

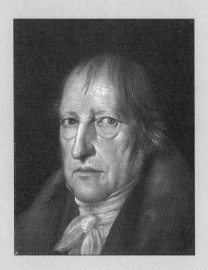

게오르크 빌헬름 프리드리히 헤겔(Georg Wilhelm Friedrich Hegel, 1770~1831)
독일 슈투트가르트에서 태어났다. 고향 근처의 튀빙겐 신학대학에서 수학 후 잠시 가정 교사 생활을 하다가 1801년 예나 대학에서 강의를 시작했다. 이 시기 철학자 셸링과 깊게 교유하며 함께 철학 잡지를 간행하기도 했으나, 점차 독자적인 사상을 구축하여 1807년 첫 주저 『정신현상학』을 출간했다. 이후 뉘른베르크 김나지움 교장과 하이델베르크 대학 교수를 거쳐 1818년부터 베를린 대학에서 철학을 가르치면서 헤겔학파가 형성될 정도로 대단한 학문적 명성을 누렸다. 1831년 콜레라로 세상을 떠났다.
자연, 역사, 정신의 모든 세계를 끊임없는 변화와 발전의 과정으로 설명하고 그 전개 원리로 정반합(正反合)을 기본으로 하는 관념의 변증법을 제시했다. 독일 관념론의 완성자로서 그가 수립한 거대한 철학 체계는 19세기 서구 현대 철학이 태동하는 토대가 되었다. 『정신현상학』 외에 『논리학』, 『법철학』, 『역사철학 강의』 등의 저술을 남겼다.

헤겔은 칸트와 더불어 독일 철학을 대표하는 철학자이다. 칸트의 사상과 헤겔의 사상은 철학사에서 서로 대립하는 대표적인 두 가지 사고의 틀을 제공해 준다. 현대의 주요 사상들도 칸트와 헤겔의 사상을 응용하여 자신의 사상을 전개하고 있다는 점에서 두 사람의 사상사적 의의를 가늠할 수 있다. 그러니만큼 헤겔의 대표작 『정신현상학』은 철학 공부를 하면서 그냥 지나칠 수 없는 책이다.

왜 사람들은 평생 쓰고도 남을 돈을 가지고 있으면서도 더 벌려고 할까? 왜 어떤 사람은 자존심을 굽히지 않기 위해 기꺼이 죽음을 선택하고, 반면에 어떤 사람은 목숨이 아까워 쉽게 자존심을 버리는 걸까? 세상은 왜 내 마음 같지 않은가? 나의 선한 이상이 왜 부조리한 세상사의 거친 풍파에 부딪혀 좌초해야만 하나? 청년들은 자신의 이상에 따라 세계를 변혁하려고 하지만 노인들은 기꺼이 세상에 자신을 맞추며 살아간다. 어떤 것이 더 현명한 생각일까? 『정신현상학』은 이러한 질문에 답함으로써 인간에 대한 통찰을 제공한다. 그것은 더 나아가 사회를 이해하는 지침을 제공하기도 한다. 개체가 공동체에 선행하는가 아니면 공동체가 개체에 대해 우위를 점하는가? 국가는 개인 간의 계약의 준수를 의무화하고 재산과 신변을 보호하는 경찰국가에 머무는가 아니면 보다 큰 역할이 요구되는가? 이러한 문제들을 생각해 보는 것은 우리가 살아가는 현대 사회를 이해하는 데에도 도움을 준다.

『정신현상학』은 실로 방대한 양의 저서이다. 그런 『정신현상학』의 내용을 한정된 지면 안에 소개하는 것은 어려운 일이다. 때문에 많은 소개서들이 『정신현상학』의 몇 가지 특징적인 내용들만을 특별한 상호 연관 없이 병렬적으로 서술하는 방식으로 집필되곤 한다. 하지만『정신현상학』은 소재의 내용뿐만 아니라 그 소재들을 서술하는 형식 또한 매우 주목할 만한 가치가 있다. 각 소재를 변증법적 논리에 따라 연결하는『정신현상학』의 서술의 형식적 특성을 감상하지 않는다면, 아무리 소재적 내용을 탐독한 독자라도 그는 이 책을 절반만 읽은 것이다. 이런 생각에서 나는 적은 분량 속에서도『정신현상학』을 구성하는 각 장의 내용들의 논리적 연관이 분명히 드러나는 서술을 고집했다. 이 글의 서술의 특징은 내용의 상세한 소개보다는『정신현상학』의 논리적 골격과 그것에 근거한 내용들의 연관을 드러내고자 한 것이다. 이 점을 보다 분명히 보여 주기 위해 각 장의 서술 후에 도표로써 그 내용을 도식화했다.

의식의 진리를 탐구해 가는 의식의 경험의 학이자
진리로서의 정신이 자신을 드러내는 정신의 현상학

본래 '의식의 경험의 학(學)'으로서 기획되었던『정신현상학』은 구성상의 혼돈 속에서 '정신현상학'이라는 이름으로 출판된다. 몇몇 샘플은 실제로 겉표지는 '정신현상학'이지만 안에 미처 제거하지 못한 '의식의 경험의 학'이라는 속표지를 가지고 있다. 이 책의 제목은 두 개인 셈이다. 하지만 이것은 단순히 구성상의 문제와 출판의 오류가 아니라 이 책의 성격을 말해 주는 특징이기도 하다.『정신현상학』은 '의식의 경험의 학'이기도 하다. 다시 말해서 정신이 현상하는 학은 곧 의식이 경험하는 학이다. 그렇다면 여기서 우리는 의식과 정신이 동일한 하나의 두 측면이라는 것을 짐작할 수 있다. 의식과 정신의 관계를 쉽게 이해하기 위해 나는 이런 비유를 들고 싶다. 의식은 어린 아이이고 정신은 노인이다. 의식은 정신의 어릴 적 모습이고 정신은 의식이 완전히 성장한 모습이라고 할 수 있다. 『정신현상학』은 의식이 여러 경험을 거쳐 성장하면서 정신에 이르는 과정을 보여 준다.

아이가 성장하면서 세상의 모든 것을 알려고 하는 것처럼, 의식은 세상의 진리를 향해 부단히 노력한다. 아이가 새를 잡기 위해 아교를 바른 나뭇가지를 도구로 사용하듯이, 의식은 대상을 파악하기 위해 자신의 고유한 방법을 사용한다. 새를 잡고 기뻐하는 아이처럼 의식은 자신이 사용한 방법이 진리를 탐구하는 데 가장 적합한 방법이고 그렇게 손에 넣은 진리가 진짜 진리라고 생각한다. 하지만 사람은 항상 자신의 생각을 되돌아본다. 청년이 된 아이는 자신의 모습을 되돌아보고 그렇게도 확신에 가득 차서 행했던 일들이 부질없는 짓이었음을 안다. 하지만 청년이 아직 성장의 과정에 있는 한 그가 행한 일도 장년이 되면 부질없게 느껴질 그런 것이다. 인간은 시행착오와 산전수전을 겪으면서 성숙해 가고 노인이 되어서는 세상의 이치에 통달한다. 의식도 마찬가지로 자신의 인식이 진리를 획득했다고 확신하지만, 되돌아보면 그렇지 않음을 알고 절망한다. 의식이 시행착오 끝에 도달한 목적지는 정신이다. 정신은 지금까지 의식이 경험한 모든 내용을 자신의 것으로 하는 진리이다.

이렇게 진리에 도달한 의식이 정신이다. 정신은 바로 의식이 성장한 모습에 다름 아니다. 노인이 된 의식인 정신은 자신이 지금까지 겪어 왔던 지난한 모험의 과정을 뒤돌아보면서, 그 길이 바로 자신이 살아온 길이었다고 회고한다. 노인에게는 회고이지만, 정신에게는 전체로서의 진리가 그때그때 이런저런 모습으로 자신을 나타내는 것이라고 할 수 있다. 그래서 앞에서부터 의식이 부단히 진리를 향해 전진하는 모습으로서 의식의 경험의 학은, 뒤로부터 돌아다 볼 때는 정신이 스스로를 현상하는 모습으로서 정신의 현상학인 것이다. 따라서 『정신현상학』은 의식이 진리를 탐구해 가는 의식의 경험의 학이자 진리로서의 정신이 자신을 드러내는 정신의 현상학이기도 하다.

의식의 경험 혹은 정신의 현상은 의식이 대상을 파악하는 가장 확실한 방법이라고 생각하는 '감각적 확신(die sinnliche Gewissheit)'이라는 의식으로부터 출발한다. 감각적 확신이란 감각으로 파악하는 것이 가장 확실한 인식 방식이라는 주장이다. 그러나 감각적 확신은 가장 단순한 것을 파악하는 가장 빈약한 인식임이 밝혀진다. 이제 감각적 확신을 대체할 보다 고차적인 인식으로 '지각(Wahrnehmung)'이 제시된다. 지각은 경험주의 인식론에서처럼 사물을 경험을 통해 있는 그대로 받아들이는 것이 가장 확실한 진리 획득의 방법이라는 것이다. 하지만 지각 역시 인식이 단지 사물에 대한 파악에 그치는 것이 아니라, 그 사물이 갖는 관계까지 파악하여야 한다는 것을 경험하고는 자신의 주장을 거둔다. 진리를 찾아 헤매는 의식은 다시 '오성(Verstand)'으로 이행한다. 오성은 사물들의 관계, 즉 법칙을 파악하는 과학적인 인식이지만 정태적인 과학적 인식은 보다 고차적인 생명에 관한 실천적 인식에게 자리를 내주어야 한다. '자기의식(Selbstbewusstsein)'을 본질로 하는 인간과 인간의 관계까지도 파악하여야 우리는 보다 고차적인 진리를 확보할 수 있는 것이다. 이 단계에서는 의식의 대상이 사물에서 사람과 사람 사이의 실천적 관계로 바

꾀고 의식은 자기의식이 된다. 사람들은 자기만 인격으로서 인정받으려고 하고 남은 인정하지 않으려고 하기 때문에 서로 싸우고, 그 때문에 주인과 노예의 관계가 생겨난다. 그런데 헤겔은 결국 주인이 노예에 의존하고, 노예는 주인 의식을 갖게 됨으로써 상호 인정하는 관계로 나아간다고 한다.

이제 보편성을 깨달은 의식은 진리의 내용을 자신이 모두 간직하고 있고 자신이 생각하는 것이 바로 세계의 내용이라고 거침없이 생각하는 '이성(Vernunft)'이 된다. 헤겔이 여기서 말하는 이성은 칸트와 같은 개인주의적 인간 중심주의 사상을 말한다. 이성을 가진 사람들은 항상 자기가 제일이라는 자기중심적 사고에 빠져 있다. 헤겔은 이런 사람을 돈키호테에 비유한다. 돈키호테는 창을 들고 풍차에 뛰어든다. 이 풍차가 나타내는 것은 세상사이다. 제아무리 잘난 개인도 세상사 속에서 결국 자신이 아닌 세상이 진리이고 자신은 그것을 거슬러 살 수 없다는 것을 깨닫는다. 이 세상사에 담겨진 진리가 바로 '정신(Geist)'이다. 개인적 차원의 이성이 진리가 아님이 밝혀지고 부정되면서 이제 진리는 정신임이 드러난다. 여기서 의식은 정신과 합치하고 자신의 목적에 도달한다. 정신은 세상을 관통하는 진리다. 헤겔은 개체와 공동체가 조화를 이룬 고대 그리스의 이상과 같은 진리의 상태에서 정신의 최초의 모습을 본다. 이제 의식은 대상과 더 이상 분리되지 않은 진리인 정신이 되었지만, 정신은 세계의 형상들을 관통하면서 자신을 자각하게 된다. 중세의 신앙과 근세의 계몽 같은 역사 속에 전개되는 세계의 대립된 형상들을 통해 도야되고 프랑스 혁명에 이은 칸트와 낭만주의자들의 자유에 대한 사상 속에서 정신은 자신을 확신한다. 하지만 정신의 확신이 진리와 합치하는 것은 절대적인 것을 표상하는 '종교(Religion)'와 그것을 개념으로 파악하는 '절대지(das absolute Wissen)'에 이르러서다. 여기서 정신은 자신을 정신으로 알면서 지금까지의 모든 여정이 정신이 자신을 알아 온 과정임을 자각한다. 따라서 절대지에 도달한 정신은 가장 풍부한 지식이고 여기에 모든 것의 진리 근거가 들어 있다.

1 의식 ― 사물을 가장 잘 아는 방법[1]

의식과 대상

정신현상학은 의식이 경험을 통해 정신으로 발전해 가는 과정이다. 그런데 의식이 정신이 된다는 것은 무얼 말하나? 그것을 이해하기 위해서는 우선 의식이 무엇이고 정신이 무엇인지를 이해해야 한다. 먼저 의식이란 인식하는 대상과의 분리를 전제한 주관이다. 의식에 알려지는 것을 대상이라고 하며, 의식이 대상을 파악하는 작용을 인식이라고 한다. 따라서 의식이란 대상을 파악하는 인식 작용의 주체를 말한다.

의식은 항상 자신이 인식할 대상과 마주해 있다. 이 의식과 대상은 변증법적 통일의 두 측면이다. 변증법적 관계는 하나의 규정이 그것으로 규정되기 위해서 다른 것을 필요로 하는 관계다. 그러니까 의식은 대상을 마주하고 있는 것이기 때문에 의식이라고 불리고 대상은 의식을 마주하고 있기 때문에 대상이라고 불린다. 의식은 대상이 아니고 대상은 의식이 아니다. 그러면서도 둘은 각각 서로를 필요로한다. 대립되는 것들의 통일이라는 변증법이 의식과 대상 사이에 적용되는 것이다.

의식은 대상에 맞서서 무엇을 하는가? 의식은 대상을 파악한다. 이러한 작용을 우리는 인식이라고 했다. 왜 인식을 하는가? 인식이란 대상이 무엇인지를 알아맞히는 것이다. 의식은 대상이 무엇인지를 알려고 한다. 그리고 그 결과인 앎을 우리는 지식이라고 한다. 올바른 인식은 대상이 무엇인지를 알아맞히는 것이다. 이렇게 대상에 적중한 인식은 참된 지식을 얻는다. 이 참된 인식이 진리이다. 의식은 진리를 목표로 한다.

정신과 진리

의식이 아닌 정신 상태는 무엇을 말할까? 의식은 항상 대상을 필요로 한다. 그리고 그 대상에 대립해 있다. 대상에 대립해 있을 때만 의식이라고 하면, 대상과 대립해 있지 않은 의식의 상태는 논리적으로 두 가지가 가능하다. 하나는 대상이 없으면 대립 자체가 없는 것이다. 하지만 이것은 공허한 의식이 있을 수 없다는 점에서 불가능하다. 다른 하나는 의식이 대상과 통일되어 있는 경우이다. 의식이 대상과 통일되어 있는 경우 의식은 대상과 더 이상 대립해 있지 않다. 이렇게 대상과 통일된 의식을 헤겔은 정신이라고 한다. 정신은 의식과 대상의 통일이다. 그리고 진리란 무엇인가? 우리는 앞에서 의식이 대상에 적중해서 대상에 관한 올바른 지식을 얻었을 때 그것을 진리라고 했다. 그러므로 의식과 대상의 통일인 정신이 바로 진리이다.

의식은 대상을 인식하려고 한다. 그런데 의식이 파악하려는 대상이란 무엇인가? 그것은 우리가 마주하고 있는 현실이다. 우리 앞에 현실적으로 있는 것이 무엇인가? 그것을 설명하는 것은 쉽지 않다. 철학의 역사는 그것을 설명하려는 노력이었다. 『정신현상학』은 이러한 역사를 의식이라는 주인공이 진리를 찾아 헤매는 모험 이야기로 그리고 있다. 오디세우스가 수많은 고통의 과정을 거쳐 이타카에 도착하듯이, 의식의 경험은 수많은 시도와 실패의 좌절을 거쳐 진리에 도달한다. 그 시도는 가장 간단하고 단순한 것으로부터 시작해서 점점 더 어렵고 복잡한 것으로 진행한다. 그리고 마치 노인이 청년 때의 경험을 잊지 않고 축적하듯이 의식의 생각은 점점 더 복잡해지고 발전해 가면서 현실 세계의 풍부한 내용을 진리로 갖게 된다.

감각적 확신 ─ 보고 만지는 것이 가장 확실하다?

대상을 가장 확실하게 인식하는 방법은 무엇인가? 그리고 그렇게 파악된 대상이란 무엇인가? 이 질문에 어떤 용감한 사람이 가장 먼저 "나는 눈으로 보는 것만이 가장 확실하다고 생각한다."라고 대답한다. 헤겔에 따르면 이 사람이 말하는 것은 감각적 확신이라는 의식의 형태다. 의식의 첫 번째 형태인 이러한 생각은 우리가 가장 쉽게 떠올릴 수 있는 것이다. 우리는 아무 생각 없이 '진리란 무엇인가', '참된 인식이란 무엇인가'라는 질문에 감각적으로 확인할 수 있는 것만이 가장 확실한 인식을 가져다준다고 말하곤 한다. 하지만 이것은 정말 아무 생각 없는 생각이다. 이런 생각은 가장 단순한 생각이고 이내 잘못된 생각이라는 사실이 드러난다. 세상에는 눈으로 보고 만져 볼 수 있는 물건만 있는 것이 아니기 때문이다.

헤겔은 이러한 생각을 감각적 확신이라고 한다. 이것은 감각이
진리를 가져다주는 가장 확실한 방법이라고 확신하는 것이다. 감각
은 언뜻 보기에 대상을 있는 그대로 우리 의식 앞에 가져다주고, 대상
은 감각 속에서 가장 구체적이고 확실하게 드러나는 것같이 보인다.
당장 창밖을 보라. 알록달록 단풍 든 나무들로 꾸며진 정원의 아름다
움은 어떤 말로 표현하더라도 온전히 표현할 수 없는 생생하고 풍부
한 내용을 우리의 의식에 가져다주지 않는가? 또 상자 속에 든 물건
이 무엇인지 알아맞히는 게임을 할 때 답이 맞았는지를 확인하려면
직접 상자를 열어서 눈으로 확인하지 않는가? 진리는 눈으로 직접 봄
으로써 확인된다. 그렇다면 진리란 감각을 통해 있는 그대로의 사물
을 확인할 때 성립하는 것처럼 보인다. 그리고 사물을 있는 그대로 파
악하는 감각적 확신은 가장 확실한 진리 인식의 방법으로 보인다.

하지만 헤겔은 감각적 확신이 갖는 이러한 기대가 완전히 그 반
대로 뒤집어짐을 보여 준다. 감각적 확신은 자신이 가장 풍부한 인식
을 보여 준다고 생각하지만 결과는 가장 빈약한 인식임이 드러난다.
이렇게 반대로 되는 것이 바로 변증법의 방법이다. 변증법은 극과 극
이 서로 통한다는 이치다. 이것은 사물들의 규정에서만 그런 것이 아
니라, 사태가 전개되어 나가는 이치에서도 그렇다. 헤겔은 자신의 변
증법적 방법에 따라서 감각적 확신이라는 의식이 자신의 반대와 같
아지는 과정을 보여 준다. 감각적 확신의 경우에서만이 아니라 모든
의식의 경험에서 의식은 자신의 기대와는 반대의 사실을 경험한다.
각각의 의식의 형태는 그것이 나타내는 기존의 관념을 대변한다. 감

각적 확신은 본래 그러그러한 것이고, 지각은 본래 그러그러한 것이라고 우리는 믿는다. 하지만 헤겔은 우리가 믿는 그러한 특성과는 반대되는 특성을 감각적 확신과 지각이 각각 갖는다는 것을 보여 준다. 변증법에 따른 의식의 경험의 서술은 항상 기막힌 반전을 포함하는 철학적 서술의 드라마다.

이것 혹은 여기와 지금

감각적 확신이 갖는 대상은 무엇인가? 나무, 돌, 책상, 소금 등등 하나의 사물을 우리는 감각으로 파악한다. 하지만 그 사물은 감각적 확신에게는 '이것'이라고 말해질 수밖에 없다. 감각적 확신은 가장 단순한 인식이다. 사물을 단순하게 '이것'이라고 지칭하는 것이 감각적 확신이다. 어떤 사물을 가령 소금이라고 말하면 그것은 감각적 확신에 의해서가 아니라 이미 지각이라는 많은 복잡한 과정을 포함하는 인식에 의해 파악되는 것이다. 소금은 희고 짜고 딱딱하고 각진 성질을 가지고 있다. 이런 성질들을 가진 것을 우리는 소금이라고 한다. 어떤 것을 소금이라고 인식할 때 우리는 그것이 희고 딱딱하고 각지고 단 것(이것을 우리는 설탕이라고 한다.)이 아니라 짠 것이어야 한다는 점을 안다. 말하자면 설탕과 구별되는 소금의 여러 성질들을 서로 구별하고 설탕과 비교해 보는 등 여러 가지 복잡한 생각들을 해야만 설탕과 구별되는 소금을 인식할 수 있다. 하지만 감각적 확신이 파악하는 대상은 소금의 흰 성질 하나만을 홀로 얘기할 뿐 다른 것과 그것을 비교하지도 말아야 한다.

어떤 사물을 소금, 나무, 돌 등으로 부른다면 거기에는 이미 소금이 설탕과 같지 않다는 것을, 나무는 돌과 다르다는 것을 구별하는 작용이 포함되어 있다. 감각적 확신이 본래 생각하는 대로 가장 확실한 인식이려면 그것은 어떤 구별도 포함하지 말아야 한다. 감각적 확신이 지칭하는 대상은 그저 '이것'이라고 불려야 한다. 혼돈은 인식 속에 다른 어떤 것이 들어오기 때문에 일어난다. 어떤 혼돈의 여지도 없는 감각적 확신은 따라서 사물의 이름을 가지고 그 사물을 지칭해서는 안 된다. 이미 이름은 다른 것과의 구별을 포함하고 있기 때문이다. 그래서 감각적 확신의 대상은 '이것'이다. '이것'은 감각적 확신에 의해 가장 직접적으로 지시되고 파악되는 구체적 개별 사물을 말한다.

'이것'은 시간과 공간 속에 있다. 그렇기 때문에 헤겔은 '이것'의 성격을 '지금'과 '여기'로 분석한다. '이것'은 '지금'과 '여기'로 이루어져 있다. '이것'은 '지금'과 '여기'가 갖는 성격과 같은 성격을 지닌다. '지금'과 '여기'는 시간적으로, 공간적으로 가장 개별적인 것을 가리킨다. 가장 개별적이라는 것은 가장 단순하다는 것이다. '지금'은 바로 지금 이 순간일 뿐이다. 그 순간에는 다른 순간이 함께 겹쳐져 들어가 있을 수 없고 그것만으로 있는 단순한 것인 것이다. 이러한 생각이 감각적 확신이 가지고 있는 생각이고, 누구나 쉽게 동의할 수 있는 생각이다. 하지만 헤겔은 이러한 생각이 맞는지를 검사하기 위해 다음과 같은 사유 실험을 제안한다.

지금과 여기의 변증법

지금 낮 시간에 '지금'이라고 종이에 쓴 다음 그것을 책상 서랍 속에 보관해 두자. 그런 다음 밤에 서랍 속에 든 종이를 꺼내 보자.

'지금'이 가리키는 것은 아까 낮이었는데, 이제는 밤이 되었다. 거꾸로 말하면 '지금'이라는 말 속에는 낮과 밤이 함께 들어 있다. 또한 여기 방 안에서 종이에 '여기'라고 쓴 다음에 그것을 가지고 마당에 나가 보자. '여기'가 가리키는 것은 아까는 방이었는데, 지금은 마당이 되었다. '여기'라는 말 속에는 방과 마당이 함께 들어가 있다. '지금'과 '여기'는 낮 시간의 한때를, 내가 지금 있는 방을 표현하기 위해 사용한 말이다. 그것은 가장 개별적이고 단순한 시간과 공간을 지적하는 말이라고 생각되었고 그러한 목적을 위해 사용되었다. 하지만 검사 결과 내일과 모레, 글피에 '지금'이라는 종이를 꺼내 볼 때마다 '지금'이라는 시간에 수많은 순간들이 속하는 것을 확인했고, 방과 거실, 마당, 운동장, 산, 강 등 '여기'라고 쓴 종이를 가지고 가는 수많은 장소가 '여기'에 속하는 것을 확인했다. '지금'과 '여기'는 가장 개별적이고 단순한 것을 표현하기 위한 말이라고 생각되었지만, 사실은 그 안에 많은 '지금'의 예들과 '여기'의 예들이 들어가 있는 보편적이고 복잡한 것이다.

처음에 우리는 감각적 확신이 파악하는 것은 가장 확실한 진리라고 생각했다. 그리고 그 이유로 그것의 내용이 다른 어떤 것도 포함하지 않는 단순한 '이것'이기 때문이라고 했다. 하지만 감각적 확신이 파악하는 '이것' 속에는 사실은 많은 다른 것들이 함께 놀고 있고, 가장 단순하고 개별적이라고 보았던 '이것'은 복잡하고 보편적이라는 사실이 드러났다. 감각적 확신의 진리는 단순한 개별자가 아니라 복잡한 여러 규정들을 포함하고 있는 보편자이다. 이러한 진리를 파악하는 데 본래 단순한 것을 파악하기 위해 그저 '이것'이라고 말할 수밖에 없었던 감각적 확신은 무엇을 할 수 있을까? 감각적 확신이 파악하는 단순한 것에 대한 인식은 보편적인 것을 표현하는 데 아주 무기력하고 보잘것없는 것일 뿐이다. 우리는 감각적 확신이 가장 확실하고 분명한 인식이라고 생각했는데, 결과적으로는 가장 빈약한 인식이라는 반대의 사실을 얻게 된다. 의식의 첫 번째 형태인 감각적 확신은 자신이야말로 가장 확실하고 풍부한 인식이라고 주장하지만 실제로는 가장 빈곤한 인식임을 알고 좌절한다.

우리는 지식을 보편적인 개념의 형태로 갖는다. 감각적 확신은 자신이 대상을 가장 구체적이고 생생하게 파악한다고 확신하지만, 파악한 것을 다른 사람에게 전달하려고 할 때 감각적 확신은 난관에 봉착한다. 다른 사람에게 전달하려면 말이 필요하고 말을 하려면 우리는 대상을 의식 속에 파악해야 한다. 대상을 의식에서 파악하는 것이 인식이고 인식은 보편적인 개념을 통해서 이루어진다. 우리는 알긴 알겠는데 분명하게 말로 표현하지 못하겠는 경우를 종종 경험한다. 이성주의자 플라톤은 그런 경우 우리는 그것을 아는 것이 아니라고 한다. 지식은 분명히 말로 표현되어야 하고, 남에게 전달될 수 있어야 한다. 따라서 말로 표현할 수 없는 것은 전달할 수 있는 지식의 형태를 갖추고 있지 않다는 것이다. 감각적 확신은 대상을 말로 표현할 때 그저 '이것'이라고 표현할 수밖에 없다. 그것은 그 내용에 대해서 아무것도 전달할 수 없는 가장 빈약한 지식이다.

감각적 확신의 경험의 결과

감각적 확신은 감각을 통해 대상을 직접적으로 인식하는 것이 가장 확실하고도 풍부한 인식이라고 생각한다. 그것의 대상은 단순한 것이고 그 대상에 대해서 감각적 확신은 그저 '이것'이라고 언급해야 한다. 하지만 이러한 생각에 대해 반성을 해 본 결과, 감각적 확신의 대상은 단순한 것이 아니라 복잡하고 보편적인 것이다. 의식은 더 이상 단순한 것을 파악하는 감각적 확신의 형태로는 대상을 제대로 파악할 수 없음이 밝혀진다.

지각 — 사물의 인식은 모순에 빠지고

감각적 확신의 경험의 결과인 보편적인 대상을 파악하는 의식은 지각이다. 대상은 보편적인 것임이 밝혀졌고 이 새로운 대상을 파악하기 위한 두 번째 의식의 형태가 지각이다. 그리고 지각의 대상인 보편적인 것은 사물이다.

의식 :	감각적 확신		지각
	↓		↓
대상(지식) : 이것(단순한 것, 개별자) ➡ (복잡한 것, 보편자)		사물(자기동일적 보편자)	

사물 혹은 구별들의 통일

사물이란 무엇인가? 소금의 경우를 들어 사물의 특성을 살펴보자. 소금은 희고, 짜고, 딱딱하고, 각지다. 사물은 이같이 단순한 성질들의 종합으로 이루어진다. '희다'는 성질은 '짜다'나 '딱딱하다'는 성질에 의해 방해받지 않고 그 자체로 존재하는 단순한 것이다. 이것이 바로 감각적 확신의 대상이었던 단순한 것이다. 지각의 대상은 감각적 확신의 대상을 포함하며 그것들로 이루어져 있다. 헤겔의 용어로 말하면 감각적 확신의 대상인 단순한 것은 지양되어 지각의 대상 속에 포함된다.

단순한 성질들이 서로 결합하는 방식이 사물의 사물성을 형성한다. 소금은 희다. 또한 짜다. 또한 딱딱하다. 또한 각지다. 이같이 사물을 구성하는 성질들은 서로에 무관하게 독립해 있으면서 '또한'이라는 방식으로 결합한다. 소금은 희면서 또한 딱딱하다. 희다는 성질은 그 자체로 딱딱하다는 성질에 의해 영향을 받지 않고 독자적인 성격을 띤다. 희다는 성질은 소금에도 흰 벽에도 흰 종이에도 타당한 일반적인 성질이다. 딱딱하다는 성질도 소금에나 책상에나 돌에 모두 타당한 일반적인 성질이다. 이같이 사물을 구성하는 성질들은 각각 일반성을 지닌다. 하지만 각자의 성질은 다른 성질에 영향을 미치지 않는다. 그 자체로 독립해 있는 독자적인 성질들이다. 이러한 성질들의 상호 무관심한 결합 방식을 헤겔은 '또한'에 의한 결합이라고 표현한다. 소금이라는 사물은 이렇게 '또한'에 의해 여러 성질들이 결합됨으로써 하나의 통일체를 형성한다. 이 통일성이 바로 소금이라는 사물이다.

한편으로 사물을 구성하는 성질들은 다른 성격을 지닌다. 사물이 그것으로 규정되기 위해서는 성질들이 그렇게 무관심하게 있기만 해서는 안 된다. 소금은 희고, 딱딱하고, 각지고, 짜야지 달면 안 된다. 단 성질을 가진 사물 설탕과 구별됨으로써만 소금은 소금으로서 성립한다. 소금이 다른 사물과 구별된 성질을 갖는다는 것은 그것을 구성하는 성질 각각이 다른 성질들과 구별되는 구별적 성격을 가져야 가능하다. 짜다는 성질은 달다는 성질과 구별될 뿐만 아니라 소금 자신

『정신현상학』의 구조와 전개

이 갖는 다른 성질들, 즉 희고 딱딱하고 각진 성질들과도 구별된다. 이 성질들이 구별되지 않는다면, 즉 구별된 성질들로 이루어지지 않는다면 소금은 소금이라는 독자적인 성질을 가질 수 없을 것이다. 모든 사물이 그렇다. 사물은 그것을 구성하는 상이한 성질들이 그러그러하게 서로 구별됨으로써 그러그러한 특성을 가진 사물이 된다.

사물은 이같이 구별된 성질들과 그것들을 통일하는 동일성으로 이루어져 있다. 구별들이 내용을 형성하는 것이고 동일성은 그러한 내용을 하나의 사물로 만들어 주는 것이다. 사물들은 여러 성질들로 구성된다. 하지만 이 성질들을 하나로 묶어 주는 통일성이 존재해야만 그러그러한 성질들을 가진 하나의 사물이 존재할 수 있는 것이다.

구별과 통일의 변증법

사물이란 이같이 구별되는 성질들을 하나로 통일시키고 있는 그 무엇이다. 하나의 사물은 감각적 확신의 대상인 단순한 성질들을 하나로 통일시키고 있는 보편적인 것이다. 우리는 보통 "사물이 있다."라고 말한다. 이것을 좀 더 철학적으로 말하면 "사물은 보편적 통일체로서 있다."라고 표현할 수 있다. 이 통일체를 논리적 용어로는 동일성이라고 말한다. 위의 말을 이번에는 논리적 용어를 사용해서 말하면, "사물은 (자기) 동일적으로 있다."라고 표현할 수 있다. 소금은 소금과 동일한 한에서 소금으로서 존재한다. 나무도 나무와 동일한 한에서 나무로서 존재한다. 지금까지 한 말을 종합해 보면, 사물은 자기 동일적인 보편성이다.

이제 이 사물에서 어떤 변증법적인 전복이 이루어지는지 살펴보

자. 변증법은 극과 극이 서로 통한다는 논리다. 이 말은 어떤 것이 자신의 반대와 같아진다는 것이다. 사물의 본성은 자기 동일적 보편성이라고 했다. 보편성을 갖는 사물은 자기 동일적이다. 자기 자신과 같다는 것은 언제나 확실하고 분명하다. 그런데 우리는 사물에 대한 변증법적 고찰을 통해 사물이 자기 동일적이 아니라 모순적이라는 사실을 알게 될 것이다. 동일성은 자신의 반대인 모순으로 바뀐다. 어떻게 이런 기상천외한 전환이 일어나는 걸까? 다소 어렵지만 헤겔의 설명을 직접 들어 보는 것이 이러한 전환을 이해하는 가장 좋은 방법일 것이다.

> 사물은 자기 자신을 위해 있는(for itself) 독자적인 것이며, 다른 것과 관계 맺지 않는 한에서만 독자적으로 있다. 왜냐하면 다른 것과 관계를 맺는다면 오히려 다른 것과의 연관이 생기고 다른 것과의 연관은 독자적으로 있음의 중단을 의미하기 때문이다.[2]

자기 자신을 위해서만 있는 것은 자기 동일적인 것이다. 여기서는 사물의 동일성의 측면만을 말하고 있다. 하지만 사물은 고유한 성질들을 갖고 그로 인해 다른 것과 구별된다. 한 사물을 그것으로 만들어 주고, 그 점에서 다른 것과 구별시켜 주는 성질을 그 사물의 본질적 규정이라고 한다.

사물의 본질적 성격을 형성하고 그 사물을 다른 모든 것으로부터 구별해 주는 이러한 규정성을 통해 사물은 다른 것과 대립하지만, 그러는 가운데 자신을 독자적인 것으로 보존해야 한다. (……) (그런데) 바로 사물이 절대적인 (본질적인) 성격을 지닌다는 점과 사물이 대립 속에 있다는 점에 의해서 사물은 다른 것과 관계 맺고, 사물은 본질적으로 이러한 관계 맺음일 뿐이다. 하지만 관계는 사물의 자립성의 부정이며, 사물은 오히려 자신의 본질적 성격에 의해서 몰락한다.[3]

사물이 자신의 고유한 본질을 지니기 위해서는 다른 것과 구별되어야 한다. 그런데 구별은 다른 것과 관계하는 것이다. 결국 사물은 자신의 동일성을 유지하기 위해 다른 것과 관계해야 하는 모순 속에 놓인다. 이제 사물의 동일성은 관계로 된다. 동일성이 관계라는 것은 모순이다. 사물은 본래 자기 동일적인 것이라고 했지만 자기 동일적 사물은 모순에 의해 파괴되고 만다.

사물이 몰락한다는 것은 사물이 그것으로서 동일성을 유지하지 못한다는 것이다. 사물은 그것으로 있지 못하고 파괴되어 해체된다. 사물이 파괴되고 해체된다는 것은 무엇을 말하는가? 그것은 하나의 단위로 통일되어 있던 사물이 자신의 동일성을 유지하지 못한다는 것이다. 이제 사물은 하나의 통일체로 성립하지 못하고 관계로 된다. 관계란 자기와 다른 것이라는 두 개의 관계 항을 전제한다. 결국 하나의 통일체로서의 사물은 부정되고 두 개의 사물, 두 개의 관계 항으로 이루어진 관계가 그것의 진리임이 밝혀진다.

지각의 경험의 결과

지각의 대상은 사물이다. 지각은 처음에 사물을 하나의 통일체로서의 보편적인 것으로 간주했다. 그리고 이 통일체를 그대로 받아들이는 것이 진리하고 주장했다. 하지만 사물을 잘 관찰해 보면 지각의 생각과는 달리 그것이 통일체가 아니라 관계임이 밝혀진다. 관계는 더 이상 하나의 사물을 그대로 받아들이는 지각에 의해서는 파악될 수 없고 오성이라는 보다 고차원적인 인식에 의해서 파악된다. 지각의 방식으로 진리를 파악하고자 했던 의식은 좌절하고, 의식은 이제 새로운 진리 인식의 방법을 필요로 한다. 이 새로운 방법의 인식의 방법이 오성이다.

오성 — 법칙의 뒤집어진 세계가 생명

지각의 경험의 결과인 관계를 파악하는 의식은 오성이다. 동일적 대상으로서의 사물은 결국 관계 속에서 그것의 진리를 파악할 수 있음이 드러났다. 사물은 지양되어 사물과 사물의 관계인 법칙 속에 위치하게 되고 그 속에서 자신의 진리를 제대로 파악할 수 있다. 하나의 사물을 그대로 받아들이기만 하면 진리라는 지각의 생각은 단순한 생각이다. 하나의 사물이 다른 사물과의 관계 속에 있고 진리는 하나의 사물의 차원에서가 아니라 관계 속에 있다는 생각이 오성의 생각이다.

힘과 그것의 발현

　오성적 의식이 행하는 인식은 과학적 인식이다. 과학은 사물과 사물의 관계를 규명한다. 과학적 지식이란 어떤 사물이 원인이 되어 다른 사물로서의 결과가 나타나는 관계, 즉 인과적 관계에 대한 지식을 말한다. 과학이란 무엇인가? 과학은 결과인 어떤 현상을 설명하기 위해 그것의 원인을 찾는 것이다. 원인을 통해 결과를 설명하는 것이 바로 인과적 지식으로서 과학적 지식이다.

　과학적 인식으로서 오성은 사물의 본질을 힘이라고 본다. 하나의 사물은 힘으로서 그것의 결과로 발현한다. 발현한 현상 역시 하나의 사물, 보다 정확히 말하면 힘이다. 사물의 본질을 힘으로 볼 때, 힘은 외부로 발현되어 현상이 된다. 외부로 드러나지 않은 힘은 감성에 주어지지 않는 초감성적 세계에 속한다. 사과가 떨어지는 현상을 가능케 하는 것은 지구 중심에서 사과를 당기는 인력이다. 인력이라는 힘이 사과의 낙하라는 현상으로 발현되는 것이다. 힘과 그것의 발현은 사실 두 가지 사물이 아니라 한 가지 힘의 두 가지 측면이다. 그렇다면 이제 의식의 대상이 되는 것은 사물과 같은 통일체가 아니라 힘과 그것이 발현된 현상 사이의 관계가 된다. 한 사물이나 사건을 그것의 원인으로부터 이해하는 것이, 현상으로서의 그것을 이해하는 보다 탁월한 인식이라는 것이 오성의 주장이다.

　오성이 대상으로 하는 힘과 그것의 발현인 현상 사이의 관계는 다름 아닌 법칙이다. 현상은 끊임없이 변하지만 이러한 변화는 법칙의 지배를 받는다. 이 법칙은 눈에 보이지 않는 초감성적인 것이다. 감성에 주어지는 현상의 세계가 변화무상한 세계라면, 법칙의 세계는 불변하는 세계이다. 과학은 바로 다양한 모습을 가지고 끊임없이 변화하는 복잡한 세계를 그것의 단순한 원리로 환원하여 이 원리가 어떻게 복잡한 현상으로 나타나는지를 설명하는 것이다. 이때 사람들은 과학적 진리가 현상 속에 있는 것이 아니라 불변하는 법칙 속에 있다고 생각한다. 이게 우선 오성이 생각하는 것이다.

법칙과 그것의 뒤집어진 세계

과학의 힘이 맹위를 떨치는 현대에는 법칙이 최고의 진리로 간주되곤 한다. 과학적 지식은 보편성과 객관성을 지닌 지식이다. 과학이 대상으로 하는 법칙은 어느 대상에나 모두 적용되고 누구나 동일한 절차를 거쳐 실험을 하면 동일한 결과에 도달할 수 있는 분명하고 변함없는 지식이다. 지식이란 언제 어디서나 변함없이 적용되고, 나만이 아니라 남에게도 전달할 수 있어야 한다. 이러한 지식의 본성에 가장 적합한 것이 과학적 지식으로 보인다. 과학은 실로 최고의 지식으로 대접받고 있다. 여기에 누구도 이견이 없을 듯하다.

하지만 헤겔은 과학적 인식인 오성에게 자기반성을 요구한다. 뉴턴의 법칙들이 그 자체 과학적으로 타당한지 타당하지 않은지를 검토해 보라는 것은 아니다. 헤겔은 오히려 과학적 지식이 대상과 세계를 설명하는 최고의 지식인가를 검토해 보라는 것이다. 법칙에 대한 인식은 우리에게 불변하는 가장 확고한 진리를 제공한다. 실로 세계를 법칙적으로 파악하는 것은 우리에게 가장 확실한 인식을 주지만, 그런 인식이 세계에 대한 가장 풍부한 인식인가? 세계를 그것의 진상에 가깝게 가장 잘 설명해 주는 인식인가? 그런 인식은 그런 의미에서 최고의 진리인가?

법칙은 현상의 다양성을 단순한 원리로 환원한다. 법칙의 본성은 단순함이다. 그것은 단순한 원리를 가지고 많은 것을 설명해야 한다. 그런데 법칙들 사이에도 위계(hierarchy)가 있다. 보다 복잡하고 구체적인 법칙들은 다시 보다 단순한 법칙에 포섭된다. 보다 단순한 법칙은 보다 복잡한 법칙의 법칙이다. 이런 의미에서 보다 단순할수록 법칙답다고 할 수 있다. 구체적 법칙은 보다 현상 쪽에 가깝다. 하지만 보다 단순한 법칙은 현상으로부터 보다 많이 추상되어 있다. 현상을 보다 많이 추상할수록 법칙은 더 법칙다워진다고 할 수 있다. 하지만 추상적이라는 의미는 부정적으로도 이해될 수 있다. 가장 법칙다울수록 현상을 가장 많이 추상하고 있고 그런 점에서 현상에서 가장 멀어져 있다. 예를 들어 낙하의 법칙이나 케플러의 천체의 운동의 법칙같이 구체적인 현상을 설명하는 법칙은 만유인력의 법칙과 같은 보다 단순한 법칙으로 환원될 수 있다. 하지만 만유인력의 법칙은 그저 모든 사물들이 서로 끌어당긴다는 사실만을 말해 줄 뿐, 낙하의 법칙이나 천체 운동의 법칙과 같은 개별 법칙들의 특성들을 설명해 주지 못한다. 따라서 법칙은 현상의 다양성을 추상하고 현상의 다양성으로부터 멀어져 있다는 것을 말한다. 법칙답다는 것이 추상적이라는 것이라고 하면, 가장 법칙다운 법칙, 보편적인 법칙일수록 그것은 현상의 다양한 구별을 설명해 주지 못한다는 것이 된다.

법칙의 본분은 무엇인가? 그것은 현상 세계를 설명하는 것이다. 현상과 동떨어진 법칙은 진리로서 문제 있는 것이다. 법칙이 현상을 설명하려면 현상의 다양한 구별을 포함해야 한다. 그런데 이 구별의 근거는 현상 세계 속에 있다. 결국 현상이 법칙의 진리이다. 통상적으로 우리는 법칙이 현상의 진리라고 생각한다. 이것이 본래 오성의 생각이라고 했다. 그런데 이제 오성의 대상인 법칙을 분석해 보니 법칙의 진리는 현상임이 밝혀졌다. 이 현상은 처음에 우리가 생각했던 껍데기로서의 현상이 아니다. 처음에 우리는 현상이란 그저 껍데기일 뿐이고 그 내면에 진리로서의 법칙이 있는 것으로 생각했다. 하지만 우리는 그 진리였던 법칙을 뒤집어서 현상에 도달했다. 현상은 이제 법칙의 뒤집어진 세계이다. 이 뒤집어진 세계는 스스로가 운동을 하면서 법칙을 만들어 내는 현상이다. 사실 법칙이 따로 있는 것이 아니라 법칙을 담고 있는 현상만이 있고, 이 현상 세계의 운행의 원리가 법칙이 아닌가? 그렇다면 우리는 현상 세계가 스스로 법칙을 만들어 내는 것이라고 말할 수 있다. 현상은 하나의 통일체이고 이 통일체가 운동하면서 자신을 구별한다. 그리고 그 구별의 원리가 법칙들이다.

이제 우리가 어디까지 도달했는가 뒤돌아보자. 감각적 확신은 단순한 성질이 진리라고 했지만 지각은 그것들을 지양하여 포함하고 있는 사물이 진리라고 했다. 사물은 다시 지양되어 오성이 파악하는 법칙의 한 계기가 되었다. 법칙은 다시 그것을 지양하여 포함하는 법칙의 뒤집어진 세계로서의 현상 세계의 한 계기가 되었다. 헤겔은 이 현상 세계가 법칙의 뒤집어진 세계라고 하는데, 이때 뒤집어졌다는 것은 법칙의 부정을 의미한다. 법칙은 불변하지만 추상적이고 고정되어 있는, 생명 없는 세계이다. 반면 뒤집어진 세계는 스스로 움직이면서 법칙을 만들어 내는 살아 있는 세계이다.

헤겔은 뒤집어진 세계의 논리가 생명의 논리와 같다고 한다. 이로써 헤겔이 말하고자 하는 것은 법칙보다 생명이 더 높은 진리라는 것이다. 가다머는 헤겔의 이러한 통찰을 탁월한 견해로 평가한다. 후설과 하이데거, 아도르노 등 이후의 많은 철학자들은 헤겔의 이런 견해와 같이 과학주의를 비판한다. 과학 기술이 발전한 현대에 들어 과학적 지식을 최고의 진리라고 주장하는 입장이 과학주의이다. 하지만 철학자들은 과학이란 세계를 설명하는 한 가지 방식일 뿐이며, 과학을 포함한 모든 형태의 지식이 발원하는, 우리가 생활하는 세계에 주목해야 한다고 주장한다. 과학적 지식만이 지식의 표본으로 간주되고 다른 모든 지식이 무시된다면 세계는 추상화되고 세계의 다양성이 무시될 수 있다. 헤겔은 그렇게 되면 세계를 생생하게 파악하지 못한다고 비판하는 것이다.

헤겔에 따르면 법칙에 대한 지식보다 더 우위에 있는 것이 생명에 대한 지식이다. 의식의 경험에서 이제 새로운 대상은 생명이다. 이제 의식은 자신과 똑같이 생명을 가진 존재를 대상으로 한다. 이러한 의식을 우리는 자기의식이라고 한다. 지금까지 의식은 자신과 다른 대상에 대한 의식이었다. 하지만 이제 자기와 동일한 의식을 대상으로 하는 의식은 자기의식이다. 이전에는 대상에 대해 의식했지만 이제 자기와 동일한 것, 자기에 대해 의식을 한다. 이렇게 해서 의식의 진리는 자기의식임이 밝혀지면서 우리는 자기의식이라는 의식의 형태가 겪는 경험으로 넘어간다.

2   자기의식 — 주인과 노예

의식의 진리는 자기의식이다. 의식이란 대상에 대한 의식이다. 그러니까 의식은 대상 의식의 준말이라고 할 수 있다. 의식은 자기와 다른 사물로서의 대상을 파악하는 의식이다. 하지만 자기의식은 자기 자신을 의식하는 것이다. 우리는 자기에 대해 어떻게 의식하는가? 나는 나이다. 이것이 자기의식의 출발점이다. 나는 다른 사람이 아닌 나이고 나여야 한다. 이러한 나에 대한 의식을 우리는 자아에 대한 의식, 자의식이라고 한다. 자의식을 가진 사람은 자기 자신에 대한 확고한 의식, 즉 주체성을 가지고 있다. 그는 남으로부터 주체로서 존중받기를 원하고 객체로 이용되는 것을 바라지 않는다. 그렇기 때문에 자의식은 곧 자존감이다. 남에 의해 자신의 자의식이 무시되고 손상되었을 때, 우리는 자존심 상해 한다. 남에게 나의 존엄을 지키지 못했을 때 나는 수치스러워한다. 정도의 차이는 있지만 누구나 남에게 무시당하는 것을 싫어하고 존중받기를 원한다.

헤겔은 자기의식을 존중받는 것을 인정이라고 한다. 사람들은 누구나 자기의식을 본질로 하는 인간인 한 남에게 인정받고자 한다. 우리는 자신이 인격으로서 존중받기 위해서는 남의 인격 또한 존중해야 한다는 것을 교육을 통해서 알고 있다. 하지만 헤겔에 따르면 교육받기 전에 인간의 원초적인 심리는 자신의 자기의식만을 존중받기를 원하고 남의 자기의식은 인정하지 않으려고 한다. 이렇게 인간의 자기의식은 욕구의 형태로 나타난다. 욕구란 자아가 존재에 관계하여 그것을 부정하고 자신의 것으로 하려는 것이다. 인간은 욕구를 채우기 위해 맛있는 음식을 먹어 치우고 산을 깎아 집을 짓는다. 자연의 사물을 부정하여 자기의 의도대로 변형함으로써 자신의 욕구를 충족한다. 마찬가지로 인간은 인간을 상대로 해서도 남을 부정하고 남을 자기 마음대로 부리려고 한다. 그래서 남을 자기와 똑같은 자기의식을 가진 인간으로 간주하고 대우하려 하지 않는다. 남의 자기의식을 무시하고 남을 자기의식이 없는 동물이나 사물처럼 다루고자 한다. 하지만 어느 누구도 그렇게 취급받기를 원하지 않는다. 그래서 사람들 사이에는 싸움이 일어난다. 이것은 사람들이 각자 인간으로서 인정받기 위한 싸움이다.

인정 투쟁과 주인과 노예 관계의 성립

홉스와 로크, 루소 같은 근대의 철학자들은 시민 사회의 성립을 설명하기 위해 인간의 자연적인 본능의 상태를 가정하고 거기에서 어떻게 사회로의 이행이 일어났는가를 설명한다. 헤겔은 이러한 상태를 자기의식과 생명을 가진 사람들 사이에서 벌어지는 인정 투쟁의 모델로 설명한다. 개인들은 각각 한편으로 자기의식을 가지면서 다른 한편 생명을 갖는다. 말하자면 인간은 누구나 동물과 마찬가지로 생명을 가지면서도 동물과는 달리 자기의식(자의식, 자존감)을 갖는다.

그런데 사회의 출발점은 인간들이 서로 상대방을 인격으로서가 아니라 욕구의 대상으로서만 보면서 전개되는 생사를 건 인정 투쟁이다.

사람들은 누구나 타인을 인정하기보다 타인에게 인정받기를 원한다. 남을 자기의식으로서 섬기기보다 남의 자기의식을 부정하고 남이 자신의 자기의식을 존중하며 섬겨 주기를 바란다. 서로의 욕구가 충돌하여 인정을 받기 위해 싸움이 일어나는데, 이 싸움은 자기의식을 갖는 인간으로서 대우받느냐, 아니면 자신의 자기의식을 인정받지 못하고 인간으로서 대우받기를 포기하느냐를 결정하는 중대한 투쟁이기 때문에 각각은 자신의 생명을 걸고 투쟁을 한다.

이때 한쪽의 자기의식은 동물적 생명을 초월하여 죽음을 두려워하지 않는다. 죽음을 두려워하지 않는 자는 생명에 예속되지 않는다. 그에게는 동물과 공유하는 생명보다 인간을 인간으로 만들어 주는 자기의식, 자존감이 더 중요하다. 이 자기의식이 바로 주인 의식이다. 남에게 자기의식을 인정받은 승자는 주인이 된다. 반면 다른 쪽의 자기의식은 자기의식으로서의 자신을 주장하기보다 죽음을 두려워하여 생명에 집착한다. 패자는 주인으로부터 목숨의 부지를 허락받지만 전적으로 자기의식을 부정당한다. 자기의식을 전혀 인정받지 못한다는 것은 인간이 아니라 동물이나 사물처럼 취급된다는 것이다. 이러한 존재가 노예이다. 이렇게 하여 주인-노예의 관계가 성립된다.

주인-노예 관계의 변증법적 반전

그런데 이렇게 형성된 주인-노예 관계를 논리적으로 고찰해 보면 외관상의 관계와는 반대의 내용으로 관계가 뒤집힌다. 주인의 자기의식은 '자기=자기'라는 동어 반복의 성격을 지닌 추상적인 자기의 식이다. 주인은 자연에 직접 관계하지 않고 노예의 노동의 결과를 향유한다. 그런데 주인은 노예를 통해서만 대상에 관계하고 노예를 통해서만 자신의 욕구를 충족하기 때문에 주인의 욕구 충족은 노예에 의존하고 있다. 또한 주인이 주인일 수 있는 것은 노예를 통해서이기 때문에, 주인 개념은 노예에 예속되어 있다. 이렇게 볼 때 주인은 겉으로는 자립적인 의식이지만 실제로는 비자립적인 의식임이 드러난다.

한편 노예는 사물을 변형하는 노동을 통해 주인을 섬긴다. 노예에게 주인은 부정할 수 없는 존재다. 노예는 주인을 위해 노동을 해야 하지만 자연의 사물 역시 고유한 자립성을 가지고 있어서 노예에게 저항한다. 노동은 어떻게 이루어지는가? 노동은 자연의 원 상태를 부정하여 자신의 뜻대로 변형하는 것이다. 하지만 처음에 노예는 주인의 자립성을 부정할 수 없는 것처럼 자연의 자립성도 부정하지 못한다. 노예는 이처럼 한편으로 노동과 다른 한편으로 주인에의 예속이라는 이중의 고통 속에 있다. 노예는 사물 세계와 사회 세계로부터 밀려나서 자신 안으로 떠밀려 듦으로써 현실을 등지고 내면세계로 도피한다.

헤겔은 이러한 노예의 의식을 떠밀려 든 의식이라고 한다. 떠밀려 든 의식 속에서 노예는 주인과 사물이 갖지 못하는 철학적 사색을 하면서 사변적 사유 세계를 구축한다. 노예의 철학적 사색의 내용은 이렇다. 주인은 주인인 자기만이 자유로워야 하고 노예는 당연히 예속되어야 한다는 편협한 사유를 한다. 반면 노예는 주인도 인간이기 때문에 자유로워야 하지만 노예인 자신도 인간이기 때문에 자유로워야 한다는 보편적 자유의 이념을 깨닫게 된다. 주인은 자기만의 자유를 주장하기 때문에 자유의 이념을 실현할 수 없다. 노예만이 보편적 자유의 이념을 사고할 수 있다. 노예는 한편으로 주인을 통해 독자성에 대한 경험을 획득한다. 주인이 아무에게도 예속되지 않는 독자적인 존재라는 것을 알고 그것을 부러워한다. 하지만 노예가 주인에게서 느끼는 독자성은 자신의 고유한 독자성이 아니므로 현실적이 아닌 독자성, 즉 잠재적, 가능적 독자성이다. 노예는 주인이 자유롭고 대담하며 용맹하고 과감하다는 사실, 즉 주인의 독자성을 주인으로부터 간접적으로 경험한다.

다른 한편 노예는 사물을 변형하는 노동 속에서 자신의 본질을 발휘한다. 헤겔에 따르면 노동은 인간이 자신의 본질을 발휘하는 것이다. 노예는 자신의 생각을 노동을 통해 자연 속에 투영한다. 노동은 인간의 본질인 자기의식이 자연 속에 실현되는 것을 말한다. 이로써 인간 자신과 사물과의 통일이 일어난다. 이제 자연은 노예에게 더 이상 저항하는 독자성이 아니다. 노동은 자연의 자립성을 부정하는 것이다. 노예는 노동을 통해 자연에 대한 의존성을 지양하면서 자신이 독자적인 존재라는 것을 인지한다. 그래서 주인을 통해 깨달은 독자성은 노동을 통해 자기 자신에게 고유한 것으로 인식되면서 현실적인 것으로 된다. 이로써 노예가 주인에게서 느꼈던 잠재적, 가능적 독자성은 현실적 독자성으로 된다. 그렇다면 이제 노예 역시 현실적 독자성, 즉 주인 의식을 획득하게 된다. 이리하여 주인이 노예이고 노예가 주인이라는 변증법적 반전이 일어난다.

이러한 반전을 헤겔 자신의 말 속에서 확인해 보자.

『정신현상학』의 구조와 전개

주인이 자기 자신을 성취하는 가운데 주인에게는 자립적 의식과는 완전히 다른 것이 생겨났다. 자립적 의식은 주인을 위해 있지 않고 오히려 비자립적인 것이 주인에게 남겨진다. 그러므로 주인은 독자 존재를 진리로서 확신하는 것이 아니며, 그의 진리는 오히려 비본질적 의식이고 이러한 의식의 비본질적 행위이다. 따라서 자기의식의 진리는 노예 의식이다. 주인의 지배가 보여 주듯이 지배의 본질은 그것이 되고자 하는 것의 반대임이 드러난다. 마찬가지로 노예의 예속은 예속이 온전히 실행되었을 때 오히려 그것의 직접적인 모습과는 반대로 될 것이다. 그것은 자기 자신 안으로 떠밀려 든 의식으로서 자신 안으로 향하며 참된 자립성으로 전도된다.[4]

주인-노예 변증법은 시민 사회 창출의 논리

철학자 니체는 주인을 용맹스럽고 고귀한, 가치 있는 인간으로 보고 노예를 비겁하고 천한 인간으로 평가한다. 누구도 노예보다 주인이기를 원하고 주인을 노예보다 높이 평가할 것이다. 그러나 헤겔은 철학적으로 노예를 주인보다 높이 평가하고 있다. 이러한 헤겔의 의도는 무엇인가? 헤겔에게서 노예가 중요한 것은 그가 노동의 주체이기 때문이고, 노예는 노동의 상징이다. 노예제 사회에서 노동은 노예가 하는 부정적인 활동이었고, 귀족은 정치적 실천에만 관여했다. 하지만 근대에 이르러 노동은 사회 형성의 원리로 간주된다.

헤겔에 따르면 노동은 자연의 가공을 통해 자기의식을 자연에 부과하며, 이러한 자기의식의 본질을 실현함으로써 의식이 발전해 가는 원동력이 된다. 헤겔은 노동이 사회 형성의 원리일 뿐 아니라 인간의 본질이라고 본다. 헤겔은 노동을 통해 사회를 형성하는 노예의 노동만이 보편적 자유의 이념을 실현할 수 있다는 점에서 노예가 주인이 되는 사회를 시민 사회로 그리고 있다. 시민 사회에서는 각 구성원이 남이 소비할 상품을 공급해 주는 한에서 남을 섬기는 노예이며, 남이 생산한 상품을 향유하는 한에서 남의 주인이 된다. 시민 사회는 사람들이 누구나 노예이면서 동시에 주인인 사회이다. 우리는 여기서 인간은 노동자로서 남을 위한 수단으로만 머물지 않으며 노동 없이 목적으로서만 대우받는 것도 허위의식임을 일깨워 주는 인간에 대한 통찰을 엿볼 수 있다.

헤겔은 개인들 간의 인정 투쟁이라는 모델로부터 사회의 형성을 설명한다. 사회란 욕구를 가진 인간들이 서로를 수단으로서 이용하는 것이 아니라 목적으로서 인정하는 관계의 그물망이다. 이것은 상호 인정이라는 법의 전제 조건이다. 한 사람은 전적으로 목적이 되고 다른 사람은 전적으로 수단이 되는 주인과 노예의 관계에서는 법적인 관계가 성립할 수 없다. 각각의 개인이 모두가 주인이면서 노예이고, 권리와 의무의 통일체인 상호 인정의 관계에서만 법은 적용될 수 있다. 헤겔의 주인-노예 변증법은 주인-노예의 논리가 동시에 주인-노예 관계를 해체하는 논리이기도 하다는 점을 보여 준다. 그것은 전근대적 인간관계를 해체하고 오직 법만이 인간관계를 매개하는 근대적 인간관계로 전환되는 사회의 이행을 논리적으로 논증하고 있다. 그것은 노예제의 해체, 지배의 원리에서 자유의 원리로의 사회 이행의 논리적 필연성을 입증하는 것이다. 이렇게 이행된 사회가 시민 사회이므로, 헤겔의 주인-노예 변증법은 시민 사회 창출의 논리라고 할수 있다. 그것은 가부장적 사회에서 일반적 분업 관계가 지배하는 시민 사회로의 이행을 그리고 있다.

자기의식의 경험의 결과

자신과 다른 사물이 아니라 자신과 같이 생명을 가진 인간을 대상으로 하면서 의식은 자기의식으로 된다. 자기의식의 대상은 생명을 가진 인간이다. 주체로서의 자기의식은 대상인 인간을 자기와 같은 자기의식으로서가 아니라 자기의식 없는 생명으로서만 취급하려고 한다. 물론 객체인 인간도 인간인 한 동일한 태도를 취하며, 인정 투쟁을 통해서 승패가 결정됨으로써 주체인 주인과 객체인 노예가 결정된다. 하지만 주인과 노예의 관계는 노예가 노동을 통해 자기의식을 획득하고 주인이 편협한 자유 의식을 보편적 자유 의식으로 발전시키면서 해체된다. 이로써 주인만이 자유롭다는 일면적이고 개별적인 자기의식은 모두가 주인이라는 보편적인 자기의식으로 발전한다. 자기의식이 대상으로 보았던 생명의 진리는 자기의식임이 밝혀졌고, 자기의식은 자신의 대상도 자기의식임을 인정하면서 보편적 자기의식으로 된다.

3   이성 — 돈키호테의 모험은 반드시 실패한다

칸트에 따르면 이 세상은 우리가 보는 대로 생긴 것이다. 세상의 사물들은 우리에게 보이는 대로 알려질 뿐 우리는 그 자체로 사물이 어떤지는 알지 못한다. 그렇다고 해서 똑같은 사물이 사람들 각각에게 다르게 보이는 것은 아니다. 칸트는 의식을 가진 사람이면 누구나 공통된 인식의 구조를 갖는다고 한다. 그러니까 세상은 나에게가 아니라 우리에게 보이는 대로 있는 것이다. 이 공통된 인식 구조가 바로 정신현상학에서 말하는 이성이다. 자기의식 장의 결과는 보편적 자기의식이었고, 이 보편적 자기의식이 이성이다. 보편적 자기의식이란 가령 주인 한 사람에게만 타당한 자기의식이 아니라, 주인과 노예 모두에게 타당한 의식이었다. 보편적 자기의식은 의식을 가진 인간이라면 누구나 갖는 공통된 의식이다. 이것은 칸트가 말하는 인간의 의식이다.

이성은 자신이 보는 방식대로 세계가 그렇다고 확신하고, 자신이 생각하는 대로 자연과 정신세계를 관찰한다. 그러는 가운데 이성은 세계가 자신의 방식대로 존재한다고 생각하고 자신의 방식대로 세계를 변형하려고 한다. 하지만 이성의 경험은 세계가 자신의 방식대로 존재하는 것이 아니라 자신이 세계에 맞춰 존재할 수밖에 없다는 사실을 경험하게 된다.

칸트와 헤겔 — 두 수영 선생

이성은 자연을 자신의 방식대로 파악할 뿐 아니라, 사회에 대해서도 자신의 생각이 올바른 것이라고 생각하고 자신의 방식대로 세상사를 규정하고 변형하려고 한다. 전자를 이론적 이성이라고 하고 후자를 실천적 이성이라고 한다. 이론적 이성에 있어서나 실천적 이성에 있어서나 헤겔은 칸트의 입장을 비판한다. 세계는 인간 안에 미리 구비되어 있는, 보는 방식에 의해 그러그러하게 규정되는 것이 아니라, 오히려 인간이 자신의 인식을 그때그때 세계의 내용에 맞추어 가야 한다는 것이다. 칸트는 우리가 세계를 경험하기 이전에 세계를 경험하는 방식이 이미 우리의 의식 속에 구비되어 있다고 주장한다. 그러니까 우리의 의식 안에 있는 인식의 도구를 잘 파악해서 오류에 빠지지 않고 인식하도록 해야 한다. 이것은 마치 수영장에 들어가기 전에 수영의 기술을 미리 터득해 두어야 한다는 주장과 같다.

하지만 수영은 항상 잔잔한 수영장에서만 하는 것도 아니며 물살이 센 강이나 파도가 거친 바다에서도 해야 한다. 그리고 그때마다 수영의 방식은 달라야 한다. 헤겔은 경험이 항상 그때그때 다른 대상에 따라 다르게 이루어진다고 주장한다. 지금까지 살펴본 의식의 다양한 경험이 그것을 말해 준다. 어떤 경우의 경험은 그저 단순한 성질들을 감각을 통해 파악하기도 하지만, 사물을 파악할 때는 지각의 방식으로 사물의 성질들을 받아들이며, 보다 복잡한 경우에는 오성을 통해 사물들의 관계를 인식한다. 또한 죽은 사물뿐만 아니라 살아 있는 생명도 인식의 대상이 되며, 그럴 경우는 분명 다른 인식 방식이 적용된다. 헤겔은 이같이 대상의 여러 가지 종류에 따라 각기 다른 인식의 방법이 적용되어야 한다고 주장한다.

실천 이성에 있어서도 칸트와 헤겔은 대립한다. 실천 이성이란 실천을 인도하는 이성이고 이성에 따라 인도되어 수행하는 실천은 도덕이다. 우리는 남이 보지 않아도 도둑질을 한다거나, 남에게 들키지 않아도 거짓말을 한 것에 대해 양심의 가책을 느낀다. 양심은 내 마음 안에서 나의 행동이 도덕적인지 아닌지를 판정하는 심판관이다. 이같이 칸트는 도덕이 개인적 양심에 근거한다고 주장한다.

헤겔은 도덕에 대해 근본적으로 다른 생각을 가지고 있다. 그는 인간의 행위를 윤리적으로 만드는 것은 풍습, 관습 등을 포함한 공동체의 규범이라고 생각한다. 칸트의 생각에 따르면 아프리카 사람이나 한국인이나 미국인이나 아랍인이나 모두 양심과 양심에 따라 생각하는 실천 이성을 가진 한에서 도덕에 관해 합의를 이룰 수 있다. 하지만 헤겔은 그들이 그저 거짓말하지 말아야 한다거나 도둑질하지 말아야 한다는 등 몇 가지 추상적인 사실에서만 합치된 생각을 할 수 있을 뿐이라고 한다. 구체적으로 어떻게 행동하는 것이 윤리적이며 어떻게 행동해야 하는지는 그런 추상적 사실에서는 어떤 가르침도 받을 수 없다. 그렇기 때문에 그것은 윤리적 규범으로서 의미가 없다. 어떻게 행동하는 것이 윤리적인지를 알기 위해서 혹은 어떻게 윤리적으로 행동해야 하는지를 배우기 위해서는 각자가 사는 공동체의 규범을 알아야 한다. 이 공동체는 각자가 살아가는 삶의 터전이며 공동체의 규범은 각자의 삶의 양식을 결정한다. 아프리카 사람은 한국 사람과 다른 풍습과 관습 속에서 살아왔으며 살아가고 있다. 아랍 사람은 미국 사람과 다른 종교와 문화 속에서 살아왔고 살고 있다. 물론 그들이 갖는 공통적인 이성도 있고 도덕적 행위에서 서로 합의를 이룰 수도 있다. 하지만 헤겔이 보기에 구체적 행동을 하는 데 있어서 그 공통적인 것보다 더 크고 중요한 것은 차이다. 개인의 윤리적 행위는 그가 사는 공동체의 규범과의 상호 작용 속에서 이루어져야 한다.

세상사에 대항하는 돈키호테

헤겔은 칸트의 실천 이성과 개인적 양심에 따라 행동하는 사람을 돈키호테를 염두에 두고 덕의 기사라고 부른다. 마치 돈키호테가 세상의 부조리에 맞서 싸우듯이 덕의 기사는 자신의 덕을 실현하기 위해 세상사와 맞서 싸운다. 그는 세상이 비도덕적이고 자신의 생각이 도덕적이라고 생각한다. 선은 세상이 아닌 그 개인의 마음속에 있다. 특히 청년들은 이런 태도를 취한다. 청년은 세상이 부패하고 타락했다고 생각하면서 세상에 대항하여 자신의 이상을 실현하려는 정열에 불타기 마련이다. 하지만 헤겔은 그러한 행위가 마치 돈키호테와 같이 세상 물정 모르는 무모한 행위라고 본다. 돈키호테의 모험은 반드시 실패한다. 왜 그런가? 세상이 그의 마음 같지 않기 때문이다. 세상은 돈키호테가 생각하는 것과 다른 것이다. 돈키호테는 풍차가 사악한 적이라고 생각하여 풍차로 돌진한다. 하지만 풍차는 엄연한 풍차이고 잘못된 것은 돈키호테의 주관적인 생각이다.

마찬가지로 덕의 기사는 자신의 주관적 이상이 선이며 세상사는 악이라고 생각한다. 하지만 헤겔은 그 반대의 것이 타당함을 논증한다. 세상사는 이미 선을 포함하고 있으며, 또 그래야 한다. 만일 세상이 선과 전혀 무관하다면 세상 사람들이 어떻게 이 덕의 기사의 말을 알아듣고 수용할 수 있겠는가? 덕의 기사가 실현하고자 하는 선은 이미 세상사와 관련되어 있고 세상사 속에 있는 것이다. 선은 세상사 속에 위치하고 세상사를 통해서만 실현될 수 있다. 선이라는 것은 개인적 차원에서 성립하거나 실현되는 것이 아니라 관습, 풍습, 법, 문화, 제도 등 세상사 속에서 사람들이 살아가는 방식에 의해 형성되고 결정되는 것이다. 헤겔은 이것을 인륜성이라고 한다. 우리가 결혼을 인륜의 대사라고 말하는 데서 알 수 있듯이, 인륜성은 관혼상제와 같은, 인간이 공동체 안에서 살아가는 방식을 말한다. 헤겔에 따르면 인간 개개인이 자신의 주관적 양심에 따라 행동함으로써 공동체의 규범을 형성하는 것이 아니다. 오히려 개인이 태어나기 이전부터 있었던 공동체의 규범에 따라 인간은 자신의 행위의 지침을 배워야 한다. 그러니까 공동체의 규범이 개인의 행동의 선악을 결정한다. 공동체는 개인을 능가하는 힘이다.

명민한 독자라면 헤겔의 이런 생각이 보수주의이며, 잘못된 현재를 옹호하는 위험에 빠질 수 있다고 생각할 것이다. 보수주의란 무엇인가? 보수주의는 변화를 부정하고 현재를 옹호하는 것이다. 하지만 헤겔은 현재의 변화를 부정하는 것이 아니다. 다만 변화가 한 개인의 주관적 생각에 따라 이루어지는 것이 아니라 인류의 보편적 노동에 의해 일어난다고 생각하는 것이다. 인류의 보편적 노동이란 마치 애덤 스미스의 보이지 않는 손의 이론처럼 각각의 개인의 행동들이 전체에 있어서 만들어 내는 세상사의 흐름을 말한다. 세상사는 개인 위에 군림하고 개인을 좌지우지하는 현재의 힘이며, 또한 세상사 자신의 부조리를 변혁할 수 있는 미래의 힘이기도 하다. 헤겔은 이것을 존재와 당위의 통일이라고 한다. 세상사는 현재 위력으로서 있는 것이다. 또한 앞으로 있어야 할 바를 자신 안에 포함하고 있다.

물론 세상 속에 있는 인간을 빼고 세상사 자체가 자신을 변혁하는 것은 아니다. 하지만 세상 속의 어떤 개인이 자신의 주관적 생각에 따라 세상의 흐름을 바꿀 수 있는 것이 아니라, 세상의 흐름을 파악한 위대한 개인과 그를 따르는 인류의 행위가 세상의 흐름을 바꾸는 것이다. 헤겔이 나폴레옹에 감격한 것도 그가 지닌 어떤 사적인 모습보다는 그가 세계사의 흐름을 인도할 세계사적 의미를 지닌 인물이기 때문이다. 나폴레옹은 단지 세계사의 흐름을 파악하고 한 시대를 앞당겨 온 사람일 뿐이다. 세상은 개인이 미리 알 수 없지만, 이성에 의해 지배된다. 세상사 속에서 작동하는 이성은 그 자체는 아무것도 아니다. 그것은 세상 속의 개인들에 의해 현실화되어야 한다. 하지만 개인은 자신의 마음대로 세상을 움직이는 것이 아니라, 세상의 정해진 이치, 즉 이성에 따라 세상을 움직여 가는 동력일 뿐이다. 세상은 개인을 위대한 성공으로 이끌기도 하지만, 그렇게 자신을 위해 위대한 일을 수행한 개인을 처참하게 몰락시키기도 한다. 나폴레옹을 보라. 세계를 호령하던 영웅에서 몰락하여 유배지에서 참담한 죽음을 맞지 않았는가?

개인은 세상사에 맞서 싸울 것이 아니라 세상사와 화해하여야 한다. 그는 세상사의 흐름과 자신의 시대의 공동체의 규범이 어떤지를 자각해야 한다. 개개인의 이러한 자각 속에서 공동체가 자각한다. 어떤 민족 공동체는 깬 구성원들에 의해 올바른 방향으로 운영되지만, 구성원들이 올바른 자각을 지니지 못하면 그 민족 공동체는 위험에 빠진다. 헤겔이 지향하는 것은 개인과 공동체가 조화로운 통일을 이룬 상태이다. 이것은 개인이 자신의 이익을 위해 노력할 때 그것이 곧 사회의 발전에 기여하며, 사회의 발전에 기여하려고 할 때 그것이 곧 개인의 이익이 되는 상태를 말한다.

주관적 의식의 보편에서 객관적 현실로

칸트는 인간이라면 누구나 자신의 주관 안에 보편적 자기의식을 갖는다고 생각한다. 실천의 측면에서 보편적 자기의식은 실천 이성이다. 실천 이성은 우리에게 어떻게 행동하는 것이 도덕적으로 옳은지를 가르쳐 준다. 인간은 이성적 동물이며, 이성을 가진 인간이라면 누구나 이성이 가르쳐 주는 내용에 따라 무엇이 옳고 그른지를 안다. 이성이 가르쳐 주는 내용이 도덕법칙이다.

그런데 헤겔은 칸트의 도덕 법칙이 주관적 의식의 보편에 머물 뿐 객관적 현실에까지 높여지지 못했다고 비판한다. 칸트의 도덕 법칙은 인간 주관에 공통된 것이지만 현실을 반영하지 못한다는 것이다. 가령 칸트의 도덕 법칙은 '누구나 진리를 말해야 한다'고 말하거나 '이웃을 사랑해야 한다'고 말한다. 하지만 헤겔은 이것만으로는 구체적으로 어떻게 행위해야 하는지 알 수가 없다고 한다. 그래서 첫 번째 법칙에는 '진리를 안다면'이라는 전제가 필요하다. 왜냐하면 구체적 실천을 위해서는 진리가 무엇인지를 알아야 하며 그것이 중요하기 때문이다. 이러한 전제에 대한 지식이 없다면 법칙 자체는 추상적이다. '이웃을 사랑해야 한다'는 도덕 법칙을 구체적 상황에서 실제로 행위하려면 사랑이라는 행위가 무엇인지, 어떻게 하는 것이 사랑인지 내용적으로 알아야 한다. 이러한 전제와 구체적 상황이 바로 세상에서 통용되는 현실이다.

헤겔에 따르면 칸트의 도덕 법칙은 이러한 현실을 반영하고 있지 못하다. 그것이 보편적이라 할지라도, 그것은 주관적 의식 안에 머무는 보편이지 객관적 현실을 반영하여 거기에까지 내용적으로 높여지지 못했다. 그렇기 때문에 덕의 기사는 세상을 상대로 실천을 하는 가운데 좌절하게 된다. 이성은 보편적 자기의식이다. 하지만 이 보편성은 주관적 보편에만 머물 뿐 객관적 현실의 내용을 포함하지 못한다. 그래서 이성은 세상이 자신의 뜻대로 되지 않음을 알고 좌절한다. 하지만 이성은 자연을 관찰하고 세상 속에서 실천하면서 객관적 현실에 대한 내용을 습득한다. 이러한 경험을 통해 객관적 현실로 높여진 이성이 정신이다.

4   정신 — 현실 속에 실현된 이성

이성은 보편적 자기의식이라고 자신을 확신하면서 자신의 방식대로 현실을 파악하려고 했다. 하지만 이성이 갖는 보편적 자기의식은 개별적 자기의식 안에 있는 보편적 자기의식, 즉 각각의 개인들 속에 들어 있는 공통의 능력이었다. 그런 의미에서 이성은 개인적 차원을 넘어서지 못한다. 칸트의 의식은 보편적 자기의식이지만 그것은 개인적 차원에서만 이성의 능력을 고려할 뿐, 객관적 현실과 원리적으로 분리되어 있다. 칸트적인 의식에 상응하는 이성은 아직 객관적 이성으로 높여지지 못한 개별적 의식의 보편성이었다. 하지만 진정한 의미의 보편적 자기의식이란 칸트가 말하는 모든 인간 주관에 공통된 의식을 말할 뿐만 아니라 객관적 현실 속에 그것의 내용으로서 담겨 있는 이성이어야 한다. 그것은 이성이 현실을 경험하면서 현실 속에 바로 자신이 원하는 이성의 내용이 실현되어 있음을 앎으로써 가능해진다. 이렇게 현실 속에 실현된 이성이 정신이다.

정신은 더 이상 의식의 한 형태가 아니다. 의식은 대상과 대립해 있는 것이지만 정신은 더 이상 자신의 밖에 대상을 갖지 않는다. 정신이 대상으로 삼는 것은 정신 자신이 자신을 부정하고 외화(外化)한 자신의 다른 모습에 다름 아니다. 이제 정신은 자기 밖의 다른 것이 아니라 자신을 파악한다. 그래서 정신 장에서 다루어지는 형상들은 더 이상 의식의 형상이 아니라 세계의 형상이다. 달리 말하면 이성 장까지는 의식이 자신의 실현을 통해서 정신에 도달하는 의식의 경험을 서술했다면, 정신 장에서는 그렇게 도달한 진리로서의 정신이 세계의 역사 속에서 어떻게 드러나는지를 보여 준다. 정신은 더 이상 자신의 밖에 있는 대상과 분리되어 있지 않기 때문에 그 자체 진리이다. 본래 진리란 주관의 생각과 대상이 일치하는 것을 말하지 않는가? 정신은 원리적으로 대상과 분리되어 있지 않고 자신을 부정하여 대상을 만들고 그것을 통해 자신을 안다. 그러므로 정신의 운동은 그 자체 진리가 스스로를 전개해 나가는 것이다.

고대의 인륜성이 갖는 참된 정신

헤겔은 정신이 세계 속에서 스스로를 전개하는 첫 번째 형상을 "참된 정신", 진리적인 정신(der wahrhafte Geist)이라고 칭하며 그것의 역사적 모델을 고대의 인륜성에서 본다. 헤겔에 따르면 인륜성을 구현하고 있는 고대의 도시 국가는 개인과 공동체가 자연적인 통일을 이루고 있다. 이 자연적인 통일 속에는 이전의 의식 형태들이 보여 준 분열이 더 이상 나타나지 않는 정신의 진리가 발견된다. 자연적 인륜성을 구현하는 고대 도시 국가의 개인들은 국가와 분리 내지 대립을 느끼지 않고 국가 안에서 자유로운 시민으로서 살아간다. 하지만 이러한 자유는 아직 자각된 자유가 아니며, 개인은 자신이 자유롭다는 의식을 갖지 못한다. 자유에 대한 자각적 의식은 근대에서나 비로소 가능한 것이다.

인륜적 도시 국가가 표방하는 정신은 참된 것, 진리적인 것이지만, 정신은 아직 자신의 진리에 대한 자각을 갖지 못하고 있다. 그래서 정신은 자기 자신을 반성하여 자기 자신이 진리임을 확신하여야 한다. 이를 위해 정신은 마치 아이가 천진난만한 상태를 벗어나 청년으로 성장해 나가듯 자신의 자체 존재를 부정하여 독자 존재로 나아가야 한다. 정신은 참된 정신으로서의 통일성을 벗어나 "소외된 정신 (der sich entfremdete Geist)"으로 된다. 헤겔은 이렇게 정신이 소외되는 과정을 "도야(Bildung)"라고 칭한다. 정신은 도야되기 위해 천진난만한 자연적 통일 상태로부터 스스로 낯선 것이 되는 소외의 과정을 거쳐야 한다.

도야의 과정 속에 있는 소외된 정신

헤겔은 중세의 신앙과 근세의 계몽이 이러한 정신의 자기 소외를 대변한다고 한다. 중세의 신앙 속에서 헤겔은 차안과 피안으로 분열된 세계를 보며, 중세의 신앙을 현실 세계로부터의 도피로 파악한다. 근대 초기의 계몽주의는 신앙과 대립하는 자신의 순수한 통찰을 전파한다. 계몽주의는 신앙에서 정신의 영생과 성스러움을 제거해 버렸고 그것들을 지나가 버린 현실, 더 나아가 무지막지한 미신으로 간주한다. 헤겔이 보기에 계몽주의는 신앙에 반대하여 단지 인간의 권리만을 주장한다. 하늘 높은 줄 모르는 계몽적 이성은 프랑스 혁명의 공포 정치를 통해 "절대적 자유" 속에서 역설적으로 죽음의 공포를 경험한다. 헤겔은 프랑스 혁명에서 루소의 일반 의지가 실현되고 있음을 본다. 하지만 일반 의지는 개별적 의식이 곧 보편적 의식이 되는 방식으로, 개별적 의식과 보편적 의식의 대립을 지양한다. 이러한 일반 의지는 상호 주관적 인정을 통해 형성된 보편이 아니라, 공포 정치를 실행하는 개별자의 의지가 일반 의지로서 천명되는 전체주의적 체제를 대변한다. 공포 정치는 절대적 자유를 외치면서 모든 규정된 것들을 부정한다. 공포 정치의 절대적 자유 안에는 어떤 특수성도 없다. 공포 정치는 모든 규정된 것, 특수한 것에 대한 절대적 부정, 추상적 부정이다. 이러한 보편적 자유의 작품은 가장 잔인한 죽음이라는 인간에 대한 경멸일 뿐이다.

하지만 특수성에 대한 고려가 없이는 어떤 사회적 조직도 불가능하다. 그렇기 때문에 헤겔은 마치 유기적 신체가 사지와 장기 같은 여러 가지 분지를 갖고 있듯이, 사회적 조직도 농민, 상인, 노동자와 공무원 등 다양한 신분으로 분화되어 있어야 한다고 생각한다. 이 모든 구별을 파괴하는 추상적 부정을 일삼는 혁명은 어떠한 긍정적인 결과도 갖지 못하기 때문에 역사적으로도 사상적으로도 궁극적인 것일 수 없다. 절대적 자유의 역설을 해소하기 위해 정신은 자기 자신을 파괴하는 현실성으로부터 벗어나 도덕성이라는 자기 자신을 확신하는 정신으로 되어야 한다.

자기 자신을 확신하는 정신으로서 도덕성

중세적 분열에서 근세의 프랑스 혁명에까지 이르는 도야를 경험한 소외된 정신은 칸트의 도덕철학에서 자기 자신을 확신하는 정신으로 된다. 전통적 관습이 규범으로 작용하는 방식은 그것이 이전에도 그렇게 통용되었다는 것이다. 칸트의 도덕철학은 도덕의 타당성의 근거가 "이전의 것"에 있는 것이 아니라 나의 양심에 있다는 사실, 따라서 자신의 실천 이성을 통해 납득할 수 있는 것만을 타당한 것으로 받아들이라는 자율에 기초한 자유의 정신을 설파한다. 이러한 의식적 자유의 정신은 근대 이전에는 인류가 경험하지 못했던 근대의 소중한 정신 유산이다. 하지만 칸트의 윤리학은 이성과 경향성을 엄격히 구분하고, 인간에게 경향성을 배제한 채 실천 이성이 명령하는 도덕 법칙만을 따르라는 의무를 부과한다. 실러는 칸트의 윤리학이 혐오감을 가지고서라도 도덕 법칙을 수행하라고 명령하지만 자신은 기꺼이 마음에서 우러나서 친구를 돕는데 어쩌느냐고 칸트의 주장을 비꼰다. 실러와 괴테 및 낭만주의 작가들은 칸트의 감정으로부터 유리된 의무를 비판하면서, 자기 내면의 자연적 감정에 따라 항상 도덕적으로 사고하고 행동하는 도덕적 천재를 이상적 인간상으로 그린다. 이들은 이렇게 고결한 품성의 인간이 가지는 도덕적 천재성을 "아름다운 영혼"이라고 부른다.

하지만 헤겔이 보기에 아름다운 영혼은 칸트에게서 분리된 실천적 이성과 감정을 통일시키고 있지만 공포 정치의 절대적 자유와 유사한 것이다. 아름다운 영혼은 개인이 갖는 주관적 양심의 내용을 보편적 도덕의 원리로서 천명한다. 이에 따르면 개인의 양심이 그에게 진정한 것이라면 그 자체로 타당한 것이 된다. 그렇다면 나치의 독일군 장교가 유태인을 학살하는 것이 애국이라고 진정으로 생각한다면 그의 생각은 자신의 양심에 충실한 것이기 때문에 도덕적으로 정당화된다. 이것은 진정한 양심이 끔찍한 부도덕으로 전락할 수 있다는 양심의 아이러니를 보여 준다. 헤겔에 따르면 아름다운 영혼이 표방하는 진정한 양심은 자신의 절대적 자율에서 나와서 다른 주관과 매개되는 상호 주관적 정신으로 이행해야 한다. 그에 따르면 가치는 개별적 주관의 진정성에 의해 정당화되는 것이 아니다. 오히려 개별성의 원리를 보편적 원리로 주장하는 것은 독단이며 도덕적으로 위험하다. 현실과 관계하는 것이 자신의 고결한 내면성을 더럽힐 것이라는 걱정에서 내면으로만 침잠하는 아름다운 영혼은 그 내용에 어떤 현실성도 들어 있지 않다. 아름다운 영혼이 품은 진정한 양심은 다른 주관에게 자신의 타당성을 논증해야 하고 그에 의해 인정받아야 한다. 헤겔은 자기 자신을 확신하는 정신인 도덕적 양심이 상호 주관성을 통해 현실적으로 되어야 한다고 생각하는 것이다.

『정신현상학』의 구조와 전개

종교와 절대지

상호 주관적 양심의 공동체인 교회와 신 안에서 자기 자신을 확신하는 정신은 자신을 정신으로서 아는 자기의식에 도달한다. 종교는 이러한 정신의 자기에 대한 지식을 표상의 방식으로 표현한다. 표상은 감정과 개념의 중간에 해당하는 심성의 능력이다. 종교는 절대적인 것을 표상한다. 하지만 표상은 아직 개념과 같은 명백한 지식이 아니다. 그래서 절대적인 것은 절대지에 의해 개념적인 형태로 파악되어야 한다. 절대지는 절대적인 지식이기 때문에, 거기서는 더 이상 지(知)와 대상이 구별되지 않고 지가 자기 자신에 관계할 뿐이다. 절대지로서 정신은 자신을 정신으로서 인식한다. 자기 자신을 아는 정신으로서 절대지에 이르러 정신은 의식, 자기의식, 이성, 정신, 종교에 걸치는 지금까지의 모든 여정이 자신이 자신을 알아 가는 과정이었음을 안다. 의식의 도야의 역사는 절대지의 현상이었다. 절대지는 자기밖에 대상을 갖지 않기 때문에, 여기서 확실성과 진리는 일치한다. 이제 절대지가 자기 스스로 확신하는 것이 곧 진리다. 전에 그 자체로 존재하는 실체처럼 보였던 것들은 사실상 절대지라는 주체에 의해 관통되어 규정되었던 것들이다. 지금까지 모든 의식 형태들이 파악했던 대상의 내용들은 결국 절대지가 객체를 주관성의 형식으로 변형하고 대상 속에서 자신을 인식하는 절대지의 자기 인식의 작용이었다. 절대지는 대상들을 관통하는 진리의 내용으로서, 지와 대상이 궁극적으로 통일되는 의식의 경험의 학, 『정신현상학』의 종점이며, 아직 실재로 나타나기 이전에 신의 머릿속에 있는 세계의 순수한 이념을 서술하는 『논리의 학』의 출발점이다.

5 정리 ── 세상의 모든 것은 정신의 현상

지금까지 우리는 의식의 경험의 긴 여정을 따라왔다. 의식은 감각적 확신이라는 가장 단순한 형태로부터 시작해서 지각과 오성에 이르는 대상 의식의 형태를 띠고 진리를 파악하려고 했다. 하지만 대상 의식의 진리는 자기의식임이 밝혀졌고, 자기의식으로서의 의식이 보편적 자기의식으로 고양되는 것을 목격했다. 이성으로서의 보편적 자기의식은 개별적 의식 차원에서의 보편성만을 확보했기 때문에 보편적 자기의식은 주관의 제한을 넘어서 객관적 현실로까지 확장되어 정신이 되어야 했다.

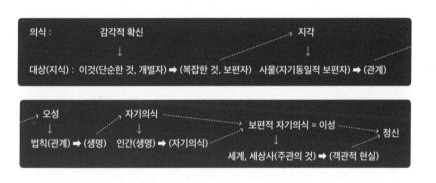

의식은 자신의 밖의 대상을 인식하는 것이 진리라고 생각한다. 의식의 갖가지 형태들은 각기 자신의 방식으로 대상을 파악하려고 한다. 대상을 파악한다는 것은 대상과 합치하는 것을 의미한다. 대상과 분리된 의식은 대상과 합일하는 자신의 고향을 찾아 끊임없는 모험을 감행한다. 결국 의식은 정신이 되면서 자신의 고향인 진리의 왕

국에 도달한다. 정신은 대상과 합일한 진리이기 때문에 자기 외부의 자기와 다른 대상을 추구하지 않는다. 정신은 스스로가 자신을 분리하여 자신의 다른 모습으로서 대상을 만들어 내고 대상을 인식함으로써 자신을 인식한다. 이러한 정신의 활동 속에는 지금까지 여러 형태의 의식들이 각기 자신의 방식으로 추구하였던 진리의 내용들이 포함되어 있다. 왜냐하면 한 의식의 형태는 지양되어 보다 높은 의식의 형태에 포함되는 방식으로 의식의 경험이 진행되어 왔으므로 마지막 단계의 정신은 앞의 모든 형태들이 파악한 진리의 내용을 포함하고 있기 때문이다.

이렇게 되면 이제 정신의 활동은 의식의 형태들의 내용을 산출하는 것이고, 지금까지의 의식의 경험은 정신의 활동의 산물이라고 할수 있다. 감각적 확신이라는 시작점에서 진행하는 방향에서 보면 의식은 진리를 향해 전진한다. 하지만 정신이라는 도달점에서 되돌아보면 앞의 의식들의 경험은 정신의 자기 전개의 모습들에 다름 아니다. 정신 안에는 모든 것이 들어 있고 그것 외부에는 아무것도 없다. 그러므로 정신은 마치 신 혹은 신의 내용을 보여 주는 우주라고도 할 수 있다. 의식의 경험들은 인간이 신을 알아 가는 과정에 비유할 수 있다. 인간에게 자신을 계시하는 것이 신이듯이 의식의 경험을 가능케하는 것은 정신이다. 종교가 세상의 모든 것을 신의 계시로 간주하듯이, 『정신현상학』은 세계의 모든 것을 정신의 현상, 정신이 자신을 보여 주는 모습으로서 설명한다.

우리는 인식을 통해 무엇을 지향하는가? 모든 학문적 활동이 지향하는 것은 진리이다. 철학은 진리가 무엇인지를 말해 주려고 한다.

『정신현상학』은 의식의 경험을 통해 진리를 추구하는 여러 모델들을 소개하고 진리가 어떤 성격을 지녀야 하는지를 보여 준다. 정신은 진리이며, 진리를 찾아 헤매는 의식의 고향이다. 『정신현상학』은 진리로서의 정신이 의식 속에 어떻게 나타나는지를 보여 준다. 의식은 대상에 대한 의식이기 때문에 대상으로서의 세계의 모습을 포함한다. 그렇기 때문에 의식의 경험 속에서 나타나는 정신은 곧 세계 속에서 현상하는 진리의 모습이다. 『정신현상학』은 의식의 경험, 즉 인식의 진리에 관한 이론이자 동시에 진리로서의 세계의 내용을 밝혀 주는 이론이다. 이 책이 말하려는 것은 '인식의 진리는 곧 세계의 내용'이라는 평범하게 들리는 내용이다. 하지만 『정신현상학』은 그것을 의식의 경험과 정신의 현상이라는 독특한 형식으로 서술함으로써 이전의 철학적 이론들의 한계를 비판하고 새로운 철학적 방법론의 지평을 열어 놓았다.

24

라캉의 시선으로 본 프로이트

프로이트의 『꿈의 해석』과
『쾌락 원칙을 넘어서』 읽기

박찬부 (경북대학교 명예교수)

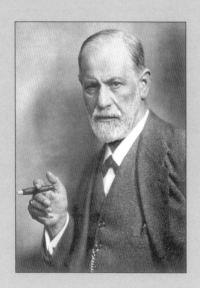

지크문트 프로이트(Sigmund Freud, 1856~1939)

오스트리아 모라비아 지방의 소도시 프라이베르크(지금의 체코 프르지보르)에서 유대계 사업가의 아들로 태어났다. 다섯 살 때 일가가 빈으로 이주한 후 이곳에서 거의 평생을 살았다. 빈 의과대학에 진학해 생리학을 전공하고 졸업 후 종합병원에서 일했다. 1885년 파리 유학 후 빈으로 돌아와 신경질환 전문의로 개업, 인간이 의식하지 못하는 정신적인 부분에서 질환의 원인을 찾고자 하였다. 1896년에 이르러 자신의 방법론을 '정신분석'이라 명명하고, 『꿈의 해석』, 『일상생활의 정신병리학』 등을 잇달아 발표하며 정신 질환자에서 일반인의 심리 분석으로 연구 영역을 넓혔다. 후기에는 정신분석 개념의 명료화와 적용에 주력하여 『쾌락 원칙을 넘어서』, 『자아와 이드』, 『문명과 그 불만』 등을 집필했다. 1938년 나치 정권의 위협을 피해 영국 런던으로 망명하였으나 재발한 암의 영향으로 이듬해 세상을 떠났다.

1

1900년, 20세기의 출발 원년에 프로이트의 『꿈의 해석(*Die Traumdeutung*)』이 출간되어 현대의 지성사에 '코페르니쿠스적 혁명'을 몰고 왔다. 프로이트 전집(표준판) 24권 중 4~5권을 차지하는 방대한 분량의 이 책은 정신분석의 '원초적 장면'을 제공할 뿐만 아니라 의식-전의식-무의식으로 구성된 전반기 지형학 이론을 대표한다. 프로이트는 이 책에서 꿈과 꿈의 해석, 무의식과 그 재현성, 억압과 억압된 것의 되돌아옴, 욕망과 그것의 실현, 그리고 정신분석의 전형적 서사, 오이디푸스 이야기를 다루고 있다.

『꿈의 해석』은 무엇보다도 문제를 제기하고 그 물음에 대한 답변을 제시하는 형식으로 구성되어 있다. 오이디푸스는 부왕 라이오스를 '무의식'중에 살해하고 왕궁으로 입성하여 생모 이오카스테와 결합하기 전 스핑크스의 수수께끼에 직면한다. 이 난문제에 대해 그는 '인간'이란 답변을 성공적으로 제시할 수 있었다. 그리고 오이디푸스의 아바타 지크문트 프로이트는 이 책의 표제어와 관련된 문제, 꿈의 숨겨진 비밀을 해독하는 과정에서 꿈은 '무의식에 이르는 왕도'이고 그것의 궁극적 지향점은 '소원 성취'라고 선언할 수 있었다. 이런 답변의 근거는 '자기 분석'과 같은 자신의 특수한 경험을 '오이디푸스 콤플렉스'라는 보편적 질서, 이론적 정신분석 담론으로 끌어올리는 것과 관련된다.

1920년에 발표된 『쾌락 원칙을 넘어서(*Jenseits des Lustprinzips*)』는 이러한 문제 제기와 그 물음에 대한 답변을 근본적으로 다시 문제 삼는 대항 담론의 성격을 띤다. 프로이트는 이순을 넘긴 나이에 사상적 패러다임 대전환의 전사(戰士)가 되어, 쾌락 원칙을 따라 잘나가던 전반기 지형학 시대를 마감하고 자아-초자아-이드로 구성된 제2지형학 혹은 구조 이론을 건설하는 출발점에서 철저한 자기 부정을 통해 쾌락 원칙을 넘어서는 힘겨운 사유의 모험을 감행한다. 그는 이 책을 하나의 '투기적 사고'의 산물로 규정하고, 이 책에서 제시하는 '가설들'에 대해 자기 자신도 확신할 수 없으며 독자들이 책의 내용에 반대하여 자신을 떠날 것까지를 각오하고 있다는 비장한 심경을 밝히고 있다. 전설의 왕 오이디푸스와 자신을 동일시하던 전 시대의 당당한 그의 모습은 어디로 간 것일까?

책의 내용에도 문제성이 많다. 예컨대, 쾌락 원칙은 긴장(Spannung)의 고조와 감소 중 어느 쪽에 관여하는가? 당연히 후자 쪽이겠으나 생물학적 관점에서 보면 긴장의 감소가 '쾌락 원칙을 넘어서' 죽음 원리에 봉사한다. 긴장을 제로 상태로 끌어내리는 열반 원칙(Nirvana Principle)이 그것이다.

데리다의 해체론적 글 읽기는 이러한 난맥상을 극점으로 끌어올린다. 그는 『쾌락 원칙을 넘어서』의 모두에 제시된 이른바 '포르트-다(fort-da)' 게임을 해체적 허물기의 귀틀로 사용한다. '쾌락 원칙을 넘어서'라는 제목이 말해 주듯이 이 책의 논지는 프로이트가 인간 세계를 설명하는 데 가장 확실한 원리라고 믿어 왔던 쾌락 원칙에 위배되는 현상이 발견되고 있음을 주장하는 것이라고 기대된다. 그러나 데리다에 의하면 독자들의 그러한 기대는 충족되지 않는다. 프로이트는 손자 에른스트가 실패를 던졌다가 다시 끌어 들이는 것처럼 쾌락 원칙을 집어던졌다가 다시 끌어안는 행위를 이 책의 전반을 통해 되풀이한다는 것이다. 쾌락 원칙을 넘어서는 반복 강박의 실현이다. 그래서 데리다는 프로이트가 이 책에서 결정적으로 주장하는 것이 아무것도 없다고 한다. 이에 따라『쾌락 원칙을 넘어서』는 논지 없는 텍스트가 되어 버렸다. 이 책에서 어떤 논지(la thèse)를 찾으려는 독자들은 결국 무논지(lathèse)와 만나고 만다는 것이다.[1]

이러한 비판에도 불구하고 프로이트는 60쪽(18권)밖에 안 되는 이 작은 책자의 집필에 온갖 정열/수난(passion)을 다 바쳤다. 그리고 현대의 독자들에게 이 책은 프로이트의 저술 중 가장 빛나는 기념비로 기억되고 있다. 왜일까?

그것은 이 책이 쾌락 원칙 '너머'의 문제를 제대로 제기했고 그 문제가 한 세기가 넘는 세월 동안 혹독한 검증을 거치면서 쾌락 원칙의 '가설'이 하나의 이론으로 확실하게 자리매김했기 때문이다. 프로이트가 '반복 강박(compulsion to repeat)' 현상 속에서 발견한 '죽음 욕동(Todestrieb)'에 대해 라캉은, 정신분석에서 죽음의 개념을 버리는 것은 그것의 전부를 버리는 행위라고 단호한 입장을 취한다. '죽음과 함께 머무르기(Tarrying with the death drive)'의 철학이 자리 잡은 것이다.

이런 점에서『쾌락 원칙을 넘어서』는 쾌락 원칙을 근간으로 쓰인 『꿈의 해석』에 대한 대항 담론이면서 동시에 하나의 의미 있는 반복이라고 말할 수 있다. 이러한 차이를 동반한 의미 있는 반복을 추적하는 가운데 이 글은 현대 정신분석 담론의 한복판을 훑고 지나갈 것이다.

같은 맥락에서 정신분석의 대부 프로이트는 뒤따라온 정신분석 제2의 창시자 라캉에 의해서 의미 있게 반복되고 있다. "프로이트에

게로 돌아가라."라는 그의 정언 명령이 말해 주듯이 전자는 후자에
의해서 부단히 다시 쓰이고 다시 태어난다. 이것이 우리가 고전을 읽
는 이유이고 프로이트에 관한 글에 '라캉의 시선으로'라는 제목을 붙
인 이유이기도 하다.

2

정신 현상을 근본적으로 갈등의 구조로 파악하는 정신분석학에
서 '억압(repression)'과 '억압된 것의 되돌아옴(return of the repressed)'
의 메커니즘은 그것의 제1법칙으로 자리 잡았다. 왜 억압인가? 푸코
나 들뢰즈 같은 정신분석 반대론자들과는 달리 '억압 가설(repressive
hypothesis)'은 가설의 차원을 넘어 정설로 받아들여지는 것이 정신분
석계의 입장이다. 태초에 억압이 있었다. 인류 시원적 이 최초의 억압
을 프로이트는 '원초적 억압(Urverdrängung)'이라고 했다. 실낙원적 이
원초적 억압은 인간 존재의 동물성을 인간성으로 끌어올리는, 그래
서 인간을 동물과 신의 세계의 중간에 위치시키는 인류 최초의 인간
화, 사회화, 상징화 사건이다. 다시 말해서, 억압 없는 인간 존재는 생
각할 수 없다.

그렇다면 인간화 과정의 필수 관문인 이 원초적 억압은 언제, 어
떻게 이루어지는가? 오이디푸스기에 아이가 겪는 대타자(大他者, the
Other)와의 경험, 즉 부모와의 접촉을 통해 구현된다. 전(前)오이디푸
스기에 아이가 어머니 타자와 겪는 밀월 같은 유착 관계는 제3의 존

재, 아버지 타자의 개입으로 위기를 맞게 된다. 이 위기 상황에서 아이가 취할 수 있는 선택은, 라캉의 유명한 "돈이냐, 목숨이냐?"의 메타포에 적시되어 있듯이, 돈과 같은 낙원을 포기하고 목숨과 같은 탈낙원을 감행하는 '강요된 선택'뿐이다. 그것이 인간화의 길을 위해 택할 수 있는 유일한 선택이라는 것이다. 이 강요된 선택 속에서 작동하는 것이 억압의 메커니즘이다. 젖과 꿀이 흐르는 낙원의 삶을 포기하도록 '억압받는다'. 누가 억압하는가? 억압의 주체는 — 나중에 정통 억압, 즉 제2의 억압을 통해 드러나지만 — 프로이트의 구조 이론에서 자아(Ich)나 초자아(Über-Ich)로 판명된다. 그러나 초자아는 오이디푸스 통과 의례의 산물이고 자아도 아직 미숙한 상태에 있는 오이디푸스 과정에서 정통 억압을 말하기는 좀 부족했는지 프로이트는 다분히 신화적 성격을 띤 원초적 억압을 들고 나왔다. 정통 억압이 위에서 누르는 힘(의식)과 아래서 끄는 힘(무의식)의 합작으로 이루어지는 반면 원초적 억압은 위에서 누르는 힘만으로 이루어져 있다. 억압된 것(the repressed)이 무의식을 형성하는데 이때는 아직 억압된 무의식 층이 형성되지 않았기 때문이다. 여하튼 프로이트는 이 오이디푸스기에 어머니 타자에 대한 아이의 근친상간적 충동이 억압된 것을 관찰했고 이 관찰을 바탕으로 원초적 억압설을 내세웠다. 그리고 그것은 인류 보편적인 근친상간 금기(incest taboo)를 설명하는 원리로 작용하기에 충분했다.

이제 억압된 것의 되돌아옴과 그 과정에서 일어나는 타협 형성하기(compromise-formation)에 대해서 알아보자. 이 문제는 꿈, 증상, 언어의 실착, 재담 등 이른바 무의식의 형성체(formations of the unconscious)

를 통해 구체적으로 표현된다. 이 중에서도 꿈과 꿈의 작업은 정상적인 정신 활동이 벌이는 타협 형성하기의 전형을 보여 준다.

프로이트가 『꿈의 해석』에서 보여 준 꿈 이론의 복잡성에도 불구하고 그것의 메커니즘을 좀 더 단순한 구도로 표현하자면, 꿈꾸기의 핵심이라는 '꿈의 작업(dream-work)'은 '무의식의 의식화'의 문제, 즉 무의식적인 것이 어떻게 검열 기관(censorship)을 거쳐 의식계에 떠오를 수 있느냐의 문제로 집약된다.

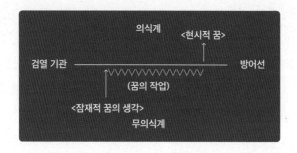

억압된 것=무의식의 등식에 따라 억압되어 무의식을 형성하는 '잠재적 꿈의 생각(latent dream thought)'은 억압된 것의 되돌아옴의 원리대로 의식계로의 진입을 시도할 것이다. 그러나 이 시도는 의식계와 무의식계의 경계 지점에 위치하는 것으로 여겨지는 검열자(censor)의 검열에 걸려 일차적으로 좌절을 겪는다. 이 검열자라는 메타포는 프로이트의 전반기 지형 이론에서 나온 말로 후반기의 구조 이론에서는 자아의 방어 기제, 즉 '방어선'이라고 표현함 직한 말이다. 억압된 내용의 의식계로의 진입이 검열의 대상이 되는 것은, 원래 그것이 의식의 내용에 부적절하다고 판단되어 억압된 것이기 때문이다. 억압된 것들은 성 충동이나 공격 충동 등 이드 충동의 성격을 띨

수밖에 없는데 그것들이 아무런 자체 변화 없이 다시 의식계로 떠오르려고 하니 의식계의 수문장인 검열자가 제지하고 나선 것이다. 여기서 검열자의 시선을 따돌리기 위해 '변형(transformation)'과 '위장(disguise)'이라는 정교한 메타포가 동원된다. 억압된 것의 본모습으로는 검열선 통과가 불가능하니 그것을 적당히 위장하고 변형해 검열선을 통과하기 위한 전략이다. 사르트르는 『존재와 무』에서 이것의 작위성에 대해 신랄하게 '검열자 비판'을 했으나 이 메타포가 잠재몽과 현시몽의 차이, 욕동(drive)과 욕망(desire)의 차이를 설명하는 데 효과적인 것은 사실이다.

위의 도표에서 점선 밑에 그려진 작은 사선(ⅤⅤⅤⅤ)은 이 변형 과정을 지칭하고 의식계로 진입한 현시적 꿈(manifest dream)은 치열한 변형 과정을 겪은 후의 결과물이다. 프로이트는 이 변형 과정을 '꿈의 작업(Traumarbeit)'이라고 했고 위에서 누르는 힘과 밑에서 올라오는 힘을 조율하는 타협하기 전략의 일환으로 보았다. 꿈꾸기의 본질이라는 꿈의 작업은 압축(condensation), 치환(displacement), 재현 가능성의 고려(considerations of representability), 제2차 수정 작업(secondary revision)으로 구성되어 있다. 이 중 재현 가능성의 고려는 "원래 제2과정에 의해서 표현된 잠재적 꿈의 내용을 제1과정의 사고로 번역하는 작업"[2]과 관련된다. 다시 말해서, 잠재적 꿈의 생각을 검열자의 시선을 피해 제1과정의 구상적 이미지(plastic image)로 번역, 변형을 시도하는 것이 재현 가능성의 고려이다. 이 과정에서 동원되는 꿈의 작업이 압축과 치환으로, 이 두 전략적 장치는 프로이트가 제1과정의 전형적 특징으로 꼽고 있는 것이고 라캉에 의해서 각각 은유(metaphor)

와 환유(metonymy)로 동일시되었다. 따라서 꿈은 본질적으로 말하지 않고 보여 준다. 제2과정의 언어 표상(Wortvorstellung)이 아니라 제1과정의 사물 표상(Sachvorstellung)에 무게가 실린다. 꿈의 작업의 마지막 단계인 제2차 수정 작업은 위와 같은 결정적 수정 작업이 1차적으로 일어난 연후에 그 결과물이 의식의 질서에 지나치게 위배되지 않도록 적당히 마무르는 마지막 작업이다. 제2차 수정 작업을 거친 꿈의 텍스트는 어느 정도의 가독성을 확보한다.

프로이트의 사망(1939) 직후에 나온 가장 권위 있는 『정신분석의 기본 교과서』(1955)에 제시된 구체적인 꿈꾸기의 사례[3]를 통해서 위의 문제를 다시 한 번 생각해 보자. 문제의 주인공은 중년 여성으로 오이디푸스기에 아버지에게 품었던 성적 충동을 잠재적 꿈의 내용으로 간직하고 있다. 그 오이디푸스적 이드 충동은 인간 사회로의 통과의례적 상징화 과정에서 불가항력적으로 억압되어 잠재적 꿈의 생각을 형성하고 있을 것이다. 이 무의식적 생각이 억압된 것의 되돌아옴의 논리에 따라 의식-무의식의 경계선까지 접근하여 의식계로의 진입을 시도할 것이다. 그러나 그것은 곧 국경 수비대 격인 검열자의 검열에 걸리고 위장과 변형이 불가피해진다. 이 변형 과정을 거친 다음 검열을 통과하여 의식계에 드러난 모습이 "아버지와 맞붙어 싸우는 이미지"이고 여기에 성적 흥분이 동반된다. 부녀의 근친상간적 성관계는 초자아의 준엄한 검열 과정에 부쳐져 불가 처분을 받지만 둘이 맞붙어 싸우는 행위쯤은 의식의 질서에 크게 위배되지 않는다고 판단되어 의식계로의 진입이 허용된 것이다. 그러나 그 행위에 동반된 성적 흥분 상태가 아직도 본래의 성 충동을 연상시키는 측면이 강하다고 판단되면 그것을 사상(捨象)하고 투쟁 장면만 현시몽에 떠올랐을 것이다. 더 나아가 이 장면 역시 윤리적으로 엄격해야 할 부녀 관계에 따르는 불안감이나 죄의식으로부터 자유롭지 못하다면, 아버지 대신 아들이 등장할 수도 있다. 그에 덧붙여, 대상뿐 아니라 행위에 대한 변형도 이루어질 수 있다. 즉 아무리 아버지에서 아들로 대상이 바뀌었다 하더라도 맞붙어 싸우는 행위가 또한 성적인 함의로부터 자유롭지 못하다면 이번에는 투쟁 행위를 댄스 행위로 대치할 수 있다. 이제 문제의 여인은 아들과 춤을 추고 있는 것이다. 마지막으로, 이런 모자간의 댄스 행위조차도 자아의 엄격한 규칙에 따라 부적절하다고 판단되면 꿈의 주체인 이 여인이 낯선 여자로 둔갑하여 현현할 수도 있다. 이제 문제의 중년 여성의 꿈에는 어떤 낯선 여자가 어떤 소년 — 그것은 자신의 아들로 드러난다. — 과 우아한 연회장에서 낭만적 댄스를 즐기는 장면이 연출된다. 그리고 이와 같이 올라오는 힘과 누르는 힘 사이의 타협하기 전략을 통한 변형 과정의 종류별 숫자는 계속해서 늘어날 것이다.

이러한 가설적 꿈꾸기의 도상 연습을 통해 확인할 수 있는 것은 "꿈은 소원 성취(wish-fullfillment)이다."라는 프로이트의 기본 명제를 실현하는 쪽으로 꿈의 과정이 진행된다는 것이다. 문제의 꿈의 경우, 여주인공은 아버지에 대한 오이디푸스적 성 충동을 무의식계에 간직하고 있었다. 그러나 이러한 근친상간적 이드 충동의 실현은 현실 검증(reality-testing)의 검열에 막혀 좌절하게 된다. 그렇지만 잇따른 변형 과정의 시도로 결국은 현실 검증을 통과하여 의식계에 진입한다. 이때 중요한 것은 의식계에서 구체적 이미지로 재현된 현시몽은 정확하게 소원(Wunsch)을 성취하는 방향으로 진행된다는 것이다. 부녀의 충동에 의한 근친상간적 결합이, 최종적으로 어느 낯선 여인과 어느 소년과의 '낭만적' 댄스파티로 재현되었다. 이것이 강도 면에서 앞의 것과 차이가 있지만 본질적으로 소원/욕망의 성취임에는 틀림없다. 자아의 판단 기준으로 볼 때 전자가 비윤리적이고 불법적이라면 후자는 그런대로 사회적으로 용납될 수 있는 합법성을 띠고 있다. 이것이 욕동(Trieb)과 욕망의 차이이다. 이드 충동으로 구성된 욕동은 어떠한 제지나 금지의 명령도 무시한 채 제 갈 길을 가려는 본능적 속성을 지닌다. 반면에 욕망은 법과 질서의 테두리 안에서 자아의 길을 따라간다. 꿈이 소원의 성취라는 프로이트의 명제를 라캉적 욕망의 운행 방식에서 찾을 수 있다.

타협 형성하기의 또 다른 예를 증상의 사례에서 찾을 수 있다. 이번에 드는 예는 프로이트의 유명한 사례 분석 보고서 「쥐인간(Ratman)」에서 온 것이다.

여름휴가차 멀리 나가 있던 어느 날, 그는 자신이 너무 비대하다는(독일어로 'dick') 생각과 따라서 '살을 좀 빼야겠다'는 생각이 갑자기 떠올랐다. 그래서 그는 푸딩이 나오기 전에 식탁에서 벌떡 일어나 8월의 태양이 작열하는 열기 속에서 모자도 쓰지 않은 채로 도로를 따라 질주하기 시작했다. 그는 단숨에 산으로 뛰어오르다 마침내 땀이 뚝뚝 떨어지는 상태로 멈춰서야만 했다. (……) 우리의 환자는 이러한 지각없고 강박적인 행위에 대해서 아무런 설명도 할 수 없었다. 그러다가 갑자기 자기 연인이 그때 바로 그 휴양지에 머무르고 있다는 생각이 떠올랐다. 그러나 연인은 한 영국인 사촌과 같이 있었다. 그 사촌은 그녀에게 대단히 많은 관심을 보였고 따라서 이 환자는 그에게 강한 질투심을 느끼고 있었다. 그 사촌의 이름이 리처드(Richard)였다. 그리고 그는 영국의 통상 관례대로 '딕(Dick)'으로 알려졌다. 그렇게 해서 우리의 환자는 이 딕을 죽이고 싶었던 것이다.(*SE* 10: 188~189)[4]

이 일화를 억압과 억압된 것의 되돌아옴이라는 정신계의 논리로 재구성해 보면 다음과 같다. 이야기의 주인공 '쥐인간'은 사랑의 침입자 리처드에게 강한 살해 의지를 느낀다. 그러나 그러한 의지는 현실적으로 실현 불가능할 뿐만 아니라 그의 행복 조건에도 부합하지 않는다는 의식계의 현실 원칙적 판단에 따라 곧 억압의 대상이 되고 억압된 내용은 무의식계로 편입된다. 이렇게 억압되어 무의식계의 일부를 형성하게 된 쥐인간의 살해 의지는 본능적 에너지의 강한 추동력을 얻어 활발하게 움직이면서 언제든지 의식계로의 복귀를 노린다. 그것은 억압된 모든 것은 되돌아오려는 시도를 한다는 정신계의 보편적 법칙 때문이다. 그러나 억압은 무의식적으로, 자동적으로 이루어지지만 억압된 것이 되돌아올 때는 반드시 검열이라는 통과 의례를 거쳐야 한다. 이 통과 의례를 거치고 난 쥐인간의 살해 의지와 그것의 실현 과정이 8월의 작열하는 태양 아래서 강박적으로 살 빼기 운동을 하는 증상의 형태로 나타났다. 이 증상적 표현은 '두 상반되는 세력들'의 충돌과 절충 과정에서 빚어진 타협의 산물로, 정신계를 상극하는 세력들이 싸우는 전쟁터로 묘사한 프로이트의 날카로운 메타포를 설명해 준다.

우리는 여기서 무의식적 욕망의 기호적 현현, 혹은 그것의 상징적 번역 과정이 얼마나 치밀한 구도에 의해서 이루어지는지를 볼 수 있다. 리처드의 아명이 '딕'이고 이 단어는 독일어로 비만, 지방을 나타내므로 '지방을 제거한다'는 것은 곧 '리처드를 처치한다'는 연상 고리를 형성한다. 이 연상은 지방을 제거하는 행위와 리처드를 처치하는 행위의 은유적 유사성에 근거하고 있다. 무의식을 지배하는 쾌락 원칙에 따르면 리처드를 살해해야 욕망 성취가 이루어진다. 그러나 그러한 직접적인 욕망 성취는 현실 원칙에 위배되므로 의식적인 행위로 나타날 수 없는데, 만약 의식적인 행위로 나타나려면 욕망의 모습을 바꾸고 성취 방법을 달리해서 검열자를 따돌릴 수 있어야 한다. 이것이 욕망의 자리바꿈, 변신 과정이다. 그래서 리처드에 대한 살해 욕망은 다이어트에 대한 열망으로 바뀌었고 이 침입자를 죽이는 살해 충동은 살을 빼고 지방을 제거하려는 증상적인 행위로 나타났다. 이 증상을 통해서 쥐인간은 그의 욕망을 간접적으로 충족하고 있는 것이다. 그러므로 증상을 통한 간접적 욕망 성취는 프로이트의 표현대로 "반의 성공과 반의 실패"로 나타났다고 할 수 있다. 그것이 성공적인 이유는 어떠한 형태로든 그 행위가 욕망을 성취하고 있기 때문이고, 실패인 이유는 그 욕망의 대상이 바뀌었기 때문이다.

프로이트의 이드는 성 충동과 공격 충동의 욕동으로 구성되어 있으며 이 욕동이 증상 형성하기, 즉 정신계의 타협하기 전략을 통해 어떻게 욕망으로 변신하는가 하는 문제를 선명하게 보여 주는 것이 「쥐인간」 사례 분석 보고서이다. 문제의 주인공은 내면 깊은 곳, 즉 이드 층에서 리처드에 대한 살해 의지, 즉 공격 충동에 시달린다. 현장에서 리처드를 죽이면 이 공격 충동/죽음 본능은 충족된다. 그러나 이것은 현실성 없는 선택이다. 왜냐하면 그것은 주체 자체의 죽음을 불러와 행복 조건에 반하기 때문이다. 따라서 주체는 현실 원칙을 지키면서도 행복 조건을 충족시킬 수 있는 방법을 찾지 않을 수 없다. 그것이 의식과 무의식의 타협하기 전략을 통해서 드러난 욕망의 법칙이다. 리처드 죽이기(killing Richard)의 이드 충동 대신에 살 빼기(killing the fat)라는 욕망의 전략을 택한 것이다. 살 빼기 위해서 달린다는데 아무리 한여름인들 누가 뭐라 하겠는가? 사회적 시선에 부합하고 법과 질서의 테두리 안에서 이루어지는 자아 친화적(ego-syntonic) 행위 아닌가? 그러면서도 내심 무의식적으로 누군가를, 혹은 무엇인가를 죽이고 있으니 이 조깅 행위야말로 일거양득, 즉 헤겔적 지양의 법칙에 정확히 들어맞지 않는가?

3

앞에서 말했듯이 『쾌락 원칙을 넘어서』에서 프로이트가 시도한 사유의 모험은 죽음의 문제에 대한 것이었다. 그것은 글자 그대로 쾌락 원칙의 너머에 존재하는 것이었고 따라서 『꿈의 해석』의 논리를 배반하는 것이었다. 그는 1920년 이 책에서 제기했던 죽음의 문제를 1939년 죽을 때까지 19년에 걸쳐 줄기차게 제기했다.

프로이트가 1933년에 아인슈타인의 물음 "왜 전쟁인가?"에 답하는 형식으로 쓴 글은 지금까지도 인간의 죽음 본능, 또는 공격/파괴 본능에 관한 그의 글 중 백미로 꼽힌다. 잘 알려진 대로 프로이트의 본능 이론은 초기의 자아 본능과 성 본능의 이분법을 시작으로『쾌락 원칙을 넘어서』에서 성 본능(Eros)과 죽음 본능(Thanatos)이라는 또 다른 이원론으로 발전했고 그는 말년까지 이 "근본적으로 다른"(SE 22: 103) 두 부류의 본능의 갈등과 타협이라는 관점에서 인간의 제반사를 설명해 갔다. 그중에서 "왜 전쟁인가?"에 나오는 글은 공격과 파괴의 전쟁을 주제로 담고 있기 때문에 자연히 죽음 본능을 설명하는 데 대부분의 지면을 할애하고 있다. 다음의 인용문은 이 문제에 대해서 그가 오랫동안 생각해 온 논지를 정확하게 요약하고 있다.

조금 생각해 본 결과 우리는 다음과 같은 결론에 도달했다. 본능은 모든 생명체에 작동하는 것으로서 그 생명체를 파멸로 이끌거나 무생물적 (inanimate) 원초적 상태로 환원시키려고 노력한다. 그러므로 그것은 죽음 본능이라고 불려 마땅하다. (……) 죽음 본능은 그것이 특별 기관의 도움으로 외부의 어떤 대상을 향할 때 파괴 본능으로 변한다. 유기체는 말하자면 외적 생명체를 파괴함으로써 자신의 삶을 보존한다. (……) 파괴 본능의 이러한 내재화 (……) 공격성의 이러한 내향화 (……) 그러한 과정이 너무 지나치게 진행되면 그것은 결정적 불건강성을 노정한다. 반면에 이러한 힘들이 외부 세계에서의 파괴성으로 전환된다면 그 유기체는 구원을 받을 것이고 결과적으로 그것에 유리한 효과를 가져올 것이다. 이것이 우리의 투쟁의 적인 모든 추하고 위험스러운 충동들에 대한 생물학적 정당화로 기여할 수 있을 것이다. 그러한 충동들은 그것에 대한 우리의 저항보다도 더 '자연'에 가깝게 서 있다는 사실을 인정해야 할 것이다.(SE 22: 211)

이 글을 좀 더 선명한 논리로 세분화하면 (1) 비유기체, 무생물의 상태를 복원하려는 죽음 본능의 '보수적' 성격, (2) 이 유기체 내부의 죽음 본능이 외부적 대상에 투사되어 밖으로 향하는 것이 공격/파괴 본능이다. (3) 그 공격/파괴 본능이 어떤 장애물을 만나 외부적으로 실현되지 못하고 다시 내향화할 때 극히 "불건강한" 자기 파괴 현상이 벌어진다. (4) 따라서 그 "추하고 위험스러운 충동들"을 외부적으로 발현시키는 것이 정신 건강에 이로우며, 그것이 그렇지 않은 경우보다 "자연에 더 가까운" 행위라고 요약할 수 있다.

우선 첫 번째, 죽음 본능의 '보수적' 성격을 살펴보자. 이것은 『쾌락 원칙을 넘어서』에서 "본능은 사물의 이전의 상태를 복원하려는 유기체에 내재한 충동이다."(SE 18: 36)라는 유명한 본능의 정의와 관련된다. 현재적 시점에서 과거의 상태를 복원하려는 의지는 과거로부터의 전통적 가치를 지키려는 보수성과 의미가 섞이면서 '보수적 (conservative)'이란 표현을 썼을 것이다. 프로이트의 본능론에는 죽음 본능뿐만 아니라 삶의 본능, 에로스도 있으니 본능의 보수성에는 후자도 포함될 것이다. 그러나 『정신분석 개관』(1940)에서 "에로스(그리고 사랑 본능)의 경우에서 우리는 (본능의 보수적 성격이라는) 이 공식을 적용할 수 없다."(SE 23: 149)라고 말하듯이 그 개념은 죽음 본능에 더 잘 맞는 것으로 되어 있다. 과거의 복원, 과거로의 회귀론의 논리를 극단적으로 밀어붙이면 "생명체의 목표는 죽음이다."(SE 18: 38)라는 역설에 닿는다. 그것은 앞에서 인용한 본능의 정의에서 뒤에 이어지는 부분이 "생명체가 외부의 교환적 힘의 압력 때문에 버려야 했던 (사물의 이전의 상태)"이라고 되어 있기 때문이다. 다른 곳에서 이 외부적 힘의 논리에 밀려 떠나야 했던 과거의 상태는 다름 아닌 비유기적 (inorganic), 무생물(inanimate)의 상태로 드러난다. 현재적 유기체가 그 것이 겪어 온 길을 거슬러 과거의 무생물적 비유기체로 돌아간다는 것은 죽음의 길로 간다는 것이고 따라서 '생명의 목표는 죽음이다.' 라는 말과 함께 '죽음 본능'이라는 개념이 탄생한 것이다.

이 죽음 본능의 개념은 프로이트의 또 다른 중요한 개념 '반복 강 박(repetition compulsion)'과 불가분리의 관계에 있다. 본인의 의지와는 무관하게, 혹은 그것에 반(反)해서, 과거의 사건이나 사고를 반복하도 록 조건 지워져 있다는 반복 강박의 원리가 어떻게 죽음 본능, 더 나 아가서 그것의 동어 반복적 표현인 공격/파괴 본능과 연결되어 있단 말인가?

가장 간단한 예로는, 산촌의 개천에서 부화한 치어가 멀리 강이 나 바다로 가서 성어가 되어 살다가 죽음을 앞두고 험하고 고통스러 운 귀향의 귀거래사를 연출하면서 과거 '이전의 상태를 복원'한 다 음 알을 낳고 실제로 죽음을 맞는 것을 들 수 있다. 이러한 자연의 처 연한 질서 속에서 프로이트는 어떤 '악마적인' 본능적 힘을 발견하고 그것을 죽음 본능과 연결시켰다.

또 다른 예는 이른바 전이 신경증에서 발견된다. 과거의 의미 있 는 타자들(significant others)에 대한 관계를 현재의 분석 현장에서 분 석가에게 투사하는 것으로 정의되는 전이(transference) 현상 속에서 '이전의 상태를 복원하려는, 유기체 내에 잠재된 충동'을 읽을 수 없 겠는가? 과연 프로이트의 분석 주체 '도라'는 과거 'Herr K'와의 고 통스러운 경험을 현재의 분석가인 프로이트에게 전이적으로 투사하면서 과거와 현재를 혼동하는 '복잡한' 상황에 처한다. 그녀는 과거의 현재적 재연을 통해 무의식적으로 과거를 반복하고 있는 것이다. 이 전이의 의미를 읽어 내는 것이 분석가의 중요한 몫이므로 「도라 케이스」의 후기에서 그것을 제때에 읽어 내지 못했다고 고백한 프로이트의 발언이나 「전이에 개입하기」에서 프로이트의 역전이(countertransference)가 도라 분석의 실패에 책임이 있다는 라캉의 지적은 바로 전이/역전이의 중요성을 일깨워 주는 일화이다.

　이것과 같은 맥락에서 죽음 본능과 관련된 반복 강박의 사례는 트라우마(trauma), 즉 정신적 외상에서 찾을 수 있다. 잘 알려진 대로 프로이트가 『쾌락 원칙을 넘어서』에서 제시한 트라우마 발생론은 '보호 방패(protective shield)'의 균열이라는 강력한 메타포를 통해서 전달되고 있다. "우리는 보호 방패를 꿰뚫을 만큼 강력한 외부로부터의 자극을 '외상적'이라고 부른다."(SE 18: 29)

　어떤 주체가 트라우마 사건을 앞두고 예기 불안을 겪지 않았다든가 혹은 그 사건 발생 시 신체적 상처를 입지 않음으로써 제2의 방어선 구축에 실패했을 경우, 그 보호 방패의 균열 상태는 그대로 방치되고 그 균열의 틈 사이로 감당할 수 없는 강렬한 자극이 불가항력적으로 유입되어 정신계를 마비시킨다는 것이 프로이트의 트라우마 이론이다. 이렇게 트라우마 상황이 현실화되었을 경우 유기체가 취할 수 있는 최후의 수단이 '사후적으로 불안한(retrospectively anxious)' 상황을 연출하는 것이다. 그것은 물론 예기 불안에서 그랬던 것처럼 제2의 방어선 구축을 위한 마지막 힘겨운 시도이다. 트라우마 현장에서 느끼지 못했던 불안감을 사후적으로 체험하기 위해서 외상의 주체는 문제의 사건을 머릿속에서 반복적으로 떠올리며 그 트라우마 상황을 사후적으로 계속해서 살아가도록 '처형당한다'. 그런 고통스러운 기억을 반복적으로 떠올릴 수밖에 없도록 처형당했다는 것 자체가 "좋으면 하고 싫으면 하지 않는다."라는 쾌락 원칙(pleasure principle)을 크게 위반한 것이다. 다시 말해서 그것은 '쾌락 원칙을 넘어서' 존재하는 것이다. 이제 프로이트의 논지는 분명해졌다. 쾌락 원칙의 너머에서 연출되는 이 트라우마의 사후적 불안 발작 행위는 '운명'이니 '처형'이니 하는 말들이 떠올리는 강박적 성격으로 인해 '반복 강박'의 한 표현으로 이해되었다. 그리고 반복 강박은 죽음 본능의 전령이었다. 그것이 왜 죽음인가라고 다시 묻는다면, 외상성 환자가 사후적 불안 발작 행위를 통해서 반복적으로 되돌아가는 과거는 사건의 현장, 비극의 진원지이고 이러한 퇴행적 과거 추적은 생명의 시작이 무생명에서 비롯되었다는 생명/본능의 보수성과 연결되어 '죽음'이라는 단어를 떠올리기에 적절하다는 것이다. 이렇게 해서 프로이트는 트라우마-반복 강박-죽음 본능의 연결 고리를 찾았다.

이제 앞에서 제기했던 죽음의 문제 (2)로 넘어간다. 그것은 '유기체 내재적 충동'인 죽음 본능이 외부를 향할 때 공격 본능, 파괴 본능으로 변한다는 것이다. 이러한 본능의 내향성과 외향성에 대한 논의는 에로스, 즉 성 본능의 경우도 '자아 리비도'와 '대상 리비도'의 구별을 통해 이루어진 적이 있어 본능의 보편적 성향인 것 같다. 프로이트가 1920년『쾌락 원칙을 넘어서』에서 처음 제기한 이후로 죽음 본능에 대한 본격적인 논의는 그것의 외향적 공격성, 파괴성을 통해서 이루어졌다. 특히 1930년의『문명과 그 불만』에서는 문명사회에서 벌어지는 인간의 공격성과 파괴성의 제 양상을 다각도로 진단하고 있다. 1933년에 '왜 전쟁인가?'라는 주제로 아인슈타인과 나눈 토론은 '파괴적 동물'로서의 인간의 비극성을 보여 주는 '비관주의'를 담고 있다. 이러한 죽음 본능에서 파괴 본능으로의 변화 추이를 다루는 (2)번 문제는 그러나 그 파괴 본능이 어떤 외적 대상을 통해 발현되지 못하고 다시 내향화할 때의 문제를 다루는 (3)번 문제와 묶어서 생각할 필요가 있다.

『새로운 정신분석 강의』(1933)에서 제시한 프로이트의 해법을 들어 보자. "공격성이 실제 장애물에 막혀 외부 세계에서 만족을 찾을 수 없는 것이 무엇을 뜻하는지를 생각해 보면 우리는 충격을 받지 않을 수 없다. 만약 그런 일이 발생한다면, 그 공격성이 내부로 후퇴하여 내부에서 세를 떨치고 있는 자기 파괴성의 양을 증가시킬 것이다."(SE 22: 105) 그리고 프로이트의 사후에 출간된 『정신분석 개관』에서는 "공격성을 억제하는 것은 일반적으로 불건강한 것이며 병으로 연결될 수 있다."(SE 23: 150)라고 말해 밖으로 표출되지 못하고 내향화된 공격성이 얼마나 자기 파괴적인가를 극단으로 밀어붙이고 있다. 그러므로 이 문제는 그런 "추하고 위험스러운 충동들"을 외부적으로 발산시키는 것이 정신 건강에 더 좋으며 그것을 내향화하는 것보다 "자연에 더 가까운 행위"라는 (4)번의 문제와 연결된다.

여기에서 인간은 프로이트의 비판론자들이 말하는 '비극적 선택'에 직면하게 된다. "인간은 (질병을 통해서 서서히) 자신을 파괴하거나 남을 파괴하는, 다른 말로 해서, 자신에게 고통을 가하거나 남에게 고통을 가하는 양자택일밖에 없다."[5] 그 비극적 선택의 문제는, 죽

　　　　　　　　　　라캉의 시선으로 본 프로이트

음 본능이 자동사적(die) 자기 죽음(suicide)이냐 타동사적(kill) 타자의 죽음(homicide)이냐의 양방향적 성격을 갖고 있다는 논의 속에 이미 내포된 문제라고 생각된다. 프로이트는 『문명과 그 불만』에서 본능적 요구의 억압은 바로 문명의 기초이고 억압된 본능적 충동은 사회적으로 가치가 부여되는 문화적 장치를 통해 '승화'되지만 그것은 인간 욕망의 '완전한' 충족을 희생하고서야 가능하다는 논리를 펴고 있다. "문명은 (……) 개인의 위험스러운 공격욕을 다스릴 수 있는데 그것은 그 욕망을 약화시키고 무장 해제 시키고서야 가능하다."(SE 21: 123) 여기서도 그러므로 '완전한 행복의 야만이냐, 불완전한 행복의 문명이냐'라는 비극적 선택의 문제는 여전히 존재한다. 병리 현상 중의 하나인 학교 폭력의 경우, 폭력의 행사자인 가해 학생들의 정신 상태는 멀쩡한데 폭력의 대상인 피해 학생의 정신 상태는 피학적 병리 현상을 노출한다는 사실은 '공격이냐, 병이냐'의 선택의 비극성을 말해 주는 사례로 꼽을 수 있을 것이다. 힘의 논리에 의한 제국주의자들의 폭력적 침탈 행위가 피압박 민족에게 가하는 정신적 파괴 현상은 또 다른 예가 될 것이다.

그럼에도 프로이트의 다른 글에서 이 비극적 선택의 개념을 완화시키고 공격/파괴 본능의 건설적이고 생명 부여적 측면을 강조한 대목이 없는 것은 아니다. 예컨대 『문명과 그 불만』의 다른 곳에서 "파괴 본능이 절제되고 길들여지면, 다시 말해서 그것의 목적에 제약이 가해지면, 그리고 그것이 어떤 대상을 향할 때, 그 파괴 본능은 자아에게 치명적 욕구의 만족과 자연에 대한 통제력을 제공해 줄 것이다."(SE 21: 121, 강조는 필자)라고 말한다. 프롬의 지적처럼 "이것은 '승화'의 좋은 예인 것처럼 보인다. 본능의 목적이 약화되지 않았고 사회적으로 가치 있는 것들, 이 경우 '자연에 대한 통제력'을 향한다."[6] 프로이트의 경우 승화(sublimation)라는 개념은 주로 에로스, 즉 성 본능과 관련하여 사용했다. 예컨대 레오나르도 다빈치의 경우, 자신의 강력한 성적 에너지를 '사회적으로 가치 있는' 지적 탐구나 예술적 창조 활동에 승화적으로 사용했다. 그러나 에로스의 이러한 승화 작용은 타나토스/죽음 본능에 적용해도 무리가 없어 보이고 프로이트 또한 그런 가능성을 열어 놓았다. 다만 여기서도 승화의 기본 요건인 세 가지 조건을 충족해야 한다. 그 세 가지는 첫째, 본능의 목표(aim)와 대상(object)을 바꿔라, 둘째, 그러나 그 강도(intensity)는 떨어뜨리지 말라, 셋째, 그 바꿈의 방향은 사회적으로 인정되고 가치가 부여되는(socially valued) 쪽으로 하라(SE 9: 187; SE 22: 97)는 것이다. 위의 프로이트의 말 중에서 필자가 강조한 "절제되고 길들여지면"은 첫 번째 항목에, "어떤 대상"은 세 번째 항목에, 그리고 "치명적 욕구의 만족과 자연에 대한 통제력"은 두 번째 항목에 해당되어 이 진술은 승화의 세 조건을 만족시킨다.

이 승화의 과정은 중요한 의미에서 욕동(Trieb/pulsion)에서 욕망으로의 변신 과정과 닮았다. 그리고 이 변신 과정은 이드의 산물인 욕동을 지배하는 쾌락 원칙(pleasure principle)에서 자아적 욕망을 지배하는 현실 원칙(reality principle)으로의 자리바꿈을 뜻한다. 여기서 주목할 점은 이 두 원칙이 서로 대척적 이분법을 형성하고 있는 것이 아니라 정도의 차이를 말하는 어떤 연장선을 이루고 있다는 점이다. 그것은 들어 올림과 보존의 의미를 동시에 거머쥐고 있는 헤겔의 지양(Aufhebung)의 개념과 유사하다. 그러므로 승화 과정에서와 비슷하게 욕동에서 욕망으로의 변신 과정을 통해 욕동의 반사회적 저돌성이 사회적 가치가 부여되는 쪽으로 '절제되고 길들여져(moderated and tamed)' 법과 질서 속의 욕망으로 탈바꿈한다. 이때 전자의 강도가 후자에서 유지되는 것은 쾌락 원칙과 현실 원칙의 지양적 관계에 상응한다. 그러므로 현실계에서의 욕망의 충족은 이드계의 욕동의 충족으로 연결된다. 쥐인간의 경우, '리처드 죽이기'의 욕동적 살해 충동이 현실적으로 '살 빼기'의 강박적 달리기 욕망으로 표출되었고 후자의 현실 원칙적 행위를 통해서 전자의 쾌락 원칙을 충족시키고 있었다. 각종 스포츠 게임은 인간의 원초적 공격 본능의 욕망적 재현이다. 고대 로마의 원형 경기장에서 벌어지는 검투사들의 생사가 걸린 결투 장면에서나 사각의 링에서 펼쳐지는 권투나 현대 격투기에서 경기에 참여하는 선수나 그것을 관람하는 관중은 다 같이 자신들의 공격/파괴 본능이 유감없이 발휘되는 쾌감을 느낄 것이다. 그러한 게임과 시합이 법과 질서의 테두리 안에서 이루어진다는 의미에서 그 쾌락은 '쾌락 원칙을 넘어' 현실 원칙의 욕망의 차원에서 실현된다고 할 수 있다. '절제되고 길들여지는' 욕동에서 욕망으로의 변신 과정을 야생 동물의 가축화에 비유하는 프로이트의 메타포(SE 22: 214)는 역시 날카롭다.

사실상 욕동에서 욕망으로의 변형 과정은 인간 정신 발달 과정의 거의 모두를 설명해 준다. 그것은 무엇보다도 개인사에서 정신분석학적으로 제일 중요한 사건인 오이디푸스 콤플렉스를 설명해 준다. 왜냐하면 "오이디푸스는 야생의 욕망을 사회화된 욕망으로 바꾸는 고통스러운 통과 의례이기"[7] 때문이다. 여기서 "야생의 욕망"은 욕동의 다른 표현임에 틀림없다. 라캉도 "욕망은 대타자(the Other)에게서 나오고 주이상스(jouissance)는 사물의 편에 서 있다."[8]라고 말해 욕망과 욕동/주이상스가 구조적으로 다른 차원에 속해 있음을 분명히 했다. 특히 라캉은 셰리든 영문판 『에크리(Écrits)』의 마지막 페이지에서 이 문제를 '거세(castration)' 과정과 연결시키고 있다. "거세가 의미하는 것은, 주이상스가 욕망의 법의 거꾸로 된 사다리에 닿을 수 있도록 주이상스를 거부하는 것이다."(É 324)[9] 여기서도 주이상스는 욕동과 동일시되어 있다. 그가 말하는 상징적 거세를 통해 욕망과 욕동이 구조적으로 다른 차원에 놓이게 된다는 것이다. 그러므로 이 거세의 문제는 오이디푸스의 문제와 동연(同延)적 관계에 있으며 라캉은 이것을 그 유명한 메타포 공식과 그것의 오이디푸스적 적용을 통해서 형식화했다.(É 200) 그 도표의 오른쪽에 표기된 결과 '아버지-의-이름(대타자/팔루스)'은 정신 발달 과정의 요체를 전달하고 있다.

정신분석적 주체의 탄생은 무엇보다도 타자에 의해서 결정된다. 이른바 타자 결정론이다. 이런 의미에서 대타자(O)가 도식의 상부에 자리 잡고 있다. 타자 결정론을 통해서 탄생한 신생 주체는 팔루스(Phallus)가 의미하는 바를 터득하게 되고 팔루스 기표(phallic signifier)에의 접근이 허용된다. 이 모든 것을 가능하게 하는 것이 '아버지 이름의 기표'이다. 따라서 이것이 도식의 제일 정면에 위치하고 있다. 이 아버지 이름의 기표를 통해서 형성된 주체는 오이디푸스의 고통스러운 통과 의례를 제대로 통과했고 거세의 아픔을 잘 견디어 낸 인간 주체이다. 실낙원의 실망을 딛고 인간 주체로 태어난 것이다. 그것은 또한 욕동의 차원에서 욕망의 차원으로의 정신 구조의 변이를 알리는 신호이기도 하다. 이 두 차원은 구조적으로 다른 위치에 존재하고 그 사이에는 쉽게 뛰어넘을 수 없는 어떤 생명선이 형성된다. '검열자', '국경 수비대', '방어선' 등의 프로이트의 메타포나, 상징막이나 '고정점(point de capiton)'이라는 라캉의 개념은 모두 이 생명선의 존재를 일컫는다. 트라우마 발생 시 '보호 방패'에 균열이 간다는 프로이트의 표현도 이 생명선의 망실로 봐야 할 것이다. 생명선의 망실은 애써 구축해 놓은 이성과 질서의 세계, 제2과정이 지배하는 욕망의 차원에서 야성과 본능의 제1과정의 지배를 받는 욕동의 차원으로 다시 미끄러지는 것을 의미한다. 그것은 왜 외상적 환자들이 그처럼 거칠고 무절제한 성 충동과 공격 충동에 시달리는가를 설명해 준다.

죽음의 문제와 관련하여 프로이트의 생물학적, 존재론적 관점에서 라캉의 정신·심리적, 의미론적 관점으로의 전화(轉化)는 무엇을 의미하는가? 우선 앞에서 언급했던 라캉의 말을 다시 한 번 인용한다.

거세가 의미하는 것은, 주이상스가 욕망의 법의 거꾸로 된 사다리에 닿을 수 있도록 주이상스를 거부하는 것이다.(É 324)

여기서 거세란 물론 신체적 거세가 아닌 상징적 거세를 의미한다. 그리고 이 상징적 거세는 라캉의 주체화 과정의 핵심인 상징화, 사회화 과정에 다름 아니다. 대타자나 외부 세계와의 관계 맺음 속에 형성되는 이 상징화, 사회화 과정이 프로이트가 말하는 '문명의 과정', '문화의 과정'이 아니고 무엇이겠는가? 위 인용문에서 라캉이 말하는 것은, 이러한 사회화/상징화 과정, 문명/문화의 과정을 통해서 발생하는 결정적 정신적 변화가 실재계적 욕동(인용문에서 '주이상스')에서 상징계적 욕망으로의 범주론적 변신이라는 것이다. 이 변신이 자연에서 문화로, 야생에서 문명으로의 변화를 뜻한다는 것은 '욕망의 법(the Law)'이라는 말과 함께 '야생 동물의 가축화'라는 프로이트의 메타포 속에 잘 표현되어 있다. 야생의 늑대를 집에서 기르는 개로 가축화한 경우를 예로 들어 보자. 이 개는 인간의 '법'의 질서 속에서만 늑대의 야성을 발휘할 수 있다. 늑대는 본성/자연에 따라 공격 본능을 드러내지만 '절제되고 길들여진' 개의 그것은 '자연에 대한 통제력(control over nature)'을 나타낸다. 이것이 욕동과 욕망의 근본적인 차이이다. 그리고 이 차이를 가능하게 하는 것이 상징적 거세, 즉 문명의 길임을 프로이트는 논변하고 있는 듯하다. 이러한 '인간적인, 너무나 인간적인' 욕망의 세계에서 '너를 죽이지 않으면 내가 죽는다'는 식의 양자택일적 '비극적 선택'은 있을 수 없다. 욕망의 대상은 부재하고 그것의 충족은 계속해서 유보되지만 '욕망을 포기하지 말라'는 라캉의 정언 명령이 말해 주듯이, 욕망은 인간을 움직여 가는 역동적인 힘, 동력이다. 다시 굴러떨어질 줄을 알면서도 계속해서 돌을 밀어 올리는 시시포스처럼 우리 인간은 끊임없이 욕망하도록 '처형당한' 욕망의 동물이다.

라캉에게 죽음의 의미는 상징 질서에 내재한 부정성이다. 정신분석적 죽음은 무엇보다도 변증법적 부정의 논리 위에 서 있다. 오이디푸스기에 부성의 메타포를 통해서 실현되는 상징적 거세 행위는 이 변증법적 부정의 논리가 작동하는 원형을 제시한다. 이 원형을 모태로 해서 인간은 '부정성과 함께 머무르기'의 철학을 실천하면서 살아가도록 운명 지어져 있다. 이 운명을 거역할 때 그것은 바로 병으로 연결된다. 라캉의 분석 지침은 상징 질서를 통해 상상 질서를 극복하는 것이다. 전(前)오이디푸스적 밀월 관계를 청산하고 실/탈 낙원적 엑소더스를 과감히 시도하라는 것이다. 이 엑소더스는, 원시 시대의 통과 의례(initiation)에서 보듯이, 죽음을 불사한다. S(주체)-O(대타자)의 상징 축으로 e(자아)-o(소타자)의 상상 축을 극복할 것을 명령한 L 도식의 교훈이 그것이다. 주체와는 영원히 뛰어넘을 수 없는 근본적 차이의 자질을 지닌, 즉 '질적으로 다른(qualitatively different)' 대타자와의 상징적 관계 맺음을 통해 법과 질서의 세계로 들어오라는 정언 명령이다. 그러므로 라캉의 치명적 운명의 기표(lethal signifier)는 무엇보다도 나르시시즘의 상상적 자아(imaginary ego)의 죽음을 겨냥한다.

분석적 텍스트를 '거슬러 읽어(reading against the grain)' 해체론적 전복을 시도하는 분석적 해석 행위는 바로 이 죽음의 실천에 다름 아니다. 성적 함의가 가득한 어떤 남성 환자의 말 중 '그렇게 되면 나는 파산(a wreck)할 거야.'라는 피분석가 담론을 '삐딱하게 거슬러 읽어' 거기서 '발기(errect)'의 문제로 해석한 것[10]은 단순히 음성상의 유사성에 근거한 시니피앙(signifiant)의 은유적 대치라는 의미를 넘어 그 분석적 해석 행위가 대타자 담론(Other discourse)에 의한 자아 담론 (ego discourse)의 상징적 거세이며 타살이고 죽음의 원리가 작동한 결과다. 이 죽음의 해석은 실재(the Real)에 강한 충격을 가하고 그 충격이 치료로 연결된다. '쾌락 원칙의 너머'에서 벌어지고 있는 이 죽음의 무도가 가능한 것은 "욕망은 욕동 속에서 실현된다."(FFCP 220),[11] "욕망의 뿌리는 욕동이다."라는 기본 원리 때문이다. 이 원리의 밑바닥에 깔려 있는 반복 강박은 실재계(the Real)에 뿌리를 두고 있어 '강박의 실재적 원인'이라는 논리를 창출한다. 그러므로 compulsion(강박)을 분철하여 come+pulsion(욕동)으로 표현하고 있지 않은가?

그리고 이는 라캉이 왜 정신분석학에서 죽음을 부정하는 것이 그것의 전부를 부정하는 것과 같다고 목소리를 높였는지 말해 준다. 그러므로 언어와 '같이' 구조화된 무의식은 무엇보다도 실패한 언어(slip of the tongue), 실패한 행동(bungled action)으로 구성되어 있다. 그것이 실패인 것은 의식 편에서 바라본 관점이고 만약 해석 행위를 통해 의식화된다면 그것은 강력한 전복적 죽음 효과를 창출한다. '항상, 이미, 다른 곳에(always, already, elsewhere)' 존재하는 무의식은 주체의 탈중심성(ex-centricity)을 대변할 뿐만 아니라 그것의 언어가 의식의 언어를 숙주로 해서 존재한다는 의미에서 '기숙적(寄宿的, parasitic)' 언어라고 불릴 수 있으리라. 라캉이 말년에 제임스 조이스의 『피네간의 경야』에 나타난 문학 언어를 "정신병자적(psychotic)" 언어라고 말하면서 정신분석적 언어를 라랑그(Lalangue)라 하여 일반 언어와 구별했고, 정신분석적 언어학을 언어히스테리학(linguistérie)이라 하여 언어학과 히스테리의 합성어로 표기했던 것도 같은 맥락에서였다. 이러한 기숙적, 병리적 무의식의 언어가 의식 편에서는 하나의 실패한 언어로 드러나지만 주체 전체의 전략에서 볼 때는 상상적 자아의 왜상(歪像, anamorphosis)을 바로잡는 해체·전복적 죽음 효과로 작용하는 중요한 의미를 띤다.

그러면 앞에서 본 죽음에 관한 프로이트의 관점 ─ 죽음 충동이 공격/파괴 충동으로 발전한 ─ 은 이러한 라캉의 언어적 관점과 근본적으로 충돌하는가? '기표에 내재한 죽음의 전령'을 말하는 한 이론가의 말을 들어 본다. "'쾌락 원칙의 너머'에 존재한다는 주이상스는 상상계의 해체를 요구한다. 그러나 그런 일은 다음의 두 방법 중 하나를 통해 이루어진다. 즉 상상계의 형체를 갈기갈기 찢어 버리는 폭력을 통해서나, 주체를 기표의 법칙에 복속시키는 방법을 통해서이다. 상상계의 일체성이 가져오는 소외적 효과에 노출된 인간이 자신의 욕망을 실현할 수 있는 길은 타살이나 의미화의 길을 택하는 것이다. 상징적 능력의 진화 이전에 욕망의 실재에 대해 인간에게 열려 있는 유일한 길은 상상계를 말살하는 것이다."[12] 우리는 이 인용문에서 '폭력이냐, 기표의 법이냐' 혹은 '타살이냐, 의미화냐'라고 묻는 서술자의 양자택일적 선택의 화법에 주목할 필요가 있다. 그것은 프로이트가 직면했던 '비극적 선택'도 라캉의 '강요된 선택'도 아니라는 것이다. L 도식이 보여 주듯이 상징 질서의 축을 통해 상상 질서의 축을 극복하는 주체화/상징화 과정에서, 그리고 소외의 벤 다이어그램이 예시하는바, 존재 차원에서 의미 차원으로의 실낙원적, 탈오이디푸스적 사회화/문명화 과정에서 "죽음의 생명적 실현"[13]을 살아가는 인간이 택할 수 있는 길은 프로이트적 폭력이거나 라캉적 언어의 길이라는 것이다. 더 나아가서는 이 둘이 양자택일적 관계를 넘어 유사성에 근거한 은유적 아날로지를 형성한다는 것이다. 외부적 타자에 향하는 공격성이나 상상적 자아에 가해지는 해체적 상징화 작업은 다 같이 죽음의 전령이 지어낸 '데스 마스크'의 두 얼굴이 아니겠는가? 헤겔은 "언어는 사물에 대한 타살"이라고 하지 않았던가?

4

라캉이 1964년의 세미나 XI에서 보여 주는 존재/의미의 벤 다이 어그램은 정신분석의 제 문제를 푸는 데 도움을 줄 뿐만 아니라 정신 분석적 죽음의 문제를 설명하는 데도 효과적이다.(*FFCP* 211)

이것은 존재 차원에서 의미 차원으로, 자연에서 문화/문명으로 이행해 가는 인간의 주체화/상징화/사회화 과정을 표시한 것인데 여 기서 주목할 대목이 존재와 의미 사이에 교집합으로 위치한 '비의미 (non-meaning)'의 의미이다. 존재 영역으로도, 의미 영역으로도 환원 될 수 없는 제3의 중간 지대 — 그것은 정신적인 것(the mental)과 육 체적인 것(the somatic)의 경계 지점에 위치한 욕동의 지형도와 일치한 다. 따라서 이 '비의미'의 영역은 라캉의 실재계가 위치한 지점이다. 상징화 과정의 결과/효과로서 산출된 후상징적(post-symbolic) 오브제 *a*(objet *a*)가 자리한 곳이 이곳 비의미의 경계 지점이라는 것이다. 그 런데 지금 논의의 초점이 존재-의미의 관계가 아니라 의미-비의미의 관계라는 데 문제의 심각성이 있다. 다시 말해서 상징과 실재의 관계, 혹은 대타자와 오브제 a의 관계를 묻고 있는 것이다.

둘이 서로 떨어져 있는 다른 실체이면서 '동시에' 어떻게든 서로가 연결되어 있는 긴장된 관계란 무엇인가? 그것은 본능과 욕동을 구분하고 '상징적 포함 관계'를 말하는 정신분석적 사유 체계로 봐서 단순히 한쪽에는 관념과 기표가 있고 다른 쪽에는 감정과 에너지가 있다는 소박한 이분법적 구조가 아니라 좀 더 복잡하고 긴장된 관계 ─ 관념과 그 '다른 요소'를 '따로' 떼어서 고려하더라도 그들 사이의 변증법적 상호 포함 관계를 놓치지 않는 어떤 관계이리라. 이런 관계란 라캉적 정의에 나오는 '상징과 실재'의 관계에 다름 아니다. 라캉의 실재는 상징적 재현 체계로부터 사후적으로 산출된 잉여 효과이면서 동시에 상징 질서에 환원될 수 없는 '외-존재성'의 역설적 존재이다. 상징화의 효과/결과이면서 동시에 상징체계에 환원 불가능한 외존재성으로서의 실재의 개념, 그것이 상징과 맺는 관계가 내포성과 외재성을 동시에 포함하는 역설적 관계라는 말이다. 실재의 상징적 포함 관계를 고려할 때 관념과 정동의 이원론적 접근법을 통해 겨냥한 실재의 개념은 재현의 '밖', 즉 '본능'이라는 개념과 같이 어떠한 재현도 닿지 못할 자연적 직접성이나 정동, 정서의 영역이 아니라 재현의 영역 '내(within)'에서 본질적으로 낯설고 배제되어 있어 표현 불가능의 상태로 남아 있는 어떤 것, 'X'이다. 이 실재는 언어 이전의 전(前)재현적/상징적인 실체가 아니라 상징 질서의 결과, 효과로서의 실재, 그러나 그 상징 현상에 환원될 수 없는 후(後)상징적 실재이다. 라캉 논의에서 '전상징적 실재(pre-symbolic real)'를 거론하는 경우가 더러 있으나 그것은 '사후성의 논리(Nachträglichkeit)'를 전제로 한 가설적 측면이 강한 논의이다. 이렇게 라캉의 실재는 비(非)/무(無) 재현성이라기보다는 "비재현적 재현(non-representative representation)"(*FFCP* 218), 혹은 '재현적 비재현'이라고 말할 수 있다. 그러므로 라캉의 상징-실재의 관계는 재현-비재현적 재현이라는 구도로 이해할 수 있다.

이런 점에서 앞서 존재-의미 사이의 교집합 영역을 비의미보다는 '전(前)의미', 혹은 '반(半)의미'라고 이름 지음이 좋을 듯하다. 왜냐하면 그것이, 무의식을 명제론(propositional)과 전명제론(pre-propositional), 정통 인식(proto-cognitive)과 전인식(pre-cognitive) 중 어느 쪽에 둘 것이냐의 중요한 정신분석적 물음과 맞닿아 있기 때문이다. 프로이트도 그의 사상 전반기에는 무의식이 "압축, 치환, 시간성의 배제, 모순율로부터의 일탈"(『꿈의 해석』의 7장)을 특징으로 하는 제1과정의 사고(primary-process thinking)의 지배를 받는다고 생각했으나 1915년의 에세이 「무의식」에서 이러한 사유에 문제가 있음을 토로한다.(*SE* 14: 192) 그러한 반성은 의식-전의식-무의식으로 구성된 제1기의 지형학적 모델에서 자아-초자아-이드 삼각 구도의 구조적 이론으로 이행해 가는 결정적 계기를 마련했다. 그 반성의 초점은 기존의 생각과는 달리 무의식에서도 이성과 논리의 제2과정적인 사고의 흔적이 상당 정도 보인다는 것이었다. 라캉이 1950년대의 상징화 시대에 "무의식이 언어와 같이 구조화되어 있다."라고 주장한 것은 바로 무의식의 이러한 2차 과정적 사유를 전제로 하고 있었을 것이다. 그러나 실재계 시대의 막을 여는 1964년의 세미나 XI에서 "나는 내가 지금까지 가르쳐 온 무의식론에 대해서 문제성 있는 입장에 있다."(*FFCP* 149)라고 고백했을 때, 그것은 정확하게 프로이트의 반성적 성찰을 역(逆)으로 추진한 것 같다. 그것은 실재계, 혹은 그것의 아바타인 오브제 *a*를 앞의 존재-의미 다이어그램에서 보여 준 '전/반의미' — '비의미'가 아닌 — 에 정박시키려는 시도가 아니었겠는가? 그렇다면 라캉의 '실재계적 무의식'은 전명제적, 전인식적 차원에 위치하게 되어 '상징계적 무의식'의 명제론적, 인식론적 차원과 의미 있는 구별이 생긴다. 이 구별은 프로이트의 구조 이론의 무의식론에서 이드(Id)의 원초적 무의식과 자아(Ich)의 일부를 구성하는 무의식의 제2과정적 성격의 차이에 조응한다. 이에 따라 언어와 같이 구조화된 라캉의 무의식은 '같이'에 방점이 찍히게 되었고 이 말의 의미는 '같음'보다는 '다름'에 무게가 실리게 되었다. 무의식은 언어와 같이 구조화되어 있으나 그 언어는 의식적 언어와는 구별되는 '리비도 집중된(cathetic)' 다른 언어로 구성되어 있다.

이렇게 상징-실재의 관계를 뜻매김하였으니 이제 이것을 근거로 정신분석을 정의할 수 있게 되었다. 정신분석은 '상징적 방법으로 실재를 공략하기', '상징을 통한 실재에의 접근' 등으로 정의된다. 실재는 본질적으로 '말할 수 없는 것(the unspeakable, the unsayable)', 'X'이다. 정의상 비상징적이고 비언어적인 실체를 상징적, 언어적 방법을 통해서 접근한다는 것이다. "실재는 언어 속에서만, 언어를 통해서만 접근 가능하다."[14] 라캉적 '실재에 대해서 말하기(speaking of the Real)'의 전형은 다음과 같다. "피분석가로 하여금 외상적 '사건'에 대해서 계속해서 꿈꾸고 말하게 함으로써 — 그것이 아무리 일관성을 결여하고 있다 하더라도 — 그 사건을 언어와 연결시킬 수 있으며 더 많은 기표들과 관련지을 수 있다."[15] "그로 하여금 말하지 못하고 주위만 맴돌던 어떤 실체를 말로 발성하게 해 줌으로써 접근할 수 없고,

손댈 수 없고, 움직일 수 없었던 그 원인의 실체가 충격을 받고, 부재적 중심의 접근 불가능성이 완화되면서 '주체화'의 길로 들어선다."[16]

어떻게 이런 일이 발생할 수 있는가? 정의상 비언어적 실체의 실재가 어떻게 언어적으로 접근 가능한 상황이 발생할 수 있는가? 이에 답변을 마련하기 위해 앞에서 상징과 실재의 관계를 밝혔다. 한마디로 말해서 '비상징적 실재에 상징적 방법으로 작업하기'라는 분석의 명제를 가능하게 하는 것은 상징과 실재의 '외친밀함(extimité)'이라는 긴장된 관계 때문이다. 이 관계는, 지젝이 강조하듯이, 실재가 상징에 '내재하는(internal)' 관계이다. 실재는 상징화의 결과/효과로서 산출된 침전물(caput mortuum)이지만 상징 질서에 환원할 수 없는 이질성을 보임과 동시에 그것의 '밖'을 형성하지도 않는다. 그것은 상징 질서 내에 존재하는 타자이다. 이 탈/외 존재성(ex-istence)이 언어 속에서 어떤 막다른 골목, 아포리아를 창출한다. "언어 속에는 항상 변칙적인 것 — 이해할 수 없고 설명할 수 없는 그 무엇 — 이 모습을 드러내는데 그것이 아포리아이다. 그 아포리아는 상징계 내에 실재가 존재한다는 것이고 그 실재가 상징계에 영향을 끼친다는 것을 가리킨다."(강조는 필자)[17]

이러한 상징-실재의 특수한 관계 때문에 비재현적 재현, 혹은 재현적 비재현의 실재가 상징적 재현의 대변자, 언어의 접근을 허용하는 것이다. 여기서 그러나 '상징을 통한 실재에의 접근'이라는 분석 목표를 다시 한 번 따져 볼 필요가 있다. 이 정의에서 '통한'이라는 단어는 '방법으로', '수단으로'라고 바꿀 수 있다. 그렇다면 상징적 방법은 수단이고 그 수단을 통해서 달성하고자 하는 목적은 실재라는 말이다. 어느 선사(禪師)가 손가락으로 달을 가리켰을 때 그가 의도한 목적은 달이고 손가락은 그 목적을 달성하기 위한 도구, 수단이었다는 일화와 비슷하다. 그렇다면 "무의식은 언어와 같이 구조화되어 있다."라고 선언함으로써 언어, 말의 문제를 극점으로 끌어올렸던 라캉의 분석적 입장은, 그것이 하나의 수단이고 방법인 것으로 드러났으니 이제는 그것이 지향하는 궁극적 목표점, 실재의 문제에 더 큰 비중이 주어지는 것은 당연한 논리적 귀결이 아니겠는가? 그래서 실재계 시대를 여는 주요한 세미나 XI에서 그는 그때가지 가르쳐 온 무의식의 문제에 대해서 난처한 입장에 처해 있다고 고백하지 않았겠는가?

바그너의 가극 「파르지팔」에 "너를 찌른 창만이 너의 상처를 치유할 수 있다."라는 명구가 나온다. 언어적 타살을 통해서 받은 상처난 감정은 또한 그 언어를 통해서만 치유될 수 있다. 그리스의 영웅 페르세우스는 난적 메두사를 퇴치하면서 그 괴물을 직접 바라본 사람은 돌로 변해 버리는 난제를 풀기 위해서 자신의 방패에 비친 메두사의 그림자를 보고, 즉 메두사를 '간접적으로' 보고 그의 목을 쳤다는 것이다. 상징을 통해 실재에의 접근이라는 분석 매뉴얼은 괴물 메두사와 같은 실재에 직접 접근할 수 있는 길은 없고 상징, 언어, 말이라는 막강한 무기가 있으니 그 무기를 가지고 괴물 같은 실재에 '간접적으로' 돌아(detour) 접근하라고 가르친다.

상징-실재의 긴장된 관계에 대한 이만큼의 지식을 가지고 우리는 분석의 꽃인 해석(Deutung, interpretation)이 무엇인가를 물어볼 수 있는 단계에 와 있다. 일반적으로 '해석은 실재를 강타한다.', '해석은 실재에 충격을 가한다.'라고 뜻풀이된다. 여기서 '해석'은 어떤 상징적 연결 고리를 형성하는 것, 다시 말해서 S_1-S_2의 의미론적 대치 과정을 통해 시적이고 창조적인 '의미화 효과'를 창출하는 것에 다름 아니다. 「쥐인간」에서 '강박적 살 빼기'의 기호적 증상을 '리처드 죽이기'라는 제2의 기호로 바꾸어 생각하는 일, 그리고 S_1: 'Headaches(두통)'와 S_2: 'Ed aches(에드가 나를 아프게 한다)'의 대치 과정에서 발생하는 의미화 효과를 고려할 때,[18] 이 모든 언어적, 상징적 행위가 해석의 행위로 귀결된다. 이 해석 행위에서 중요한 것은 메타포 공식의 결과란에 제시된 s 표기, 즉 의미의 문제이다. 오이디푸스적 의미화 대치 공식에서 '팔루스 의미'가 주체의 형성에 결정적 역할을 했듯이 S_1-S_2의 의미론적 대치 과정을 통해서 드러나는 해석 행위는 분석 주체에게 창조적 불꽃의 의미를 생성하고 그 의미가 실재를 강타하여 치료적 효과를 낳는다. 이것이 '해석은 실재를 강타한다.', '해석은 실재에 충격을 가한다.'라는 말이 의미하는 것이다. 그리고 이 과정 속에서 감정의 소산(abreaction)이 이루어진다. S_1-S_2의 연결 고리가 제대로 꿰어져 해석이 실재의 정곡을 찌를 때 거기에 따른 감정의 소산이 '자동적으로' 이루어진다. 그 자동성은 상징-실재의 특수한 관계, 즉 '실재의 상징적 포함 관계' 때문이다. 이런 재현과 정동, 기표와 주이상스의 상호 구속적인 관계 속에서 "기억의 회상이 원래 거기에 부착되어 있던 정동을 다시 불러올 때만이 기억이 치료로서 효과적일 수 있다."[19]라고 선언할 수 있었던 것이다.

정신분석 치료는 '말하기 치료'이면서 동시에 '듣기 치료'이다. 분석 현장에서 무슨 말을 어떻게 잘 듣느냐 하는 것이 분석 행위의 전부이다. 지젝이 셰익스피어의 『리처드 2세』에 나오는 '삐딱하게 보

라캉의 시선으로 본 프로이트

기(looking awry)'라는 문구를 따와 라캉적 텍스트 읽기의 전범으로 삼으려 했던 것과 같이 라캉의 분석적 듣기는 '삐딱하게 듣기(listening awry)'로 특징지을 수 있을 것이다. 그것이 '삐딱한' 것은 정신분석이 원래 '의심의 해석학(hermeneutics of suspicion)'에 속하고 그것으로 무의식적 왜상을 읽어 내려 하기 때문이다. 그 왜상은 정면으로 보면 보이지 않고 삐딱하게 보아야 모습을 드러낸다. 이 말은 듣기에도 그대로 적용된다.

예컨대 어떤 크레타 사람이 "크레타 사람은 모두 거짓말쟁이다." 라고 외쳤다고 생각해 보자. 이 말에 대해 발화의 주체는 그 말의 진리성을 믿어 의심치 않겠지만 그 말을 듣는 청자는 '그 진술이 참이라면 그 발화의 주체도 거짓말쟁이일 수밖에 없고 그가 거짓말쟁이의 신세를 면하려면 그 진술이 거짓이어야 한다.'라고 삐딱하게 들을 수 있다. 이 '크레타의 역설'이 모든 텍스트 — 분석적 텍스트이든, 혹은 문학 텍스트이든 — 에 작용하는 역설의 구조를 말해 준다.

또 다른 역설의 예화로 최근 세간에 떠도는 재담을 하나 소개한다. 흥부가 놀부 부인으로부터 주걱으로 뺨을 얻어맞은 이유에 관한 이야기이다. 흥부가 어느 날 놀부 집을 방문했는데 마침 그의 형수가 주걱으로 밥을 푸고 있었고 그것을 뒤에서 지켜보던 흥부가 인기척을 내면서 "형수, 저 흥분데(돼)요."라고 했다는 것이다. 그리고 이것이 흥부가 뺨을 맞은 이유라는 것이다. 재담이 재담으로 기능하기 위해서는, 그래서 청자로부터 웃음을 이끌어 내기 위해서는 그것의 표층 구조와 심층 구조가 역설적 구조를 형성하는 것이 필수 조건이다. 역설이란 전진적 논리와 후진적 논리가 서로 충돌하면서도 하나로 만나는 어느 중간 지점에서 발생한다. 이 재담의 의식적 표층 구조는 물론 "흥분데요."이고 무의식적 심층 구조는 "흥분돼요."이다. 이 두 구조가 하나의 표현 속에(여기서 '데'와 '돼'는 유사음으로 취급한다.) 공존하면서 충돌하는 전형적인 '하나 속의 둘(Two in One)'의 구조이다. 프로이트도 이러한 텍스트의 이원론적 구조를 고려하여 재담을 그가 말하는 네 개의 무의식의 형성체(나머지 세 개는 꿈, 증상, 언어의 실착)에 포함시켰을 것이다. 여하튼, 흥부는 "형수, 저 흥분데요."라고 방문 신고를 했고 놀부 부인은 '형수, 저 흥분돼요.'라고 '삐딱하게' 알아들어 괘씸죄로 주걱을 한 대 올렸던 것이고 이 논리의 꼬임과 상황의 뒤틀림을 통해 독자/청자들은 웃음을 터뜨린 것이다. 여기서 대타자로서의 분석가 역할을 떠맡은 주체는 놀부 부인으로서 그는 피분석가의 역할을 담당한 흥부의 말을 '액면대로' 받아들이지 않고 그것을 '의심'해 보고 '삐딱하게' 바라보는 '의심의 해석자'이다.

이 의심의 해석학의 본질은 발화 형식(énonciation)을 통해 발화 내용(énoncé)을 전복하는 것이고 자아 담론 속에 역설적으로 작용하는 대타자 담론을 찾아내는 일이다. 다시 말해서 그것은 발화의 주체를 발화의 '심연 구조(mise en abîme)' 속으로 계속 밀어 넣는 행위이며 텍스트의 표층 구조에 드러난 S_1의 망실된 연결 고리를 복원하여 S_2를 찾는 작업이다. 독서의 기법으로 말하면 의심의 해석학적 글 읽기는 일종의 '거슬러 읽기'이다. 근원에의 회귀 본능에 따라 역류를 세차게 거슬러 오르는 연어 떼와 같이 해체적 글 읽기는 표층 구조를 집요하게 심문하여 그것의 역행 논리를 찾아내고야 만다. 이것이 '무의식의 의식화'이고 '그것이 있었던 곳에 주체가 들어서게 하라(Wo

Es war, soll Ich werden)'는 분석 지침을 실천하는 길이다. 그리고 이것이 죽음 원리를 생명적으로 실천하는 길이다.

5

메멘토 모리(memento mori) —— 죽음을 기억하라. 이 메멘토 모리의 정신은 상징 질서에 내재한 변증법적 부정의 논리로 프로이트의 모험적 사유의 산물, 『쾌락 원칙을 넘어서』에 녹아들었다. 스핑크스가 제시한 '인간'의 난문제를 척척 풀었던 그리스의 영웅 오이디푸스 왕과 같이 정신분석의 개척자 지크문트 프로이트는 20세기의 개막 원년에 인간의 영원한 숙제였던 꿈/무의식의 암호를 해독하는 데 성공한다. 그러나 그처럼 철석같이 믿었던 '쾌락 원칙'과 그것에 바탕을 둔 『꿈의 해석』에 문제가 있는 것을 발견하고 크게 당황한다. 그래서 그는 쾌락 원칙의 '너머'를 말하지 않을 수 없는 상황으로 몰린다. '소원이 성취되는' 꿈의 낙원에서 불가항력적으로 죽음으로의 실/탈 낙원을 감행한 것이다. 그리고 그는 손자가 연출하는 포르트-다 게임과 같이 문제의 쾌락 원칙을 던졌다가 끌어안고, 당겼다가 다시 던지는 고통스러운 행위를 반복하여 한 차원 높은 사유의 지평으로 승화한다.

"에로스의 목적은 더 큰 통일체를 결성하고 보존하는 일, 간단히 말해서 함께 묶는 일(Bindung)이다. 반면에 타나토스의 목적은 기존의 관계를 해체하고 파괴하는 것이다."(SE 23: 148) 에로스와 타나토스에 대한 고전적 정의에서 유추되듯이 삶은 '죽음의 생명적 실현'에 다름 아니다. 삶 속의 죽음, 죽음 속에 내재한 삶의 역설이다. 프로이트가 『쾌락 원칙을 넘어서』를 통해 『꿈의 해석』에 대한 변증법적 반전을 시도했듯이 라캉은 프로이트에 대한 거슬러 읽기의 독서 전략을 통해 차이를 만들며 그를 의미 있게 반복할 뿐만 아니라 새로운 각도와 시선으로 '메멘토 모리'의 정신을 현대인들에게 각인시켰다.

참고 문헌

박찬부, 『현대 정신분석 비평』(서울: 민음사, 1996).

_____, 『라캉: 재현과 그 불만』(서울: 문학과지성사, 2006).

_____, 『기호, 주체, 욕망: 정신분석학과 텍스트의 문제』(서울: 창비, 2007).

_____, 『에로스와 죽음: 실재의 정신시학』(서울: 서울대학교출판문화원, 2013).

지크문트 프로이트, 박찬부 옮김, 『쾌락 원칙을 넘어서』(서울: 열린책들, 1997).

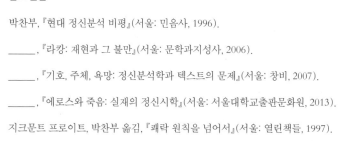

박찬부 서울대학교 문리대 영문학과와 동 대학원을 졸업했으며, 미국 뉴욕 주립대(버펄로)에서 영문학 박사 학위를 받았다. 경북대학교 영어영문학과에서 문학 이론과 비평을 가르쳤으며 특히 프로이트·라캉의 정신분석 비평 연구를 천착했다. 예일 대학 영문학과 객원교수와 한국비평이론학회 회장을 역임했고 현재 경북대학교 명예교수이다. 저서로 『현대 정신분석 비평』, 『라캉: 재현과 그 불만』, 『기호, 주체, 욕망』, 『에로스와 죽음』이 있고 역서로 『쾌락 원칙을 넘어서』가 있다. 우호문화재단 우호학술상을 수상했다.

25

존재의 의미에 대한 근본적 물음

하이데거의 『존재와 시간』과 『숲길』 읽기

박찬국 (서울대학교 철학과 교수)

1960년의 하이데거(© Willy Pragher, 바덴뷔르템베르크 기록 보관소 소장)

마르틴 하이데거(Martin Heidegger, 1889~1976)

독일 바덴 주의 작은 마을 메스키르히에서 태어났다. 프라이부르크 대학에서 신학과 철학을 전공했고 특히 에드문트 후설에게서 현상학을 배웠다. 1923년 마르부르크 대학을 거쳐 1928년 후설의 후임으로 모교에 부임해 철학을 가르쳤다. 1927년 그의 초기 사상이 집약된 『존재와 시간』을 발표하면서 20세기 대표 실존철학자로 이름을 알렸다. 나치 집권기인 1933~1934년 프라이부르크 대학의 총장을 지내 2차 세계대전이 끝난 후 공식 활동이 금지되었다. 1951년 해금 조치로 교수직에 복귀했으나 얼마 지나지 않아 사임하고 1976년 세상을 떠날 때까지 연구와 저술에 몰두했다. 저서로 『존재와 시간』, 『칸트와 형이상학의 문제』, 『사유란 무엇인가』, 『숲길』, 『이정표』, 『동일성과 차이』 등이 있다.

1 하이데거는 누구인가

하이데거는 보통 비트겐슈타인과 함께 20세기의 가장 대표적인 철학자로 불리지만 단순히 영향력이라는 측면에서만 본다면 비트겐슈타인이 하이데거를 따라올 수 없다. 20세기의 거의 모든 철학적 조류, 즉 현상학과 실존철학, 가다머의 철학적 해석학을 비롯한 해석학, 최근의 포스트모더니즘과 데리다와 푸코의 사상을 비롯한 후기구조주의뿐만이 아니라 마르쿠제와 하버마스의 비판이론, 한나 아렌트의 정치철학, 철학적 인간학, 언어철학, 과학 이론 등에서 하이데거가 끼친 영향을 쉽게 발견할 수 있다. 철학뿐 아니라 문학과 문예 비평, 심리학, 신학, 생태학 등에도 하이데거가 미친 영향은 무시할 수 없다. 나중에 세계적인 철학자로 명성을 떨치게 되는 마르쿠제와 한나 아렌트 그리고 가다머는 하이데거가 직접 가르친 제자들이었다.

하이데거의 사상이 이렇게 지대한 영향력을 갖게 된 원인은 그가 철학의 전면적인 혁신을 꾀했다는 데 있다. 하이데거는 전통 철학이 애초부터 잘못된 토대 위에 놓여 있다고 생각하면서 철학을 새로운 토대 위에 놓으려고 한다. 심지어 후기 하이데거는 자신의 철학과 함께 서양철학과 서양 역사의 두 번째 시대가 열릴 것이라고 말하고 있다. 그가 수행한 철학의 전면적인 혁신은 그것의 옳고 그름을 떠나서 그 후의 모든 철학적 시도가 대결을 피할 수 없는 것이 되었다.

존재의 의미에 대한 근본적 물음

2 『존재와 시간』해설

하이데거의『존재와 시간(Sein und Zeit)』은 현대의 지성계를 뒤흔든 기념비적인 책 중의 하나다. 이 책은 미완성으로 끝났음에도 1927년 출간되자마자 당시 38세에 불과했던 하이데거를 일약 세계적인 철학자의 반열에 올려놓았다.『존재와 시간』은 분석의 치밀함과 내용의 일관성 면에서 유례를 찾아보기 힘든 책이다. 아울러 서양철학의 전통 전체와 대결하면서 철학에 새로운 기초를 놓으려는 장년(壯年) 하이데거의 야심과 박력을 느끼게 하는 책이다.

하이데거의 사상은 주저인『존재와 시간』을 중심으로 한 초기 사상과 1932년의「진리의 본질에 대해서(Vom Wesen der Wahrheit)」를 기점으로 한 후기 사상으로 나뉜다. 하이데거가 자신의 초기 사상을 총결산한『존재와 시간』에는 후기에서처럼 현대 기술 문명과의 대결이라는 문제의식이 그렇게 크게 부각되지는 않는다.『존재와 시간』에는 존재 물음의 새로운 제기를 통한 서양 형이상학의 혁신이라는 문제의식이 전면에 부각되고 있을 뿐이다.

그러나『존재와 시간』에도 이 시대와 대결하면서 인간의 진정한 실존 방식을 회복하려는 의도가 엿보인다. 이러한 의도는 특히 현대의 대중을 연상케 하는 세상 사람(Das Man)과 세상 사람의 삶의 방식인 퇴락에 대한 분석에서 상당히 분명하게 드러나 있다. 또한『존재와 시간』에서 불안이라는 기분이 극히 중심적인 역할을 하고 있다는 사실에는 1차 대전과 함께 모든 전통적인 가치와 의미가 붕괴되면서 불안과 공허감이 지배하게 된 시대 상황이 반영되어 있다고 할 수 있다.

『존재와 시간』에는 이러한 상황에서 어떻게 하면 허무주의에 빠지지 않고 견실한 삶을 살 수 있는가라는 고뇌가 스며들어 있다. 불안, 죽음에로의 선구, 양심, 결단과 같은 용어들만 보아도 그러한 고뇌를 읽어 낼 수 있다. 『존재와 시간』이 출간되자마자 사람들을 사로잡았던 것도 그것이 서양철학의 전면적 혁신을 꾀하고 있을 뿐 아니라 자신의 시대와 치열하게 대결하고 있기 때문이라고 할 수 있다.

존재의 의미에 대한 물음의 새로운 제기

하이데거는 『존재와 시간』의 근본 물음을 '존재의 의미'에 대한 물음이라고 말하고 있다. 이 경우 '존재의 의미'에 대한 물음은 '삶의 의미'에 대한 물음과 같은 실존적인 물음을 가리키지 않는다. 그것은 실존적인 물음이라기보다는 존재론적인 물음이다.

존재의 의미라고 할 때 의미는 존재가 이해되는 지평을 가리킨다. 하이데거에 따르면 이러한 지평은 시간이다. 그러나 존재가 시간이라는 지평으로부터 이해된다는 것이 하이데거가 처음 발견한 것은 아니다. 존재는 이미 전통 철학에서도 시간이라는 지평으로부터 이해되었고, 다양한 존재 영역들이 그것들이 갖는 시간적인 양식으로부터 구별되었다. 예를 들어 전통 철학에서 신적인 존재는 초시간적인 것으로, 수학적인 존재는 비(非)시간적인 것으로, 감각적인 존재는 시간적인 것으로 해석되었다.

그런데 하이데거에 따르면 전통 철학에서 존재는 시간을 지평으로 하여 구별되었지만 정작 존재 이해의 지평이 되는 시간의 본질은 제대로 파악되지 못했다. 서양철학은 존재의 의미가 시간이라는 것을 암암리에 이해하고는 있었지만 시간의 본질을 제대로 파악하지 못함으로써 존재의 의미 자체를 제대로 파악하지 못했던 셈이다. 이런 의미에서 하이데거는 존재의 의미에 대한 물음을 새롭게 제기해야 한다고 본다. 『존재와 시간』의 일차적인 목표는 존재의 의미에 대한 물음을 새롭게 제기하는 것이다.

서양철학은 시간을 '지금이라는 시점(時點)들의 연속(Jetzt-Folge)'으로 파악한다. 그리고 이러한 시간이 여러 존재 영역들을 구별하는 기준이 된다. 감각적인 존재는 '지금이라는 시점들의 연속'으로서의 시간에 지배받는 것으로 파악된다. 이에 반해 이데아나 신과 같이 감각적인 존재자들의 근거를 형성하는 초감각적인 존재는 지속적인 현전의 성격을 갖는 것으로, 다시 말해서 영원한 성격을 갖는 것으로 파악되고 있다. 이러한 지속적인 현전으로서의 영원성은 '지금이라는 시점들의 연속'으로서의 시간과는 대립되는 성격을 가진 것으로 파악되지만 결국은 이러한 시간을 지평으로 하여 해석되고 있다.

하이데거는 '지금이라는 시점들의 연속'으로서의 시간을 통속적인 시간이라고 부른다. 전통적인 서양철학에서 유물론이나 경험론처럼 초감각적인 존재 영역을 인정하지 않는 철학적 입장들은 이러한 통속적인 시간을 궁극적인 것으로 본다. 이에 반해 유심론이나 관념론처럼 초감각적인 존재 영역을 인정하는 철학적 입장들은 이러한 통속적인 시간을 영원성의 파생태라고 본다.

그러나 하이데거는 통속적인 시간은 궁극적인 것도 영원성의 파생태도 아니고, 세계 시간(Weltzeit)의 파생태라고 본다. 이때 세계 시간이라는 것은 '지금은 밥을 먹을 때'나 '지금은 공부할 때'와 같이 생활세계적인 의미를 갖는 시간이다. 이에 반해 '지금이라는 시점들의 연속으로서의 통속적인 시간'은 생활세계적인 의미를 완전히 다 사상해 버린 후 시곗바늘의 운동에서 읽힌 시간이다.

하이데거는 통속적인 시간의 근원이 되는 세계 시간은 다시 인간의 존재 방식인 시간성에 근거한다고 본다. 시간성이란 어떤 일정한 세계에 이미 던져진 채로(기재(旣在)) 자신이 구현해야 할 자기를 기획하면서(장래) 현재의 상황을 개시하는(현재) 인간의 존재 방식을 가리킨다. '지금은 무엇을 해야 할 때'라는 세계 시간은 궁극적으로 인간 존재의 시간적 성격에서 비롯되는 것이다. 고등학교를 졸업하고 대학에 갈 수 있는 처지에 있는(기재) 사람에게는 대학에 가는 것을 목표하면서(장래) '지금은 대학에 가기 위해서 열심히 공부해야 할 때'라고 생각할 것이다. 이에 반해 고등학교를 졸업했지만 대학에 갈 수 없는 처지에 있는(기재) 사람은 취업하는 것을 목표하면서 '지금은 취업을 준비할 때'라고 생각할 것이다.

이렇게 세계 시간은 인간이 갖는 시간적인 존재 방식에서 비롯되는 것이며, 인간의 이러한 시간적 존재 방식을 하이데거는 시간성이라고 부르고 있다. 시간성이 통속적 시간이 파생되어 나온 세계 시간의 근거라는 점에서, 다시 말해 시간성이 궁극적으로 '통속적인 시간'의 근원이 된다는 점에서 하이데거는 시간성을 근원적인 시간이라고 부른다.

전통 철학은 다양한 존재 유형과 그것들 사이의 관계를 시간이라는 지평에서 묻지만, 이 경우 지평이 되는 시간은 통속적인 시간이기에 다양한 존재 유형과 그것들 사이의 관계를 파악하는 참된 지평일

존재의 의미에 대한 근본적 물음

수가 없다. 이 경우 다양한 존재 유형과 그것들 사이의 관계는 통속적인 시간의 통속성에 상응하게 피상적으로 파악될 수 있을 뿐이다. 하이데거는 우리가 다양한 존재 유형과 그것들 사이의 관계를 통속적인 시간이 비롯되는 근원적인 시간인 시간성을 지평으로 하여 파악할 때만 진정으로 사태에 부합하게 파악할 수 있다고 본다.

이런 의미에서 하이데거는 『존재와 시간』에서 시간성을 지평으로 하여 다양한 존재 유형과 그것들 사이의 관계를 파악하는 것을 궁극적으로 목표하고 있다. 그러나 『존재와 시간』은 시간성을 존재 이해의 궁극적 지평으로 제시하는 데서 그칠 뿐, 시간성을 지평으로 하여 다양한 존재 유형을 체계적으로 파악하는 작업을 수행하지는 못하고 있다. 『존재와 시간』은 미완의 책인 것이다.

현존재 분석

『존재와 시간』은 완성된 부분에서는 시간성을 존재 이해의 진정한 지평으로 드러내는 것으로 그치지만 이를 위해서 먼저 인간의 존재 방식을 철저하게 규명한다. 이는 우리 인간만이 존재를 이해하고 있기 때문이다. 인간은 다른 존재자들이 우리의 욕망을 충족하기 위한 대상으로만 존재하는 것이 아니라 자체적인 존재를 가지며 또한 각각의 존재자들이 독특한 존재 방식을 가지고 있다는 사실을 개념적으로 파악하기 이전에 이미 온몸으로 체득하고 있다. 우리는 인간에 대해서는 인간의 존재 방식에 걸맞게 행동하며, 개에 대해서는 개에 걸맞게, 또한 나무에 대해서는 나무에 걸맞게 행동한다. 인간과 개 그리고 나무가 갖고 있는 독자적인 존재 방식을 개념적으로는 파악하지 못하더라도 삶 속에서 이미 온몸으로 이해하고 있는 것이다. 이런 의미에서 인간은 존재 이해 속에서 살고 있다고 할 수 있다.

더 나아가 모든 존재자 중에서 오직 인간만이 자신의 존재에 대해서 의문을 품을 수 있고 자신의 존재를 문제 삼을 수 있다. 우리는 어차피 죽음으로 끝나는 허망한 삶을 왜 살아야 하는지 물을 수 있으며 어떻게 하면 제대로 사는 것인지를 물을 수 있다. 하이데거는 이렇게 자신의 존재를 문제 삼을 수 있는 인간의 존재 성격을 실존(Existenz)이라고 부른다. 그런데 이렇게 인간이 자신의 존재를 문제 삼을 수 있는 것은 현존재에게 자신의 존재가 하나의 문제로서 이미 개시되어 있기 때문이다. 막연하나마 인간은 자신의 존재를 이해하고 있는 것이다. 인간이 이렇게 존재 이해의 장이라는 점에서 하이데거는 인간을 현존재(現存在, Dasein)라고 부른다.

현존재가 자신을 문제 삼는다는 것은 자신을 대상화하면서 객관적으로 파악하려고 한다는 것이 아니라 자신의 존재에 대해서 심려(Sorge)의 방식으로 관계한다는 것을 의미한다. 현존재는 '자신의 본래적이고 고유한 존재 가능성'이 무엇인지에 대해서 고뇌하며 그것을 구현하려고 한다. 하이데거가 인간을 '자신의 존재를 문제 삼는 존재자'라고 말할 때 문제되는 존재는 단적으로 인간 각자의 일회적이며 고유한 존재다. 현존재가 자신의 존재를 문제 삼을 경우 그는 '인간 일반'은 왜 존재하는가라고 묻기보다는 '나'는 왜 존재하는가라고 묻는 것이다. 인간은 각자 각자의 '누구'이며 '보편적인 유(類)의 한 예'로 환원될 수 없는 존재다. 달리 말해서 현존재를 분석할 때 하이데거는 '나는 존재한다(Ich bin)'고 말할 경우의 '존재한다(bin)'는 사

존재의 의미에 대한 근본적 물음

태의 의미를 분석하는 것이다.

세계-내-존재

하이데거는 '나는 존재한다'는 사태의 의미를 일차적으로 세계-내-존재라는 데서 찾는다. 이 경우 인간이 세계 안에 존재한다는 것은 어떤 사물이 일정한 공간 안에 존재하는 것처럼 세계 안에 존재한다는 것이 아니라, 세계에 대한 전체적인 이해 안에서 존재자들과 구체적으로 관계하면서 살고 있다는 것을 의미한다.

일상적인 삶에서 존재자들은 인간이 추구하는 목적에 적합하거나 그렇지 않은 것으로서 보통 나타난다. 우리의 일상적 삶에서 존재자는 우선 도구로서 드러나는 것이다. 이 경우 이러한 존재자들은 서로가 서로를 지시하는 관계에 있다. 예를 들어 장도리는 못을 지시하며, 못은 그것에 걸릴 옷을 지시하고, 옷은 옷을 구겨 놓지 않고 잘 유지하려는 사람들의 관심을 지시한다. 모든 도구적 존재자는 현존재의 관심을 궁극적인 목적으로 갖는 이러한 목적 연관의 전체 안에서 각자의 의미를 갖게 되며, 하이데거는 존재자들 간에 성립하는 목적 수단의 지시 연관 전체를 세계라고 부르고 있다.

이러한 전체적인 지시 연관은 하나의 존재자는 아니지만 우리가 존재자들과 관계하기 이전에 이미 드러나 있다. 우리는 존재자들을 하나씩 접한 후 그러한 존재자들 사이의 지시 연관을 파악하는 것이 아니다. 오히려 우리는 현존재가 추구하는 목적을 중심으로 하여 구조화된 목적 수단의 연관 체계인 세계에 대한 이해의 빛 안에서 개개의 존재자들과 접한다. 개개의 존재자들을 접하기 이전에 우리는 그러한 존재자들이 무엇이고 어떠한 의미를 갖는지를 세계로부터 이해하는 것이다. 하이데거는 현존재의 이러한 존재 성격을 세계-내-존재(In-der-Welt-sein)라고 부르고 있다.

현존재는 하나의 세계 안에서(Schon-sein-in-einer-Welt) 자신의 가능성을 구현하려고 하면서(Sich-vorweg-sein) 다른 존재자들과 관계하면서 존재한다(Sein-bei). 하이데거는 현존재가 갖는 이러한 존재 성격을 심려라고 부른다.

전통 철학 비판

하이데거는 현존재가 현존재가 아닌 다른 존재자들과 구체적으로 관계하는 것을 '고려(Besorge)'라고 부르는 반면에, 다른 인간들과 관계하는 것은 '배려(Fürsorge)'라고 부른다. 이렇게 존재자들과 온몸으로 관계하면서 우리는 존재자들이 무엇인지를 이미 이해하고 있다. 다른 사람들과 함께 노동하고 미워하고 사랑하면서 우리는 다른 인간들이 단순한 사물이 아니라 하나의 인간으로 존재한다는 것을 온몸으로 체득하고 있으며, 장도리로 못을 박으면서 장도리가 무엇인지를 역시 온몸으로 이해하고 있다.

이에 반해 전통적인 철학은 존재자에 대한 객관적인 지각이나 이론적인 인식을 통해서 비로소 존재자가 우리에게 드러나며 이렇게 존재자가 드러나고 나서야 그것과의 실천적인 관계가 비로소 가능하다고 생각한다. 그러나 존재자를 눈앞의 대상으로 지각하는 것이나 그것에 대해서 이론적으로 인식하는 것은 우리가 사물과 관계하는 가장 근본적인 방식이 아니다. 존재자들은 우리가 그것들을 눈앞의 대상으로 지각하기 이전에 그것들을 사용하고 향유하는 등의 구체적인 삶의 행위에서 이미 드러나 있다. 예를 들어 어떤 것이 주사위로서 우리에게 일차적으로 드러나는 것은 주사위에 대한 지각이나 이론적인 인식을 통해서 아니라 오히려 손으로 주사위를 가지고 노는 행위를 통해서다. 존재자들과의 실천적인 관계 안에서 존재자들이 이미 이렇게 드러나 있기 때문에 그것들에 대한 객관적인 지각이나 이론적인 인식도 가능해지는 것이다.

이런 맥락에서 하이데거는 데카르트 이래의 근대 철학이 제기한 인식론적 문제 제기는 근본적으로 잘못된 것이라고 생각한다. 근대 철학은 인간의 의식을 외계와 단절된 것으로 보면서 '인간의 의식이 어떻게 자신의 고립된 섬을 벗어나서 외계의 실재를 인식할 수 있는가'라는 문제를 제기했고 그에 대한 다양한 답을 제시해 왔다. 그러나 하이데거는 이러한 문제 제기가 인간을 근본적으로 다른 존재자들과 분리된 고립된 실체로 보는 잘못된 선입견에 입각한 것이라고 본다.

더 나아가 근대의 경험론적인 인식론은 우리가 순수한 감각 자료들을 먼저 받아들인 후 그것들을 토대로 하여 사물이 무엇인지를 파악하게 된다고 주장해 왔다. 하이데거는 이러한 입장을 사태 자체에 입각한 것이 아니라 작위적인 것으로 보면서 거부한다. 예를 들어 강의실에 들어갈 때 우리는 교탁을 그 앞에서 선생님이 강의를 하는 교탁으로서 파악하지, 먼저 고동색의 나무 몸통을 지각한 후 그것을 교탁이라고 해석하는 것이 아니다. 오히려 우리는 사물들을 먼저 어떠한 것'으로서' 발견하며 이에 입각하는 것을 통해서만 순수한 감각 자료들을 추상하는 것도 가능하다. 우리는 먼저 어떤 음을 새소리‘로서’ 들은 후에, 그것을 순수한 음의 파동으로 환원할 수 있는 것이다.

오늘날 사람들은 과학만이 존재자들의 진리를 드러낸다고 생각하지만, 존재자를 과학적으로 대상화하는 태도에서는 존재자와 우리의 생활세계가 갖는 풍요로움이 사라지게 된다. 내가 부모님에게서 물려받은 반지는 단순한 금속 덩어리가 아니지만 과학적으로 고찰하게 되면 단순한 금속 덩어리로 환원된다. 하이데거는 이러한 사태를 우리가 살고 있는 생활세계가 탈세계화되며(entwelten) 이러한 세계에 대한 우리의 체험에서 생이 박탈된다(entleben)고 말하고 있다. 우리가 거주하는 세계에서 존재자들은 물리적인 원자로 구성된 것이 아니라 우리가 구체적으로 관계하는 책상이나 집으로서 존재하는 것이다.

비본래적 실존

하이데거는 ‘인간은 자신의 존재를 문제 삼는 존재’라고 말하고 있지만, 이는 인간이 자신의 존재를 ‘항상 의식적으로’ 문제 삼는다는 것을 의미하지는 않는다. 오히려 ‘우선 그리고 대부분의 경우’ 인간은 자신의 존재를 문제 삼기보다는 자신이 태어난 특정한 사회가 요구하는 틀에 따라서 산다.

흔히 우리는 주체적으로 자신의 삶을 영위한다고 생각하지만 우선 그리고 대부분의 경우 사회적으로 승인된 사고방식과 생활 방식에 따라서 살고 있을 뿐이다. 우리가 무엇을 하고 어떻게 행동해야만 하는지에 대해서 이미 사회적 관습과 여론이 결정해 놓고 있다. 우리가 어떤 대학을 가야 하고 어떤 부류의 사람과 결혼을 해야 하는지 이미 사회가 우리에게 지시하고 있으며 우리는 보통 그러한 지시에 충실하게 따른다.

하이데거는 이러한 삶의 방식을 비본래적인(uneigentlich) 실존이라고 규정하고 있다. '비본래적'을 의미하는 독일어 uneigentlich에서 eigen은 '고유한'을 의미하며 un은 부정어이다. 따라서 비본래적인 삶이란 내가 나 자신의 고유한 가능성을 구현하지 않고 세상이 시키는 대로 사는 것을 의미한다. 이 경우 나의 삶의 주체는 나 자신이 아니라 사실은 익명의 세상 사람이다. 나는 세상 사람들이 생각하는 대로 생각하고 세상 사람들이 사는 대로 사는 것이다.

하이데거는 이러한 비본래적인 삶은 잡담과 호기심 그리고 애매성으로 점철된 삶이라고 말하고 있다. 아침부터 우리는 신문을 열심히 읽으면서 세상에 깊은 관심을 갖는 것처럼 행동하지만 사실은 우리의 말초적인 호기심을 충족시키고 있을 뿐이다. 이 경우 우리는 어떠한 사태와도 깊이 있고 지속적인 관계를 갖지 못하며 보다 자극적이고 신선한 소재를 끊임없이 찾아 나선다. 호기심에 사로잡힌 삶에서는 사람들끼리 주고받는 말도 깊이와 책임성이 결여된 잡담일 뿐이다. 잡담과 호기심은 타인과 사태에 대한 진정한 이해나 관심을 목표로 삼지 않는다. 그럼에도 그것들은 자신들이 타인과 사태를 진정으로 이해하고 있다고 착각하는 애매성에 사로잡혀 있다.

죽음에로의 선구

비본래적인 삶과 세계로부터 벗어나는 것은 그것들로부터 벗어나겠다는 단순한 결단을 통해서 일어나는 것은 아니다. 일상적인 삶에서 우리는 세상 사람의 삶을 유일하게 가능한 삶의 방식으로 자명하게 생각하고 있기 때문에 그러한 삶에서 벗어나겠다는 결단조차도 할 수 없는 것이 보통이다.

비본래적인 삶과 세계의 자명성이 붕괴되고 이러한 삶과 세계의 공허함에 직면하게 되는 것은 죽음이라는 극단적인 한계 상황과의 대면을 통해서다. 하이데거에 따르면 죽음은 현존재의 "가장 고유하고, 다른 가능성들에 의해서 능가될 수 없고, 가장 확실하며 무규정적인 가능성(die eigenste, unüberholbare, gewißeste, unbestimmte Möglichkeit)"이다.

죽음은 어느 누구도 대체할 수 없는 구체적이고 유일한 존재로서의 나의 죽음이다. 나는 그 어느 누구와도 구별되는 유일한 삶의 역사를 갖는다. 죽음은 이러한 독자적인 역사를 갖는 나의 죽음이다. 따라서 어느 누구도 나의 죽음을 대신할 수 없다.

죽음은 이렇게 철저하게 나만의 죽음이기 때문에 외부에서 나에게 부과하는 모든 낯선 규정은 내가 죽음을 생각할 때 의미를 상실하게 된다. 그리고 이와 함께 나에게 절대적으로 고유한 것이 비로소 드러난다. 이렇게 나에게 고유한 것은 '현존재의 본래적인 진리이기에 가장 근원적인 진리'다. 죽음의 경험을 통해서 현존재는 자신의 가장 고유한 존재 가능성(die eigenste Möglichkeit)에 직면하게 되는 것이다.

죽음은 또한 현존재가 이제까지 집착해 왔던 모든 일상적인 가능성의 허망함을 드러내면서 그것들을 무(無)로 떨어뜨리는 극단적인 가능성이라는 점에서, 다른 가능성들에 의해서 능가될 수 없는 가능성(die unüberholbare Möglichkeit)이다. 이러한 가능성을 통해서 일상적인 가능성들은 그동안 부여받은 절대적인 의미를 상실하게 되면서 올바른 관점에서 보이고 평가될 수 있게 된다. 사람들은 죽음을 생각하게 될 때 자신이 그동안 삶의 궁극적인 목표로 여겨 온 가능성들인 높은 관직이나 보수가 사실은 보조적이고 부차적인 의미밖에 갖지 않는 가치들이며, 자신의 가장 고유한 가능성에 복속되어야 할 것이라는 사실을 깨닫게 된다.

죽음은 가장 확실한 가능성이다. 이 세상의 많은 것들이 불확실해도 우리가 죽는다는 사실은 확실하다. 사람들은 이러한 사실이 확실하다고 느끼면서도 '아직 자신은 죽지 않았다'고 자위한다. 그러나 죽음은 우리가 보통 생각하는 것처럼 먼 미래에 존재하는 것이 아니라 언제든지 침입해 올 수 있다. 죽음은 이렇게 언제든지 침입해 올 수 있다는 점에서, 다시 말해 죽음의 시간은 규정될 수 없다는 점에서 죽음은 무규정적인 가능성이다. 죽음이 가장 확실한 가능성이라는 사실은 죽음이 언제든지 침입할 수 있는 '항상 임박해 있는 (bevorstehen) 가능성'이라는 사실과 밀접한 연관이 있다.

우선 대부분의 경우 사람들은 다른 사람들의 죽음을 보면서도 '자신은 아직 죽지 않았다'고 안도하고 죽음이 자신들에게는 아직은 먼 사건인 것처럼 생각하면서 죽음에서 도피한다. 이에 반해 죽음 앞에서 도피하지 않고 그것에 용기 있게 직면하면서 일상적인 가능성들에 대한 집착에서 벗어나 자신의 본래적인 가능성을 선택하는 것을 하이데거는 '죽음에로 자각적으로 앞서 달려감', 즉 '죽음에로의 선구(先驅, Vorlaufen)'라고 부른다.

불안과 죽음

우리는 어느 순간 삶에 대한 무상감에 강하게 사로잡힐 때가 있다. 이 순간에는 우리가 그동안 소중하게 생각해 온 모든 것이 무가치하게 나타나고 그러한 것들에 집착해 온 삶 전체가 무의미하고 공허하게 나타난다. 이러한 무상감은 우리가 갖고 싶어서 갖는 것이 아니라 아무런 이유도 근거도 없이 어느 날 갑자기 찾아와서 우리의 삶과 세계를 전적으로 다르게 드러내는 기분이다. 하이데거는 이러한 기분을 불안이라고 부른다.

불안이라는 기분을 통해서 우리가 그동안 안주해 온 일상적인 세계는 의미를 상실하게 된다. 하이데거는 이러한 사태를 불안이라는 기분에서 일상적인 세계가 무화(無化)에 떨어진다(nichtig werden)고 말하고 있다. 그동안의 친숙한 세계가 이렇게 의미를 잃고 무너질 때, 우리는 고독한 단독자로서 자신 앞에 서게 된다. 우리는 그 어디에서도 자신의 존재 의미를 구할 수 없는 자기, 다시 말해 그 이전에 친숙했던 세계가 제시하는 어떠한 가능성에도 의지할 데 없는 자기를 발견한다. 현존재가 그 이전에 집착했던 모든 존재자, 예를 들어서 돈, 명예, 가족, 사회, 국가, 인류, 심지어 자신이 어릴 때부터 섬겨 온 신도 이제는 그에게 어떠한 의미도 가질 수 없게 된다.

이러한 불안 속에서 현존재는 다른 존재자들에 대한 집착에서 벗어나 자신의 독자적인 존재 앞에 직면한다. 그동안 그는 '자신이 존재한다는 사실'을 자명한 것으로 생각하면서 세계 내에서 자신의 존재를 안전하게 하고 자신의 위상과 평판을 올리는 데만 관심을 가져 온 반면에, 이제 그는 '자신이 존재한다'는 것을 가장 큰 수수께끼로 경험한다. 그는 그 어떤 존재자로도 환원될 수 없는 비밀스러운 자신의 존재 앞에 직면하는 것이다. 이런 의미에서 불안이란 내가 진정하게 실존하도록, 다시 말해서 자신의 고유한 존재를 자각하면서 그것에 책임을 지도록 몰아대는 기분이다. 또한 불안에서는 현존재 자신의 존재뿐 아니라 모든 존재자의 존재가 낯설고 수수께끼 같은 것으로 드러난다.

불안이라는 기분에서는 다음과 같은 이중의 사건이 일어난다. 그것은 한편으로는 현존재가 그동안 사로잡혀 있던 세상 사람의 굴레에서 자유로워지는 사건이다. 다른 한편으로 그것은 현존재 자신을 비롯한 모든 존재자의 고유한 존재가 자신들에게 그동안 씌워져 있었던 세상 사람의 해석을 돌파하면서 그러한 해석에 의해서 포착될 수 없는 자신들의 낯선 얼굴을 드러내는 사건이다.

이러한 불안은 궁극적으로는 '죽음에 대한' 불안이다. 우리는 불안이라는 기분에서 현존재의 실존적 성격, 다시 말해 자신의 존재 전체를 문제 삼는 현존재의 본질적인 성격이 가장 분명히 드러난다는 것을 보았다. 그런데 현존재가 탄생에서 죽음에 이르는 자신의 존재 전체가 갖는 수수께끼를 가장 첨예하게 의식하게 되는 것은 죽음을 의식할 때다. 이 점에서 불안은 항상 우리 자신의 삶 한가운데에 침입해 와 있는 죽음에 대한 불안이며, 죽음이 우리에게 근원적으로 자신을 고지하는 방식이다.

현존재가 태어나자마자 죽음에로 던져진 존재인 한, 불안은 우리의 실존을 항상 철저하게 기분 지우고 있다. 그러나 우리는 보통 불안이 대두되지 못하도록 불안을 억누른다. 죽음으로부터의 도피는 결국은 불안이 대두되지 못하게 억누르는 것을 의미한다. 그러나 죽음은 피할 수 없는 것이기에 죽음이 자신을 고지해 오는 기분인 불안이 우리의 존재 밑바닥에서 항상 일렁거리고 있다. 우리는 다만 그것이 의식의 수면 위로 오르지 못하도록 억누르고 있을 뿐이다. 불안이 이렇게 항상 우리 속에 잠재해 있기에 그것은 때와 장소를 가리지 않고 어떤 특별한 이유도 근거도 없이 우리를 엄습해 오는 것이다.

불안이라는 기분은 우리가 그동안 집착해 온 모든 것의 무의미를 드러내면서 우리 자신을 비롯한 모든 것의 섬뜩하고 낯선 존재에 직면케 하기 때문에 어떠한 고통보다도 더 큰 고통을 유발하지만, 이러한 고통을 용기 있게 받아들임으로써 우리는 새로운 인간으로 다시 태어나게 된다. 죽음에 대한 불안이라는 연옥 불을 통과함으로써 우리는 세상 사람이 숭상하는 가치들에 연연해 하고 그것들을 기준으로 모든 것을 평가하던 왜소한 인간에서 모든 존재자가 드러내는 유일무이의 충만한 존재에 감응하는 열린 인간이 된다.

죽음은 이런 의미에서 나의 존재와 내가 소중하게 생각하는 모든 것을 앗아 가는 재앙이 아니라 오히려 우리로 하여금 자신을 비롯한 모든 존재자의 고유한 존재를 환히 드러내 주면서 그것들에 대한 우리의 감각을 일깨우는 것이다. 우리는 앞에서 하이데거가 죽음의 위협 앞에서 드러나는 나의 섬뜩하고 낯선 존재에서 도피하지 않고 그것을 용기 있게 인수하는 것을 죽음에로의 선구, 즉 '죽음에로 자각적으로 앞서 달려감'이라고 말하는 것을 보았다.

불안이 우리를 본래적인 실존의 문턱으로 이끄는 기분이라면, 불안이라는 기분에서 도피하지 않고 그것을 적극적으로 인수하면서 죽

존재의 의미에 대한 근본적 물음

음에로 선구하는 것은 본래적인 실존에로 비약하는 것을 의미하며 이와 함께 불안이란 기분이 기쁨으로 전환된다. 그리고 이러한 기쁨 안에서 모든 존재자의 고유한 존재가 자신을 드러내는 근원적인 세계가 개현된다. 죽음에로의 선구를 통한 현존재의 가장 개체적인 실존적 결단을 통해 모든 존재자가 자신들의 고유한 진리를 드러내는 최대의 보편적인 지평인 근원적인 세계가 열리는 것이다.

하이데거는 이러한 사태를 「형이상학이란 무엇인가?」에서는 불안이라는 근본 기분을 인수할 때 현존재는 존재자 전체가 '있다(daß Seiendes ist)'는 사실의 기적을 경험하게 된다는 말로 가리키고 있다. 불안이란 기분이 엄습하기 전에는 '존재자들이 존재한다'는 사실은 '그것들이 단순히 우리 눈앞에 존재한다'는 것을 의미했으며, 그것은 우리에게 전혀 관심의 대상이 되지 않을 정도로 자명한 사실이었다. 그러나 불안에서 도피하지 않고 그것을 적극적으로 인수하게 될 때 '존재자가 존재한다'는 사실이 신비스럽고 경이롭게 자신을 드러낸다.

이런 의미에서 불안을 인수하면서 죽음에로 선구하는 것이야말로 세계가 근원적으로 자신을 개현하기 위해서 현존재가 수행하지 않으면 안 되는 실존적인 수행이다. 현존재가 보다 무조건적으로 죽음에로 선구하면서 자신의 본래적인 가능성을 인수할 경우에만 세계는 보다 순수하고 근원적으로 개현된다. 이렇게 전체, 즉 세계가 근원적으로 개시됨으로써 현존재는 또한 존재자들의 보다 근원적인 존재에 자신을 열게 된다.

본래적인 시간성과 전통 형이상학의 해체

죽음에로의 선구는 하이데거가 현존재의 존재 의미를 시간성 (Zeitlichkeit)으로서 드러내는 데에 결정적인 단서 역할을 한다. 현존재는 죽음에로 선구하면서 자신의 본래적인 가능성, 즉 자신의 장래(Zukunft)에로 나아가는 동시에 탄생에서 현재에 이르는 과거 (Gewesenheit)를 새롭게 경험하게 된다. 하이데거는 이를 현존재가 자신의 과거를 근원적으로 반복하는 것(wiederholen)이라고 부른다.

사람들은 죽음에로 선구하면서 자신의 본래적인 자기를 향해 나아가고 자신의 과거를 새롭게 이해하게 된다. 아울러 자신의 본래적인 자기를 향해 나아가고 자신의 과거를 근원적으로 반복하면서 자신의 현재도 새롭게 경험하게 된다. 이러한 현재에서는 현존재 자신을 비롯한 모든 존재자가 자신들의 진리를 드러낸다. 이러한 본래적 현재를 하이데거는 순간(Augenblick)이라고 부른다. 하이데거는 이렇게 자신의 고유한 장래를 향해 나아가고 자신의 과거를 근원적으로 반복하면서 자신의 현재를 순간으로서 경험하는 것이 본래적인 시간성이라고 한다. 이러한 본래적 시간성에 입각하여 하이데거는 현존재의 존재 의미를 '기재하면서-현전화하는 장래'를 의미하는 시간성으로 파악한다.

그런데 현존재는 현존재의 존재뿐 아니라 모든 존재자의 존재가 이해되는 존재 이해의 장이다. 이는 현존재가 본래적인 시간성으로 존재할 경우에만 자신을 비롯한 모든 존재자의 존재가 근원적으로 이해될 수 있다는 것을 의미한다. 다시 말해서 현존재와 모든 존재자의 존재를 포괄하는 존재 전체가 현존재의 시간성을 통해서 개시되는 것이다. 이런 의미에서 하이데거는 현존재의 시간성이야말로 존재를 이해하는 궁극적인 지평이라고 보면서, 이러한 입장에 입각하여 존재론의 혁신을 꾀한다.

존재라는 말은 다양한 의미를 가지고 있다. 그것은 어떤 존재자가 '존재한다'고 할 때의 존재를 가리킬 수 있으며, 또한 신적인 존재나 수학적 존재 혹은 감각적 존재처럼 어떤 특정한 존재 영역들을 가리킬 수 있고 또한 생성 소멸하는 존재자들의 근거를 가리킬 수도 있다. 전통 형이상학에서 존재는 보통 생성 소멸하는 존재자들의 근거인 신이나 본질을 가리키는 의미로 사용되었으며, 전통 형이상학은 존재자 전체를 이러한 근거로부터 이해하려고 했다.

하이데거 역시 존재를 여러 의미로 사용하고 있다. 그것은 존재자가 '존재한다'고 할 때의 존재를 가리키고 또한 어떤 특정한 존재 영역들을 가리키며 또한 모든 존재 영역을 포괄하는 최대의 전체를 가리키기도 한다. 전통 형이상학은 이러한 최대의 전체로서의 존재를 생성 소멸하는 존재자들의 궁극적인 근거로부터 이해하려 했지만, 하이데거는 그리스인들과 마찬가지로 신적인 존재자들도 이러한 최대의 전체인 존재에 속하는 것으로 본다.

전통 형이상학은 존재자들의 근거로서의 존재를 지속적인 현전이라는 성격을 갖는 것으로 보면서 그것은 인간의 보편적인 이론 이성을 통해서 드러난다고 보았다. 이에 반해 하이데거는 최대의 전체로서의 존재는 죽음에로 선구하고 자신의 과거를 새롭게 인수하면서 자신의 본래적인 가능성을 기투하는 현존재의 본래적 시간성에서 드러난다고 본다.

전통 형이상학이 이른바 보편적인 이성의 입장이라고 생각한 것을 하이데거는 현존재 각자가 갖는 고유성과 독자성을 제거하는 세상 사람의 입장이라고 보는 것이다. 최대의 전체로서의 존재는 이른바 보편적 이성의 입장을 참칭(僭稱)하는 세상 사람으로서의 우리가 아니라 세상 사람의 지배로부터 벗어난 단독자인 우리들 각자에게 자신을 고지해 온다. 최대의 전체로서의 존재는 탄생과 죽음에서 벗어나 있는 이른바 보편적이고 추상적인 이성을 통해서 드러나는 것이 아니라 탄생과 죽음에 던져져 있고 죽음 앞에서 전율하는 '철저하게 시간적인 존재'인 구체적인 인간을 통해서 개현되는 것이다.

최대의 전체로서의 존재는 이렇게 철저하게 유한하고 시간적인 존재인 구체적인 각자의 인간을 통해서 개현되기 때문에 그것은 전통 형이상학이 생각한 것처럼 '시간의 흐름과 무관하게 불변적으로 존속하는 것'이 아니라 불안을 인수하면서 죽음으로 선구하는 현존재의 실존 수행을 통해서 비로소 개시된다. 이에 대해서 전통 형이상학과 현대 과학은 이러한 실존적인 수행을 기피하고 초시간적인 영원한 근거와 같은 우상을 건립하여 그것에 의존하거나 아니면 불변적인 자연법칙에 의거하여 세계를 지배함으로써 실존의 안정을 꾀하려고 한다.

하이데거는 다양한 존재 유형과 그것들 사이의 관계를 제대로 파악하기 위해서는 일차적으로 최대의 전체로서의 존재가 개시되어 있어야 한다고 본다. 이 점에서 하이데거는 본래적인 시간성의 구현을 존재 자체와 다양한 존재 영역들에 대한 존재론적인 탐구를 가능하게 하는 궁극적인 근거로 본다. 하이데거는 이런 의미에서 『존재와 시간』에서는 시간성을 존재 이해의 궁극적인 지평으로서, 즉 존재의 의미로 보고 있는 것이다.

3 『숲길』에 대한 해설

하이데거의 『숲길(Holzwege)』에는 「예술 작품의 근원」(1936), 「세계상의 시대」(1938), 「헤겔의 경험 개념」(1942~1943), 「'신은 죽었다'는 니체의 말」(1943), 「무엇을 위한 시인인가?」(1946), 「아낙시만드로스의 잠언」(1946) 총 여섯 편의 글이 실려 있다. 각 글은 서로 연관은 있지만 독자적인 강연이기 때문에 짧은 지면에서 다 해설하기는 어렵다. 이 글들은 모두 하이데거의 후기 사상에 속한다. 따라서 여기서는 하이데거 후기 사상의 전체적인 내용을 고려하면서, 『숲길』에서 하이데거가 말하려고 하는 것을 「세계상의 시대」, 「'신은 죽었다'는 니체의 말」, 「예술 작품의 근원」을 중심으로 하여 간략하게 살펴보는 것으로 대신하겠다.

하이데거의 초기 사상에서는 현존재의 존재 구조에 대한 분석과 그것에 입각한 존재의 의미에 대한 물음이 정태적이고 비역사적인 방식으로 행해진 반면에, 후기 사상에서는 존재의 의미에 대한 물음은 철저하게 역사적인 형태를 띠게 된다. 이와 아울러 초기 사상에서는 불안을 인수하면서 죽음으로 선구하는 현존재의 결단이 존재의 근원적인 개시를 가능하게 하는 것으로 간주된 반면에, 후기 사상에서는 존재 자체가 시대마다 다르게 자신을 개시하는 것으로 간주된다. 이와 함께 후기의 하이데거는 존재의 의미 대신에 각 시대마다 자신을 다르게 개시하면서 각 시대를 여는 '존재의 진리'에 대해서 말한다.

후기의 하이데거에서 역사란 현대인이 믿는 것처럼 인간들이 주체적으로 형성해 나가는 과정이 아니고 존재 전체가 그때마다 자신을 다르게 개시하고 현존재는 그렇게 개시된 존재의 진리를 존재자 안에 구체화하는 자로 간주된다. 이와 함께 초기 사상에서는 시대를 불문하고 현존재의 고유한 존재가 자신을 고지해 오는 통로로 간주되었던 불안이라는 기분도, 후기 사상에서는 현대 기술 문명에 특유한 기분으로 간주되면서 '존재자에게서 존재가 빠져나가 버렸다는 사실을 자각하는' 경악이라는 기분으로 재해석된다. 현대 기술 문명에서는 존재자를 한갓 에너지 자원으로 파악하고 남용하려는 과학과 기술의 공격에 의해서 존재자들의 고유한 존재는 존재자들에게서 빠져나가 버렸다는 것이다.

하이데거는 기분 중에서 현존재의 존재 방식과 세계의 개시 방식을 근본적으로 변화시키는 기분을 근본 기분이라고 부른다. 예를 들어 불안이나 경악과 같은 기분이 대표적인 근본 기분이다. 불안이란 기분에 사로잡힐 때 우리는 그동안 집착해 왔던 세상 사람의 가치들을 무의미한 것으로 경험하고 우리 자신의 삶과 세계 전체를 무상하고 덧없는 것으로 경험하게 된다. 경악이란 기분에서도 우리가 집착했던 기술적인 존재자들에게서 존재가 빠져나가 있다는 것을 경험하면서 우리는 그러한 기술적 존재자 전체를 무의미하고 공허한 것으로 경험하게 된다. 불안이나 경악이란 기분에서 우리는 그동안 살아

존재의 의미에 대한 근본적 물음

왔던 삶과 세계의 무의미성과 공허함을 경험하게 되지만, 이러한 무의미성과 공허함은 삶과 세계에 대한 객관적인 고찰을 통해서 드러나는 것이 아니라 불안이나 경악이라는 기분에 사로잡힘으로써 드러나게 된다.

하이데거는『존재와 시간』에서 불안을 비본래적인 실존 가능성의 무의미함과 공허함을 드러내면서 우리의 본래적인 실존 가능성이 자신을 개시하는 사건으로 보았다. 그러나 후기의 하이데거는 이제 불안이나 경악과 같은 기분을 존재 자체가 자신을 개시하는 사건으로 보고 있다. 이와 함께 근본 기분은 존재 전체가 각각의 역사적 시기마다 자신을 고지하는 통로라는 성격을 갖게 된다. 후기의 하이데거는 존재가 우리에게 말을 걸어온다든가 존재의 소리에 귀를 기울여야 한다는 식으로 존재를 흡사 신과 같은 어떤 실체처럼 간주하는 듯한 표현을 사용하고 있다. 그러나 하이데거의 이러한 표현은 근본 기분을 통해서 우리의 삶과 세계 전체가 그전과는 전혀 다르게 드러나는 사건을 가리키는 것과 아울러 그러한 사건에서 도피하지 않고 그것을 인수해야 한다는 것을 가리킨다고 할 수 있다.

후기의 하이데거는 삶과 세계 전체를 포괄하는 존재 자체가 인간이 통제할 수 없는 근본 기분을 통해 엄습해 오면서 역사적으로 각 시대마다 다르게 자신을 드러낸다고 본다. 이런 의미에서 후기의 하이데거는 자신의 사유를 존재사적 사유(存在史的 思惟, das seinsgeschichtliche Denken)라고 부른다. 후기 하이데거에 따르면 철학이란 각 시대마다 다르게 자신을 개시하는 존재 전체를 개념적으로 명확히 해석함으로써 각 시대에게 뚜렷한 형태를 부여하고 그 시대를 건립하는 것이다.

전기의 하이데거는 우리가 시대를 불문하고 불안이란 기분을 인수하고 죽음을 향해 선구하는 실존적 결단을 통해서 가장 포괄적인 지평인 존재가 개시된다고 보았다. 이에 반해 후기의 하이데거는 존재 자체의 개시는 존재 자체가 역사적으로 자신을 어떻게 개시하느냐에 달려 있다고 본다. 후기 하이데거는 존재 자체의 근원적인 개시는 그리스 시대와 현대 기술 문명의 위기가 극에 달하는 시점에서 개시될 수 있다고 본다.

전기의 하이데거는 전통 형이상학과 자신의 철학 사이의 관계도 비역사적으로 사유한다. 즉 자신의 철학이 플라톤과 칸트 그리고 니체와 같은 사상가들이 말하려고 했던 사태를 보다 사태에 걸맞게 말했다고 보았다. 단적으로 말해서 자신의 철학은 그들의 철학을 완성하고 있다는 것이다. 그러나 후기의 하이데거는 플라톤이나 칸트 그리고 니체와 같은 대철학자들이 각자에게 개시된 존재를 개념적으로 명확히 전개함으로써 자신의 시대를 건립했다고 본다. 이 점에서 하이데거는 플라톤 이래 니체에 이르는 대철학자들은 서로 우열을 따질 수 없으며 자신의 시대에 개시된 존재의 소리에 충실했다고 본다.

이렇게 철저하게 역사적으로 사유함으로써 후기의 하이데거는 자신의 사유에 대해서도 현대 기술 문명의 위기가 극단에 이른 오늘날의 상황에서 일어나고 있는 존재의 개시에 귀를 기울이고 그것을 분명히 함으로써 지금까지의 서양의 역사를 넘어서는 새로운 역사를 건립하는 것으로 본다.

존재의 의미에 대한 근본적 물음

하이데거는 고대 그리스인들에게 존재는 경이(驚異)라는 근본 기분을 통해서 개시되었다고 말한다. 하이데거는 경이라는 근본 기분과 보통의 놀람을 구별한다. 보통의 놀람은 평범한 것들 가운데 특출하고 비범한 어떤 것이 나타났을 때 생긴다. 예를 들어 성인의 평균 키가 170센티미터 정도인데 2미터가 넘는 사람을 보았을 때 사람들은 놀란다. 이에 반해 경이라는 기분에서는 우리가 가장 자명하고 진부한 것으로 생각하면서 평상시에 아무런 관심도 갖지 않는 사물들, 예를 들어 길바닥 위의 돌이나 잡초 같은 것들이 신비롭고 경이로운 것으로 나타난다. 이렇게 가장 자명하고 진부한 것으로 여겨졌던 것들이 신비롭고 경이로운 것으로 나타날 때는 모든 것이 신비롭고 경이로운 것으로 나타난다. 단적으로 말해서 세계 전체가 신비롭고 경이로운 것으로 나타나는 것이다.

그리스인들은 세계 전체를 경이로운 것으로 보면서 모든 존재자들이 자신의 고유한 존재를 환히 드러내면서 서로 조화를 이루는 세계로서, 즉 퓌지스(Physis)로서 경험했다. 퓌지스는 흔히 자연이라고 번역되지만 그리스인이 경험하는 자연은 서양의 중세인이나 현대인들이 생각하는 자연과는 전적으로 다르다. 중세 서양인들은 세계를 그것을 초월해 있는 신에 의해서 창조된 것으로 보고 현대인들은 자연을 수학적으로 계산 가능한 에너지들의 연관 체계로 본다. 이에 반해 그리스인들은 자연을 동물과 식물뿐 아니라 인간과 신들까지 모두 포괄하면서 그것들이 그 안에서 자신의 고유한 빛을 발하는 열린 터(das Offene)로 보았다. 그리스인은 인간의 사명을 경이라는 기분 속에서 이러한 열린 터에 존재하면서 존재자들의 고유한 존재를 드러내고 세계의 통일성과 조화를 찬탄하는 것이라고 보았다.

그러나 서양의 중세로 들어오면서 경이라는 기분이 약화되고 사람들은 세계와의 공감과 친밀감을 상실하게 된다. 이러한 상태에서 세계는 덧없이 생성 소멸하면서 인간의 안전을 위협하는 것으로 나타난다. 이에 따라 사람들의 궁극적인 관심사는 덧없이 생성 소멸하면서 죽음으로 끝나는 세계에서 자신을 어떻게 구원할 수 있느냐로 향하게 된다. 이러한 상황에서 중세인에게 존재는 이제 퓌지스가 아니라 인격적인 신으로 나타나게 되며 세계는 이러한 신에 의해서 창조된 것으로 나타난다. 중세인은 이러한 신에 귀의함으로써 세계에 대한 두려움을 극복하고 자신의 안전을 확보하려고 한다. 이와 함께 세계와 사물의 진리는 경이라는 기분 속에서 그 자체로 자신을 드러내는 것이 아니라 신적인 계시와 교회의 교리를 통해서 주어지는 것으로 간주된다.

그럼에도 중세의 형이상학에는 아직 퓌지스의 흔적이 남아 있다. 인간은 세계를 마음대로 지배할 수 있는 대상으로 간주해서는 안 되고 오히려 신이 만든 세계의 질서를 존중해야 한다고 여겨진다. 창조자로서의 신이라는 개념에는 존재자들의 신비스러운 원천인 존재에 대한 경험이 흔적을 남기고 있다. 아울러 신의 창조 질서를 존중해야 한다는 생각에는 인간을 존재자들에 대한 지배자가 아니라 수호자로 보는 초기 그리스인들의 경험이 흔적을 남기고 있다.

그러나 근대로 들어와 인간이 주체로 들어서면서 인간이 청종해야 하는 신비스러운 원천인 존재는 전적으로 망각된다. 이에 따라 근대의 존재는 존재자들을 대상화하면서 그것들의 작용 법칙을 파악하는 주체로서 나타나게 된다. 이러한 근대를 지배하는 근본 기분은 데카르트가 철학의 출발점으로 삼았던 회의(Zweiflung)다. 존재자들 자체가 자신의 진리를 스스로 드러내고 있는 것으로서 경험하는 그리스인에게 회의나 의심은 낯선 기분이다. 우리가 어떤 인간이 자신을 속이는지 의심하는 경우는 그에 대한 근원적인 신뢰와 친교를 상실했을 때다. 데카르트의 회의란 존재자들과의 근원적인 친밀함(Nähe)을 상실했을 때 가능한 것이다.

회의란 인식 주체로서의 인간이 자신이 어떠한 참된 기반에도 서 있지 않다는 기분, 그리고 이러한 확고한 기반은 인간 자신의 인식 노력에 의해서 비로소 확보될 수 있다는 기분이다. 이와 함께 근대인의 궁극적인 관심사는 인간 자신의 힘으로 자신의 안전을 확보하는 것이 된다. 이 세상에서 가장 믿을 수 있는 확고한 지반은 오직 인간의 이성뿐이며 인간은 이 이성의 빛으로 세상을 비추어 나가고 이를 통해 자신이 안심하고 살 수 있는 영역을 넓혀 나가야 한다는 생각이 근대를 규정하는 것이다. 이런 의미에서 근대는 인간의 이성을 개발함으로써 자연과 사회를 인간의 뜻대로 지배하고 변화시킬 수 있다는 '진보의 이념'이 지배하는 시대다.

하이데거는 「세계상의 시대」에서 근대의 본질적 현상을 다음 다섯 가지로 정리하고 있다. 근대의 첫 번째와 두 번째 본질적 현상은 근대 과학과 기계 기술(Maschinentechnik)이라고 할 수 있다. 흔히 사람들은 근대의 기술이 선사 시대 이래의 기술이 발전한 것이라고 생각한다. 근대의 기술은 과거의 기술과 정도 차이만 있을 뿐이지 본질적으로는 차이가 없다는 것이다. 이에 반해 하이데거는 근대 기술의 역사성을 강조하고 있다. 정밀과학이 근대의 산물이듯이 근대의 기계 기술이 정밀과학을 응용하는 것은 원래 있었던 과거의 기술에 정밀과학이 한갓 외적으로 부가되는 것이 아니다. 오히려 과거의 기술과는 전혀 다른 근대 기술의 성격이 정밀과학을 필연적으로 요구한다.

그리스 시대에 기술은 존재자들이 자신의 고유한 존재를 구현하는 것을 돕는 것이었다. 이에 반해 근대의 기술은 존재자들의 고유한 존재를 인정하지 않고 모든 존재자를 계산 가능하고 서로 변환 가능한 에너지로 본다. 예를 들어 근대 기술에서 강은 강으로서 고유한 존재를 갖는 것이 아니라 수력으로서 나타나며 이러한 수력은 전력으로, 또한 전력은 동력으로 변환될 수 있는 것으로 간주된다. 근대 기술은 자연을 무한정 추출해 낼 수 있는 에너지의 저장소로 보며 이러한 자연관은 자연을 계량 가능한 힘들의 작용 연관 체계로 보는 근대 정밀과학의 자연관과 동일한 것이다.

근대 과학과 근대 기술에 못지않게 근대에 본질적인 세 번째 현상은 예술이 인간의 주관적인 체험의 표현으로 간주되는 것이다. 근대에는 과학만이 존재자의 진리를 드러내는 것으로 파악됨으로써 예술은 개인의 사적인 체험의 표현으로 격하된다. 이러한 예술관에 따라서 하나의 예술 작품을 감상한다는 것도 원작자의 내적 체험의 영역을 추(追)체험하는 것으로 간주되며, 예술 작품도 그것을 감상하는 자 안에서 체험을 야기하는 것(Kunstwerk als Erlebniserreger)으로 파악된다. 이에 반해 하이데거는 「예술 작품의 근원」에서 과학이 아니라 예술이야말로 존재자의 진리를 드러내는 것으로 보며, 예술 작품을 감상한다는 것도 예술 작품이 드러내는 존재자의 진리를 이해하는 것이 된다.

근대 과학과 근대 기술이 전제하는 계산 가능하고 변환 가능한 에너지들의 작용 연관 체계로서의 세계란 어떠한 절대적인 의미도 존재할 수 없는 무의미하고 권태로운 세계이다. 과학이 존재자의 진리를 파악하는 유일한 방식으로 간주되는 세계에서 역설적이게도 예술 활동과 소위 문화 산업이 활발한 것은 바로 이 때문이다. 예술이 제공하는 도취와 열광 내지 다양한 정서의 자극을 통해 근대인은 삶의 권태를 잊고 아울러 자신의 삶도 풍요로워지고 의미로 충만한 것처럼 느낄 수 있는 것이다.

근대의 네 번째 본질적 현상은 문화의 정책적 육성이 이루어지는 것과 함께 문화 산업이 발달한다는 것이다. 근대인은 다양한 문화를 경험함으로써 자신의 교양이 향상되었다고 생각하며 그만큼 자신이 고양되었다고 생각한다. 그러나 하이데거에서 인간의 고양이란 박물관에 소장되어 있는 무수한 문화재를 본다고 해서, 또는 수많은 해외 여행에서 다양한 문화를 체험한다고 해서 일어나는 것이 아니다. 하나의 작품을 보더라도 그 작품에 표현된 존재자의 진리를 경험함으로써 인간의 실존이 전적으로 변화될 때 고양이 일어나는 것이다.

근대의 다섯 번째 현상은 신들로부터 신성이 박탈되는 것 (Entgötterung)이다. 이는 신들을 단순히 제거하는 것이나 조잡한 무신론을 의미하지 않는다. 신들로부터 신성이 박탈되는 것은 신들에 대한 관계가 이른바 종교적인 체험(religiöse Erleben)이라는 주관적 체험으로 전화되는 것이다. 신은 인간의 삶과 역사를 규정하는 힘을 상실하고 인간에게 내적인 평안과 위안을 가져다주는 것으로 전락한다.

근대에서 인간의 삶과 역사를 규정하는 것은 과학과 기술이다. 종교는 예술에서와 마찬가지로 각 개인의 사적인 체험에 속하는 것으로 간주된다. 하이데거는 예술과 종교를 인간의 주관적 체험의 표현으로 보는 근대의 경향을 궁극적으로는 근대에 인간이 세계의 중심으로서, 즉 주체로서 나타나게 되었기 때문이라고 본다. 예컨대 칸트에서 신은 인간 주체의 관점에서 사유되면서 도덕적 차원과 행복을 조화시키는 존재자로서 요청되고 있다. 인간이 존재와의 근원적 관련을 상실함으로써 모든 것이 인간을 중심으로 이해되는 것이다.

하이데거는 근대의 이러한 본질적 현상들에는 근대에 특유한 존재 이해, 다시 말해 근대의 토대가 되는 형이상학적인 근거가 근저에 놓여 있다고 본다. 하이데거는 「세계상의 시대」에서 근대적인 존재 이해를 근대 과학의 본질적 성격에 대한 고찰을 통해서 드러내고 있다.

하이데거는 근대 과학(Wissenschaft)은 중세의 교설(doctrina)과 학적인 인식(scientia) 그리고 그리스 시대의 인식(episteme)과 본질적으로 다르다고 말하고 있다. 따라서 물체의 자유 낙하에 대한 갈릴레이의 학설은 참이지만 가벼운 물체는 위로 향하려고 노력한다는 아리스토텔레스의 학설은 그르다고 말할 수도 없다. 왜냐하면 물체와 장소 그리고 양자의 관계에 대한 그리스 시대의 파악은 존재자에 대한 근대적인 파악과는 전혀 다른 해석에 근거하고 있으며, 이에 따라 같은 자연 현상이라도 근대와는 상이하게 보고 그것에 대해서 상이하게 물을 수밖에 없기 때문이다. 셰익스피어의 시가 아이스킬로스의 시보다 진보한 것이라고 어느 누구도 주장할 수 없는 것처럼, 존재자에 대한 근대적 파악이 그리스 시대의 것보다 더 올바르다고 말하는 것은 훨씬 더 불가능하다. 따라서 근대 과학의 본질을 파악하려면 근대 과학이 고대 학문보다 진보했으며 근대 과학이 고대 학문을 완성한다고 보는 입장에서 완전히 벗어나야만 한다.

하이데거는 근대 과학의 본질을 탐구(Forschung)라고 본다. 탐구는 존재자의 한 영역에서, 예를 들어 자연에서 자연 현상들에 대한 일정한 근본 윤곽이 미리 구상됨으로써 수행된다. 다시 말해 근대의 수리물리학은 장차 무엇이 자연으로 간주되어야만 하는가를 자연에 대한 구체적인 고찰 이전에 미리 구상한다. 여기서 자연은 '시공간적으로 서로 관련되어 있는 질점(質點, Massenpunkt)들의 자기 완결적 운동 연관'으로 구상된다.

이렇게 확정된 자연의 근본 구도 안에는 무엇보다 다음과 같은 규정들이 속한다. 즉 운동은 장소의 이동을 의미한다. 어떠한 운동과 운동 방향도 다른 것에 우월하지 않으며 모든 장소는 다른 장소와 동질적이다. 어떠한 시간도 다른 것에 우월하지 않다. 모든 힘은 그것이 얼마나 큰 운동을 초래하는가, 다시 정확히 말하자면 하나의 시간 단위에 있어서 얼마나 큰 장소의 이동을 초래하는가에 따라서 규정된다. 자연의 이러한 근본 구도 안에서 모든 자연 현상이 파악되어야 하며, 이에 따라서 모든 자연 현상은 정밀하게 계산할 수 있는 시공간적인 운동량으로서 규정된다.

그리스인들은 자연을 자연이 자신을 드러내는 그대로 고찰하고 중세인들은 자연을 신적인 계시와 교회의 교리라는 틀에서 고찰한다. 이에 반해 근대 과학은 자연을 자신이 구상한 근본 구도 안에서 고찰한다는 점에서 근대인들은 자신을 존재자가 표상되는 무대로 정립한다. 근대에서 인간은 존재자가 어떻게 자신을 드러낼지를 결정하는 척도, 즉 주체가 되는 것이다. 그리스인들에서는 경이라는 근본 기분에서 존재자가 자신의 진리를 스스로 드러내고 인간은 그것의 진리 앞에 세워지는 것으로 경험된 반면에, 근대에서 인간은 오히려 자신이 구상한 근본 구도의 틀 안에서 존재자를 자신 앞에 세운다. 이와 함께 근대에서 세계는 인간이 구상한 근본 구도 안에서 파악되는 상(像)이 된다.

이렇게 자신이 구상한 근본 구도 안에서 존재자가 모습을 드러내도록 강제하면서 세계를 상으로서 정복하는 것이 근대인의 모습이다. 그리스인들은 존재자들로 하여금 자신의 진리를 스스로 드러내도록 하는 반면에, 근대인들은 존재자들로 하여금 정밀하게 계산할 수 있고 정교하게 이용할 수 있는 것으로 자신을 드러내도록 강요한다. 이런 의미에서 하이데거는 근대 과학이 존재자를 그 자체로서 드러내는 것이 아니라 존재자를 공격한다고 말하고 있다.

근대 과학은 이렇게 존재자들을 정밀하게 계산할 수 있고 정교하게 이용할 수 있는 '객체'로 규정하지만, 인간 자신도 자연의 일부인 한 결국에는 인간 자신까지도 그러한 객체로 규정된다. 근대에 인간은 존재자가 어떤 식으로 자신을 드러낼지를 결정하는 주체가 되지만, 이렇게 주체가 되는 과정은 또한 자연에 속하는 구체적인 인간 하나하나로서는 객체로 전락하는 과정이기도 한 것이다. 이런 의미에서 하이데거는 극단적인 주관주의는 극단적인 객관주의를 초래한다고 본다.

존재의 의미에 대한 근본적 물음

현대 기술 문명에서 모든 존재자는 계산 가능하고 변환 가능한 에너지로 간주되면서 자신의 에너지를 내놓도록 닦달당한다. 그러나 자연 내에 포함되어 있는 에너지를 효과적으로 발굴해 내고 인간에게 유용한 것으로 전용하기 위해서는 인간들 자신이 우선 기술적으로 조직되고 지배되지 않으면 안 된다. 인간 개개인은 자연으로부터 에너지를 효과적으로 뽑아낼 수 있는 기능 인자로서 조직되고 또한 자신의 지적·육체적 에너지를 효과적으로 발휘하도록 독려받지 않으면 안 되는 것이다. 기술 시대에는 인간도 모든 자연물과 마찬가지로 원료에 불과한 것으로 취급되는 것이며, 이를 통해 기술 시대에서 인간과 물질 사이의 차이는 소멸되고 만다.

기술 시대에 이르러 존재자 전체가 인간이 사용할 수 있는 에너지의 담지자로서 간주되는 것처럼 인간도 한갓 에너지의 담지자로 간주된다. 다만 인간의 에너지는 다른 존재자들의 에너지를 추출해 내는 능력을 갖는다는 점에서 다를 뿐이다. 그러나 그가 다른 존재자들로 하여금 더 많은 에너지를 내놓도록 닦달하는 것처럼 그 역시 체제에 의해서 더 많은 에너지를 내놓도록, 다시 말해 다른 존재자들의 에너지를 더 효율적으로 뽑아내는 데 자신의 에너지를 최대한 사용하도록 닦달당한다.

하이데거는 이렇게 인간을 비롯한 모든 존재자로 하여금 끊임없이 에너지를 내놓도록 닦달하는 태도의 근저에는 존재자 전체에 대한 맹목적인 지배 의지가 작용한다고 본다. 이 점에서 하이데거는 존재자 전체의 본질을 힘에의 의지로 보았던 니체야말로 현대 기술 문명을 철학적으로 정초하고 있는 사상가라고 본다. 현대인들은 존재자 전체에 대한 맹목적인 지배 의지의 주체라고 착각하지만 사실은 이러한 지배 의지의 노예에 불과하다.

현대 기술 문명의 극복

하이데거는 인간마저도 이렇게 자신의 에너지를 끊임없이 내놓도록 혹사당하는 현대의 위기 상황을 극복하기 위해서는 현대의 존재 이해를 넘어서는 새로운 존재 이해가 개시되어야 한다고 본다. 하이데거는 근대를 극복하는 새로운 존재 이해는 무엇보다도 경악이라는 근본 기분에서 주어진다고 말한다. 이러한 기분은 존재자들의 고유한 존재가 존재자에게서 사라져 버렸다는 사실에 대한 경악이다. 그런데 우리는 존재자의 고유한 존재가 존재자에게서 떠나 버렸다는 사실을 냉정하게 이론적으로 확인한 후 이러한 사실 앞에서 경악하는 것이 아니다. 오히려 그러한 사실은 경악이라는 근본 기분에서 개시된다.

경악이라는 기분에서 '존재는 우리가 존재자를 지배하려고 할 경우에는 존재자에게서 빠져나가 버리고 자신을 은닉하는 것'으로서 자신을 드러낸다. 이와 함께 경악이라는 기분에서는 현대인이 찬탄하는 그 어떠한 정교한 과학 기술적인 대상들도 사실상은 그것들에 고유한 존재가 빠져나가 있는 공허하고 무의미한 것이라는 사실이 드러나며 동시에 존재자들의 고유한 존재가 우리의 과학적·기술적 공격을 거부하는 낯설고 섬뜩한 것으로서 자신을 드러내게 된다.

그런데 존재가 존재자에게서 떠나 버렸다는 사실에 대한 경악이란 기분은 이미 존재에 대한 예감이다. 우리는 경악이라는 기분을 통

존재의 의미에 대한 근본적 물음

하여 이 시대로부터 이미 어느 정도는 거리를 취한 것이며 경악이라는 기분을 통하여 존재자에게서 떠나가 버린 존재가 자신을 은닉하는 형태로 고지해 오는 것이다. 경악이라는 근본 기분에서 존재는 우리의 지배를 거부하는 낯설고 섬뜩한 것으로서 자신을 드러내지만, 이는 존재자에 대한 인간의 지배 의지에 대해서 존재 자체가 드러내는 방식이다. 이에 대해서 우리가 존재자에 대한 지배 의지를 버리고 경악이라는 기분에서 자신을 드러내는 존재에 우리 자신을 열 때, 존재는 존재자에 다시 깃들게 된다. 이와 함께 존재자에게서 존재가 빠져나갔다는 사실에 대한 경악은 자신을 비롯한 모든 존재자에 깃들게 되는 신비롭고 성스러운 존재의 충일함에 대한 경이와 기쁨으로 전환된다. 경악이 경이라는 새로운 근본 기분으로 전환하는 사태에 대해서 하이데거는 이렇게 말한다.

오직 경악의 위험성이 존재하는 곳에서만 경이의 축복이 존재한다. 이러한 경이는 모든 철학함의 숨결이 깨어 있는 매료 상태다.

하이데거는 우리가 현대 기술 문명의 근저에서 이렇게 경악이라는 근본 기분을 통해서 고지해 오는 존재 자체의 소리에 귀를 기울이면서 모든 존재자의 고유하면서도 소박한 존재에 대해서 경이와 기쁨에 사로잡히기를 촉구한다. 하이데거는 이렇게 존재자들의 지배자가 아니라 존재의 파수꾼이 되는 것을 통해서만 현대 기술 문명의 위기를 극복할 수 있다고 보는 것이다.

하이데거는 『숲길』에 실린 「무엇을 위한 시인인가?」에서 현대를 궁핍한 시대라고도 부른다. 현대는 물질적으로는 풍요로울지 모르지만 모든 존재자에게서 존재의 무게와 충만함이 사라져 버린 궁핍한 시대라는 것이다. 우리가 존재자들의 근원적인 존재를 경험하려면, 자신의 진리를 내보이면서 다가오는 존재자들에게 우리 자신을 열어야 한다. 하이데거는 이러한 태도를 '존재자를 그 자체로서 존재하게 함(sein-lassen)'이라고 말한다. 이렇게 존재자를 그 자체로서 존재하게 하기 위해서는 기술 문명을 규정하는 모든 존재자에 대한 지배 의지를 포기해야만 한다. 이러한 태도는 모든 조작적인 태도를 멀리하는 노자의 무위(無爲)에 가까운 것이라고 할 수 있다. 자연에 대한 모든 지배 의지를 떠나서 자연을 그 자체로 보려고 하는 하이데거의 입장과 무위자연(無爲自然)을 말하는 노자의 입장 사이에는 무시할 수 없는 가까움이 보인다. 존재자 전체를 대상화하여 개념적으로 파악하려고 하는 서양 형이상학의 태도가 정점에 달한 현대 기술 문명과 그것을 근본적으로 규정하는 자연관이 위기에 부딪히는 순간에 서양철학과 동양철학 사이에 하나의 대화 가능성이 열리는 것이다.

예술의 본질

하이데거에 따르면, 현대의 과학과 기술은 모든 존재자를 계산 가능한 에너지의 담지자로 보면서 존재자들의 진리를 은폐한다. 존재자들의 진리는 무엇보다도 예술에서 드러난다. 이러한 생각은 과학이야말로 존재자들의 객관적인 진리를 드러내는 반면에 예술은 예술가들이 자신의 주관적인 체험을 표현하는 것일 뿐이라고 보는 근대적인 사고방식과는 완전히 대립되는 것이다.

하이데거는 「예술 작품의 근원」에서 예술 작품에서 어떻게 존재자들의 진리가 개시되는지를 보여 준다. 예를 들어 하이데거는 고흐가 그린 농촌 아낙네의 구두에서 그 존재자의 진리가 열려 밝혀진다고 본다. 하이데거는 고흐의 그림에 개시되고 있는 농촌 아낙네의 구두의 진리를 이렇게 서술한다.

너무 많이 신어서 늘어나 버린 구두의 안쪽 어두운 틈으로부터 들일을 나서는 발걸음의 힘겨움이 응시하고 있다. 구두의 실팍한 무게에는, 거친 바람이 부는 가운데 넓게 펼쳐진 평탄한 밭고랑을 천천히 걷는 강인함이 쌓여 있다. 구두 가죽에는 대지의 습기와 풍요로움이 깃들어 있다. 구두창 아래에는 해 저물녘 들길의 고독이 스며들어 있다. 구두에는, 대지의 소리 없는 부름과 무르익은 곡식을 조용히 선사하는 대지의 건네줌 그리고 겨울 들판의 황량한 휴경지 가운데서 일렁이는 대지의 해명할 수 없는 거절(Sich-Versagen)이 깃들어 있다. 빵의 확보를 위한 불평 없는 근심, 고난을 다시 넘어선 뒤의 말없는 기쁨, 임박한 아기의 출산에 대한 초조와 죽음의 위협 앞에서의 전율이 이 구두에 스며들어 있다. 이 도구는 대지(die Erde)에 속해 있으며 농촌 아낙네의 세계(Welt) 안에 보호되고 있다. 이러한 보호된 귀속으로부터 도구 자체의 '자기 안에 머무름(In-sich-ruhen)'이 생기(生起, geschehen)한다.[1]

하이데거는 고흐의 그림이 농부 아낙네의 구두를 단순히 모사한 것이 아니라 농부 아낙네가 살고 있는 세계와 이러한 세계가 뿌리를 내리고 있는 대지를 함께 드러냄으로써 농부 아낙네의 구두의 진리를 드러낸다고 보고 있다.

위 인용문에서 하이데거는 농부 아낙네가 살고 있는 세계를 "들길을 나서는 발걸음의 힘겨움", "거친 바람이 부는 가운데 넓게 펼쳐진 평탄한 밭고랑을 천천히 걷는 강인함", "해 저물녘 들길의 고독", "빵의 확보를 위한 불평 없는 근심", "고난을 다시 넘어선 뒤의 말없는 기쁨", "임박한 아기의 출산에 대한 초조와 죽음의 위협 앞에서의 전율"과 같은 것으로 묘사하고 있다. 농부 아낙네의 구두는 농부 아낙네의 이러한 세계에 속해 있고 그것 안에서 보호받고 있지만 다른 한편으로는 농부 아낙네가 자신의 세계에 대한 안정된 관계를 맺는 것을 가능하게 한다. 농부 아낙네에게 구두는 단순한 도구 이상의 의미가 있는 것이다. 이는 우리가 자전거를 오래 타면 그것에 정을 느끼게 되면서 그 자전거를 타고 다닐 때 자신이 살고 있는 세계에서 안정감을 느끼는 것과 마찬가지라고 할 수 있다.

하이데거는 또한 농부 아낙네의 구두에는 농부 아낙네의 삶과 세계가 뿌리내리고 있는 대지가 드러나 있다고 본다. 이러한 대지에 속하는 것으로 하이데거는 "대지의 습기와 풍요로움, 대지의 소리 없는 부름과 무르익은 곡식을 조용히 선사하는 대지의 건네줌 그리고 겨울 들판의 황량한 휴경지 가운데서 일렁이는 대지의 해명할 수 없는 거절"을 드러내고 있다. 여기서 '대지의 해명할 수 없는 거절'이라는 말은 대지가 인간이 자신을 한갓 에너지원으로서 드러내려고 하면서 남용하려고 하는 것을 거절하면서 자신을 은닉하는 현상을 가리킨다고 할 수 있다. 농부 아낙네의 구두는 이 대지에 속해 있으면서 다른 한편으로 이 대지를 모든 것이 그 안에서 자라나서 다시 돌아가는 어

존재의 의미에 대한 근본적 물음

머니로서 드러내고 있다.

　이와 함께 우리는 농부 아낙네의 구두를 단순한 도구로 보지 않고, 오히려 그것을 통해서 아낙네가 거주하는 세계는 포근하고 아늑한 세계(Geborgenheit)가 되고 대지는 우리를 떠받치는 고향의 대지가 되는 것으로 경험한다. 하이데거는 농부 아낙네가 자신의 구두를 그렇게 경험했을 것이라고 보며 또한 고흐가 농부 아낙네의 그러한 경험을 잘 드러내고 있다고 보는 것이다. 고흐는 농촌 아낙네의 구두를 그리면서 농촌 아낙네가 자신의 구두를 통해서 대지의 침묵하는 부름 가운데 들어서게 되고 자신의 세계 안에 확신을 갖고 거주하게 되는 사태를 드러내고 있다는 것이다.

　보통 한낱 도구로 간주되는 것일지라도 우리가 그것을 우리가 살고 있는 세계와 이러한 세계가 뿌리내리고 있는 대지를 개시하는 것으로 경험하면서 그것에 정을 느끼게 되면, 그것은 단순히 도구로 간주될 수 없는 자체적인 존재와 무게를 갖는 것으로 나타난다. 하이데거는 농부 아낙네의 구두에는 "도구 자체의 '자기 안에 머무름'이 생기한다."라고 말하면서 그러한 사태를 가리키고 있다. 그것은 우리가 함부로 남용할 수 없는 '자체적인 존재와 무게'를 갖는 것으로서 나타나고 우리의 삶과 세계와 대지를 모으면서 그것들 사이에 존재하는 통일과 질서를 지탱하는 장소(Ort)로서 나타나는 것이다. 따라서 우리가 그것을 단순히 도구로서 남용할 경우에는 우리의 삶도 황폐해지고 우리가 거주하는 세계와 대지도 황량해진다.

　고흐의 그림은 농부 아낙네의 구두의 본질을 드러내고 있다. 그러나 이러한 본질은 전통 철학에서 말하는 본질과는 전적으로 다른 것이다. 전통적인 철학에서 본질은 흔히 어떤 특정한 부류의 사물들에서 추상된 공통된 성질을 의미한다. 그러한 본질은 진정한 본질, 즉 존재자의 참된 존재에 근거하는 파생적인 것이다. 예술 작품은 사물들의 진정한 본질을 눈앞의 사물들에서 추상해 내는 것이 아니라 전혀 예상하지 않은 방식으로 현출(顯出)하게 하면서 사물을 전적으로 새로운 빛 안에서 드러나게 한다. 진정한 예술 작품에서는 진리가 작품 가운데서 자신을 드러내 보이는 것이다.

더 나아가 예술 작품은 어떤 특정한 존재자 하나의 진리를 드러내는 것에 그치지 않는다. 농부의 신발의 진리를 드러내는 그림은 그 신발의 진리뿐 아니라 그것을 넘어서 존재자 전체의 진리를 드러낸다. 따라서 고흐의 작품 앞에서 우리는 도구뿐 아니라 모든 존재자를 남용하던 일상적인 세계와는 전혀 다른 세계에 진입하게 된다. 신발이 아무런 치장 없이 보다 더 단순하게 그리고 보다 더 본질적으로 개시되면 될수록, 이것들과 더불어 일체의 존재자가 더욱 더 직접적이고 매력적으로 자신의 존재를 내보이게 된다. 예술 작품에서는 세계와 대지 그리고 모든 존재자를 포괄하는 존재 전체의 진리가 빛을 발하는 것이다. 예술 작품이 존재의 진리를 생기하게 하는 사건은 우리가 확고하게 거주할 수 있는 역사적 세계를 건립하고 우리가 발을 딛고 있는 대지를 삶의 터전으로서 드러내면서 모든 존재자의 진리를 개시하는 사건이다.

예술 작품이 이렇게 하나의 세계를 건립하고 대지를 삶의 터전으로서 드러내면서 모든 존재자의 진리를 개시하는 사건이라는 사실을 하이데거는 그리스 신전에 대한 분석을 통해서 보다 분명하게 드러내고 있다. 그리스 신전은 도시의 중앙에 서서 신을 임재하게 하면서 인간이 살아야 할 하나의 역사적 세계를 개시한다. 시청이나 거주지 등 삶의 모든 공간이 신이 임재하는 신전을 중심으로 형성되며 1년의 삶이 신전에서 행해지는 제례와 축제를 중심으로 하여 이루어지는 것이다.

신전은 그렇게 도시의 중앙에 서 있으면서 모든 것에 방향과 의미를 부여하면서도 주위의 산하와 존재자들 그리고 자신이 뿌리내리고 있는 대지를 압도하지 않고 오히려 그것들을 그 자체로서 빛을 발하게 한다. 신전이 세워짐으로써 주위의 존재자들은 빛을 잃는 것이 아니라 오히려 경이로운 것으로서 자신들을 드러내며 대지 역시 모든 것을 떠받치고 모든 것을 감싸 안는 것으로서 자신을 드러내는 것이다. 신전이 세워지는 것과 함께 산은 산으로서, 강은 강으로서, 도마뱀은 도마뱀으로서 자신의 존재를 빛을 발하면서 드러내게 된다.

그리스인에게 건축은 근대에서처럼 인간이 낯선 존재자 전체 안에서 자신의 안전을 도모하기 위한 건물을 만드는 것이 아니라 오히려 세계와 대지 그리고 신을 비롯한 존재자 전체가 자신의 고유한 본질을 발현하게 하는 작품을 건립하는 것이었다. 그리스인의 건물에서는 세계와 대지 그리고 모든 존재자들의 진리, 다시 말해 그것들 모두를 포괄하는 존재의 진리가 생기하는 것이다.

하이데거는 예술이란 "작품 안에 진리가 자신을 정립하는 것 (Sich-Ins-Werk-Setzen der Wahrheit)"이라고 말하고 있다. 예술이 '작품 안에 진리가 자신을 정립하는 것'일 경우, 예술가는 예술 작품의 주체적인 산출자가 아니라 자신을 고지해 오는 존재의 진리가 작품 속에서 자신을 정립하는 것을 돕는 자임을 의미한다. 하이데거는 작품을 창작하는 것 못지않게 작품을 감상하는 것도 존재의 진리를 생기하게 하는 근본적인 방식이라고 생각한다. 작품을 감상한다는 것을 하이데거는 작품을 보존하는 것(Verwahren)이라고 말한다. 그것은 작품이 개시하는 존재의 진리 안에 진입하는 것이다. 그것은 작품을 주관적인 체험 안으로 끌어들이지도 않고 체험의 유발체로 만드는 것도 아니며, 작품 안에서 일어나는 진리에 진입하면서 세계와 자신을 새롭게 경험하는 것이다.

참고 문헌

마르틴 하이데거, 소광희 옮김, 『존재와 시간(*Sein und Zeit*)』(경문사, 1995).

_____, 이기상 옮김, 『존재와 시간(*Sein und Zeit*)』(까치, 1998).

_____, 신상희 옮김, 『숲길(*Holzwege*)』(나남, 2008)

박찬국, 『들길의 사상가, 하이데거』(그린비, 2013).

박찬국 서울대학교 철학과를 졸업하고 동 대학원에서 석사 학위를, 독일 뷔르츠부르크 대학에서 철학 박사 학위를 받았다. 호서대학교 철학과 교수를 거쳐 현재 서울대학교 철학과 교수로 재직하고 있다. 실존철학이 주요 연구 분야이며 최근에는 불교철학과 서양철학 비교에도 관심을 쏟고 있다. 저서로 『삶은 왜 짐이 되었는가』, 『들길의 사상가, 하이데거』, 『하이데거의 『존재와 시간』 강독』, 『원효와 하이데거의 비교 연구』, 『니체와 하이데거』 등이 있고 역서로 하이데거의 『니체 1, 2』, 『근본개념들』과 니체의 『비극의 탄생』, 『우상의 황혼』 외 다수가 있다. 청송학술상, 원효학술상 등을 수상했다.

26

『감시와 처벌』과
현대 사회의 권력

푸코의 『감시와 처벌』 읽기

오생근 (서울대학교 명예교수)

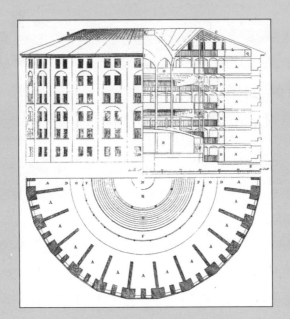

미셸 푸코(Michel Paul Foucault, 1926~1984)

프랑스 중서부의 푸아티에에서 외과 의사의 아들로 태어났다. 고등사범학교에서 철학을 전공하며 이폴리트, 알튀세르, 뒤메질, 캉길렘 등에게 배웠다. 1955년부터 스웨덴 웁살라 대학, 폴란드 바르샤바 대학 등 여러 대학에서 강의했으며 파리 제8대학(뱅센) 철학과 교수를 거쳐 1970년부터 콜레주 드 프랑스에서 사상사를 가르쳤다. 1984년 파리에서 사망하였다.

정신의학, 감옥 등 현대 사회의 다양한 제도적 기구에 대한 비판적 통찰과 지식과 권력의 관계, 서구 지식의 역사, 성의 역사에 대한 담론으로 널리 알려졌다. 저서에 『광기의 역사』, 『임상의학의 탄생』, 『말과 사물』, 『지식의 고고학』, 『감시와 처벌』, 『성의 역사 1~3』 등이 있다.

1 『감시와 처벌』과 역사

'감옥의 탄생'이라는 부제가 붙어 있는『감시와 처벌』은 감옥과 관련된 문제들을 다룬 책이긴 하지만, 일반적인 의미에서 감옥의 역사를 주제로 한 책은 아니다. 푸코는 이 책을 감옥의 역사로 해석하고 비판하는 역사학자들을 향해서 이렇게 말한다. "이 책에서 중요한 문제는 무엇인가? 과거의 어느 한 시대의 프랑스 사회인가? 아니다. 18세기와 19세기의 범죄인가? 아니다. 1760년과 1840년 사이의 프랑스 감옥인가? 그것도 아니다. 그것보다 작은 문제들이다. 그것은 예전에도 있었던 감옥을 변형시켜 새로운 형벌 제도로 만들면서 사용된 이성(ratio)과 계획적인 의도, 계산된 것은 무엇인가 하는 문제이다. 요컨대 '처벌하는 이성'이 역사에서 차지하는 한 장(un chapitre)을 문제시하려는 것이다."[1] 그는 이렇게 자신의 연구 대상이 감옥의 역사가 아니라 감옥의 제도를 통해 처벌하는 이성 또는 권력의 효율적인 통제 기술의 문제였음을 말한다. 또한 다른 토론회에서는 감옥 제도에 대한 연구는 많이 있지만, 우리 사회에서 일반화된 처벌의 방법으로서 징역형(l'emprisonnement comme pratique punitive)의 실제적 현상을 다룬 것은 없었기 때문에 "감옥 제도의 역사가 아닌, 징역형의 실제적 권력의 역사를 쓰려는"[2] 일이 자신의 목적이었음을 밝히기도 한다.

역사학자 르벨이 "푸코의 책 중에서 가장 역사학자다운 책"[3]으로 평가한『감시와 처벌』이 "감옥의 역사가 아닌, 감옥의 실제적 역사"라고 했을 경우, 그것은 "감옥에서 나온 담화들뿐 아니라 감옥을 구성하는 요소들인 온갖 결정이나 규제들, 감옥의 전략과 공식화되지 않은 담론"4을 대상화한 것으로서 '감옥 제도의 역사'에 비해서는 아주 작은 문제들일 것이다.『감시와 처벌』외에 푸코의 책들, 가령『고전주의 시대에서의 광기의 역사』(이하『광기의 역사』),『임상의학의 탄생』,『성의 역사』등은 모두 역사적 시각으로 쓰인 책들이다. 그러나 그의 방법론은 역사학자들의 방법론과 다르다. "푸코는 역사를 쓰면서 역사의 모든 전통적인 기술 규범을 무시한 반(反)역사학적 역사가"5라는 마크 포스터의 지적은 푸코의 역사 인식에 대한 일반적 평가를 반영하는 견해라고 할 수 있다. 푸코의 반(反)역사학적 방법론 중에서 대표적인 것을 예로 들면, 인과 관계에 의한 역사 서술을 거부하고, 역사의 전개에서 단절(la rupture)과 불연속성(la discontinuité)을 중시한다는 점이다. 그는『지식의 고고학』에서 이렇게 말한다.

불연속성의 개념은 역사학에서 중요한 자리를 차지한다. 고전적 형태의 역사학에서 불연속성이란 주어진 것이면서 동시에 사유 불가능한 것이었다. 즉 그것은 분산된 사건들의 범주 속에 있는 것, 가령 여러 가지 결정들, 사건들, 발의들, 발견들 같은 것이기도 하고, 사건들의 연속성이 부각되기 위해서 분석에 의해 피해 가야 할 것, 축소해야 할 것, 지워져야 하는 것이었다. 불연속성이란 역사가들이 역사에서 지워 버려야 할 부담을 가져야 했던 시간적 분산의 이러한 흔적이었다. 그것은 이제 역사 분석의 기본적인 요소들 중 하나가 되었다.6

푸코는 불연속성의 개념이 역사학에서 차지하는 중요성을 이렇게 설명하는 한편, 인과 관계의 서술을 중심으로 한 연속적이고 직선적인 역사에서 배제되어 왔던 요소들의 필요성을 역설한다. 역사학자들이 과거와 현재의 관계를 연속적으로 본다면, 현재가 과거의 필연적 결과이자 진화라는 관점을 갖기 마련이다. 그러나 그는 역사의 직선적인 진보 사관이 아닌, 자유로운 역사관 또는 회의주의적 역사관을 주장한다. 회의주의적 역사관이란 "'역사는 목적론을 가지고 발전해 가는 단선적인 진화의 도정'임을 부정하는 것이고, '현재의 우리가 과거의 산물'이라거나, '과거의 역사를 재구성하는 것이 역사가가 할 일'이라는 시각을 부정하는 것"[7]이다. 이런 점에서 그는 현재와 오늘을 회의적으로 바라보고, 현재가 과거보다 발전한 상태라는 생각을 거부한다.

> 감옥이 폐쇄적인 건물 속에 집합시켜 놓은 신체에 대한 모든 정치적 포위 공격을 포함해서 내가 쓰려는 것은 바로 감옥의 역사이다. 이것은 완전히 시대착오적인 것일까? 이런 방법으로 현재의 상황과의 관련 속에서 과거의 역사를 쓰려고 한다면 그렇지 않을 것이며, 현재의 역사를 쓰려 한다면 그럴 것이다.[8]

푸코는 이 책의 앞에서 이렇게 "감옥의 역사"를 쓰겠다는 의도를 분명히 밝히긴 하지만, 전통적인 역사학에서의 역사와 자신의 역사를 구별하기 위해 "현재의 상황과의 관련 속에서 과거의 역사"를 쓰는 것과 "현재의 역사를 쓰는 일"을 구분한다. 전자가 전통적인 역사가들의 관점을 가리킨다면 후자는 푸코의 시각을 반영한다고 할 수 있다. 다시 말해서 전통적인 역사가들은 감옥의 역사를 현재와 연관성을 갖는 측면에서 쓰기를 바랄 것이겠지만, 자신은 "현재의 역사"를 쓰겠다는 것이다. 이 차이는 무엇일까?

현재의 역사를 쓰는 것은 자기반성적인 방식으로 현재의 상황에 대한 정확한 진단을 시작하는 일이다. 현재의 역사를 쓰는 사람은 역사의 토대가 되는 법칙을 찾으려 하지 않고, 과거의 역사와 관련지어 그것을 근거로 현재의 정치나 사회 현실을 해석하지도 않는다. 그는 자신의 시대와 과거 사이에 일치된 의미들을 밝히려 하지 않고, 과거의 비인간적 형벌 제도에서 현재의 인간적인 감옥 제도로의 변화가 진화한 것이라는 전제를 부정한다. 그에게 중요한 문제는 왜 처벌하는가보다 어떻게 처벌하는가이며, 과거와 현재의 처벌 방식은 어떻게 다른가이기 때문이다.

2   푸코와 감옥

푸코는 왜 감옥의 문제에 관심을 갖게 된 것일까? 그는 1961년에 『광기의 역사』를, 1963년에 『임상의학의 탄생』을, 1966년에 『말과 사물』, 그리고 1969년에 『지식의 고고학』을 썼다. 1960년대에 나온 이러한 주요 저작들은 대체로 인문학이나 과학사의 작업으로 분류될 수 있는 것이었지, 권력이나 형벌 제도와 같은 사회과학적 문제에 관한 것은 아니었다. 물론 그의 박사 논문인 『광기의 역사』에서 광인들이 어떻게 사회로부터 격리되고 추방되어 감금되고 치료되었는지,

그리고 어떤 심급이나 어떤 기준으로 광기가 결정되었으며, 그들을 벌주거나 가두고 치료하기 위해 어떤 방법이 사용되었고, 그것은 어떤 사회적 사건들과 관련이 있었는지의 문제가 다뤄지고 있다는 점에서 그의 시각은 이미 사회과학적이었다고 할 수 있다. 그는 68혁명이후 콜레주 드 프랑스 교수가 된 1970년부터 본격적으로 형벌 제도와 권력의 문제를 탐구하기 시작했다. 그가 콜레주 드 프랑스 교수로 취임하기 위해 쓴 일종의 자기 소개서에 의하면, 그때까지의 연구 업적과 앞으로의 작업 계획이 이렇게 서술되어 있다.

결국 광인은 어떤 제도와 실천의 그물망 속에 사로잡히고 동시에 규정되었는지를 탐구해 보아야 한다. 그런데 그 기능과 그 당시 사람들이 거기에 부여한 설명을 잘 살펴보면 이 그물망은 매우 논리 정연하고 정교해 보인다. 아주 정밀하고 명확한 지식이 거기에 관여하고 있다. 그러자 내게 하나의 목표가 모습을 드러냈다. 제도라는 복합적인 체계 안에 투입된 지식이 바로 그것이다. 그리고 그에 적합한 방법이 떠올랐다. 흔히 하듯이 한 분야의 학술적 저서만 섭렵할 것이 아니라 병원, 감옥, 그 외의 행형 제도 일체의 기록 장부, 그에 관련된 법령과 규칙 등을 포괄하는 고문서 일체를 열람해 보아야 한다. 내가 지식의 분석을 시도한 것은 국립고문서보관소 또는 국방문서보관소에서였다. 그 지식의 가시적 실체는 이론적 담론이나 학문적 담론이 아니고 문학도 아니다. 그것은 일상적으로 규제받는 실천이다.[9]

이 인용문에서 알 수 있듯이 그는 광기의 문제를 탐구하면서 정신 병원의 자료만을 대상으로 삼지 않고 "병원, 감옥, 그 외의 행형 제도, 법령과 규칙" 등의 모든 고문서를 샅샅이 탐구하겠다는 의도를 밝힌다. 그러니까 감옥이나 형벌 제도에 대한 그의 관심은 『광기의 역사』를 준비할 때부터 있었던 것임을 알 수 있다. 또한 그가 콜레주드 프랑스 교수가 된 이후부터 『감시와 처벌』이 나오기 전까지 있었던 일 중에서 감옥의 주제와 관련된 중요한 작업이 둘 있었는데, 하나는 19세기 초에 자기 어머니와 남동생과 누이를 죽인 죄로 재판을 받고 형을 선고받은 피에르 리비에르에 관한 책을 1973년에 펴낸 것이고 다른 하나는 1971년 2월 '감옥 정보 그룹(Groupe d'Information sur les Prisons, 약칭 G.I.P.)'을 창설하여 죄수 인권 개선 운동을 펼친 일이다.

『나, 피에르 리비에르: 내 어머니와 누이와 남동생을 죽인』이란 제목으로 만들어진 1973년의 책은, 예전 같으면 즉각 사형을 당했을 범죄자가 정신병리학 전문가들이 판결에 관여하는 새로운 형벌 제도에 의해 기요틴이 아닌 정신 병원에 수감된 특이한 사례를 지식과 권력의 관계에서 검토한 자료집이다. 이 책에는 범인의 회고록과 당시 정신의학 전문가들의 소견서, 그리고 푸코와 연구자들의 평가서가 모두 수록되어 있다. 푸코는 이 사건을 통해서 사법 권력과 정신의학 권력의 관계를 분석하는 한편, 범죄자가 실제로 범죄를 저질렀는가 하는 사실 여부가 중요시되었던 18세기와 달리 19세기에는 범죄 행위보다 범죄자의 삶과 개인적 경험이 판결을 결정하는 중요한 요소가 되는 사례를 발견한다. 사법 권력이 범죄자 개인에 대해서 관심을 갖게 된 가장 큰 이유는, 개인의 교정과 선도를 위해서는 범행을 일으키게 되었을 때까지의 전기적 자료, 즉 개인에 대한 지식이 필요했기 때문이다. 푸코는 "이 책을 통해서 리비에르에 관한 심리학적이거나 정신분석적 혹은 언어학적 분석을 할 생각은 전혀 없었고 다만 리비에르 사건을 둘러싸고 있는 의학과 사법의 메커니즘을 밝히고 싶었다."[10]라고 말한다. 또한 프랑스 형법전(刑法典) 64조에 정신 착란(démence)의 상태에서 범행을 저질렀을 경우 범행의 책임을 면제한다는 항목이 추가된 것을 정신의학의 발언권이 높아졌음을 보여 주는 예로 해석한다.

또한 푸코의 1970년대 정치 참여 활동에 중요한 출발점을 이룬 '감옥 정보 그룹'의 활동을 알기 위해서는 이 그룹의 창립 취지를 밝힌 선언문이 매우 유효하다. 이 선언문에서 푸코는 경찰의 통제와 감시가 극심해지는 현실의 위기의식을 토로하면서 감옥과 죄수들의 생활에 대하여 알 권리가 있음을 이렇게 천명한다.

우리는 감옥이란 무엇인지, 누가 거기에 가고, 어떻게 왜 거기에 가는지, 거기서는 무슨 일이 일어나는지, 죄수들과 그 감시원들의 생활은 어떤 것인지, 감옥의 건물, 음식, 위생 상태는 어떠한지, 내부 규칙과 의학적 통제와 작업장은 어떠한지를 세상에 알리고 싶다. 그리고 거기에서 어떻게 빠져나오는지 또, 우리 사회에서 출소자들의 지위는 어떠한 것인지를 역시 알리고 싶다.[11]

푸코가 '감옥 정보 그룹'을 창설한 이유를 간단히 요약하면, 감옥과 죄수들의 생활에 대한 알 권리뿐 아니라 광기와 이성의 구분과 마찬가지로 정상인과 수감자를 가르는 경계선이 불분명하기 때문이라는 것, 그리고 감옥의 현실을 통해서 권력의 메커니즘이 어떻게 전개되는지를 폭로하기 위해서라는 것이다. 그는 이 운동을 통해서 죄수들의 수감 환경을 알게 되었고, 죄수들의 과거에 대한 생생한 증언을 듣게 되었으며, 또한 "죄수들이 억압적 형벌 제도 속에서 당하는 도저히 참을 수 없는 것들을 말할 수 있기를"[12] 원했다고 말한다. 이러한 의도로 그는 죄수들에게 '참을 수 없는 것'들이 무엇인지를 다각적으로 조사하는 정치 활동을 전개하면서, 수감자들에게 그들이 세상과 단절되지 않았다는 것을 알려 주기 위한 투쟁 방법을 고안한다. 이 그룹은 4~5년 활동을 지속하다가 해체되었지만, 이러한 실천적 활동의 경험이 『감시와 처벌』을 준비하는 데 큰 도움이 되었을 것은 분명하다.

3   세 가지 유형의 처벌 방식

푸코는 1971년 한 인터뷰에서 처벌 사회의 세 가지 유형을 이렇게 설명한 바 있다. 첫째는 고대 그리스인들이 취했던 방식으로서 한 사회가 한 개인을 감당하거나 수용하지 못할 때 그를 추방하는 형식이다. 둘째는 일종의 형벌의 의식을 거행해서 죄인을 고문하거나 처형하는 방식이고, 셋째는 16~17세기부터 오늘날까지 계속되어 온 죄인을 수감하는 징역형의 방식이다.[13] 그러나 『감시와 처벌』에는 고대 그리스의 추방 대신에 고전주의 시대 말기의 인간주의적 처벌 방식이 들어가 있다. 다시 말해서 『감시와 처벌』에서 제시된 세 가지 처벌 방식은 왕권의 도구로서 고문을 가하는 신체형과 18세기 후반에 나타났지만 현실화되지 않은 이상적이고 인간주의적 개혁자들의 처벌 방법, 그리고 죄인을 감옥에 가두고 감옥의 규율에 익숙하도록 만드는 징역형이다. 이 세 가지 방식을 자세히 설명하면 다음과 같다.

첫 번째 처벌 방식은 이 책의 서두에서 묘사된 것처럼, 국왕을 살해하려던 시역(弑逆) 죄인에게 참혹한 고문을 가하고 처형하는 방식이다. 이 형벌은 죄인의 사지를 절단하거나 온몸에 끓는 기름을 퍼붓거나 하면서 고통을 극대화하는 방법으로 공개적인 의식 속에 진행된다는 특징을 갖는다. "고통스럽고, 잔인한 신체형은 신체 중심의 형벌"이고 "인간의 상상력이 극도로 확장되어 야만성과 잔혹성으로 만들어진 설명하기 어려운 형상"[14]으로 정의된다. 그것은 잔혹한 형벌로 구경하는 사람들에게 공포심을 심어 줌으로써 권력의 가공할 힘과 위대성을 보여 준다는 부차적인 목적을 갖는다. 그 당시 법은 왕권과 일치하는 것이므로, 법을 위반하는 것은 바로 왕권을 침해하는 행위로 간주되었다. 그렇다고 해서 신체형이 "법이 없는 극도의 잔인한 폭력성과 동일시되는 것은 아니다."[15] 그것은 고통에 관한 물질적 기술을 토대로 한 것이고, 세분화된 고통을 만들어 형벌을 부과하는 사법의 의식으로서, 아무리 극단적으로 집행된다 하더라도 '권력의 경제학'이라는 논리가 담겨 있는 것이다. 또한 이 신체형을 통해서 권력은 죄인의 자백을 이끌어 내어 재판의 정당성을 입증하면서 자신의 승리와 영광을 과시할 수 있다. 그러나 이 신체형의 의식이 권력이 의도한 것처럼 반드시 성공적으로 끝나는 것은 아니다. "국왕의 무서운 권력만을 보여 주어야 할 이러한 처형에서 카니발과 같은 축제의 양상이 벌어지기도 하는데, 여기서 역할이 전도되어 권력자가 농락당하고 죄인은 영웅시되는"[16] 일이 발생할 수도 있기 때문이다. 또한 수형자가 권력의 의지대로 자신의 범죄를 자백하지 않고 오히려 자백의 기회를 틈타 자신의 무죄를 주장하고 권력 당국을 공개적으로 비판하는 경우도 있다. 이렇게 되면 사법 권력의 재판을 정당화하려는 의식이 도리어 범죄자를 영광스럽게 만들면서 재판을 구경하는 사람들에게 폭동을 일으키는 구실이 되기도 하는 것이다.

두 번째 방식은 18세기 후반기에 인간주의 개혁자들이 신체형의 과도한 폭력성과 왕권의 남용을 비판한 담론들 속에서 제시된 것이다. "형벌을 완화해 범죄에 적합한 것으로 해야 한다. 사형은 살인범에게만 부과해야 한다. 인간성에 위배되는 신체형은 폐지되어야 한다."[17] 이렇게 개혁자들은 아무리 흉악한 살인자라도 처벌할 때 '인간성'을 존중해야 한다는 식으로 말한다. 이들의 담론 속에서 인간과 인간성은 빈번히 등장하는 용어라고 할 수 있다. 푸코는 이러한 인간주의적 입장을 계몽주의 시대에 나타난 진보적 현상의 반영으로 해석하지 않고, 이들이 징벌의 인간화를 주장한 이유는 무엇이며 '형벌의 완화'가 탄생한 배경은 무엇인지를 질문한다. 이러한 문제의식을 기반으로, 그는 18세기 형벌 제도의 완화가 생산력의 발달과 전반적인 부의 증가, 그리고 인구의 급증에 의해서 폭력이나 절도보다 부르주아지의 재산이나 소유권을 침해하는 위법 행위가 많아졌다는 것, 다시 말해서 유혈의 범죄보다 사기의 범죄가 급증했다는 사실과 관련되어 있음을 설명한다. 또한 과거에는 농민이나 극빈자들의 생계를 보장해 줄 수 있었던 권리가 새로운 법에 의해서 재산에 관한 위법 행위로 바뀌는 일이 많아지고, 소유권 혹은 재산 문제가 중요해지면서 치안상의 감시가 더욱 강화되었다는 것, 이런 상황에서 "민중의 위법 행위를 한층 더 엄중하고 지속적인 단속의 대상으로 삼아야 한다는 주장"과 "처벌하는 권력을 제한해야 한다는 주장"[18]이 양립하게 되었음을 밝혀낸다. 결국 처벌권이 더 이상 군주에 의한 보복이 아닌 사회계약론에 의해 사회를 보호한다는 의미로 전환되는 상황에서, 개혁자들이 형벌 제도가 '인간적'이어야 한다고 주장하는 것은 "형벌을 정하는 계산의 합리적 기초를 발견하지 못하는 무력함을 드러내 주는 것"[19]으로 해석할 수 있다는 것이다. 푸코는 개혁자들이 범죄와 투명하게 일치되는 처벌을 해야 한다는 입장에서 "처벌의 방법은 표상의 기술에 근거해 있어야"[20] 한다고 주장한 것을 표상적 처벌 방식으로 명명한다. 가령 정치가 르 펠르티에가 1791년에 새로운 형법을 제안하면서 범죄의 성격과 처벌의 성격은 정확히 일치된 관계로 보여야 하기 때문에 "범행이 잔인한 자는 신체형을 받아야 하고, 나태한 자는 중노동을 해야 하고, 비열한 자는 명예형을 받아야 한다."[21]라고 주장하고, "이러한 처벌은 그것을 생각하는 사람에게는 빈틈없이 그것으로 처벌받는 범죄의 기호가 될 것이며, 또한 범죄를 꿈꾸는 사람에게는 범행의 생각만으로도 처벌에 관한 기호를 일깨우게 될 것"[22]이라고 말하는 것은 모두 표상적 처벌 방식의 논리를 반영한 것으로 해석된다. 이러한 표상적 처벌 방식은 범죄자에게 범죄의 의지를 단념시키고, 사회에는 범죄의 피해에 대한 배상의 수단이 되고, 개인이나 사회에 교훈적인 가치를 줄 수 있어야 하고, 그 목적이 사회를 교화하고 동시에 범죄자의 정신을 교화하는 것이어야 한다. 또한 새로운 처벌 방식은 공개적인 체형(體刑)에서 발생할 수 있었던, 죄인이 영웅시되면서 민중적 저항이 일어나는 일을 없애기 위한 방법이기도 하다. 그러나 이러한 개혁자들의 제안은 결국 충분히 현실화되지 못했다. 프랑스 대혁명 전후로 만들어진 개혁안들은 그 이후에 발생한 여러 중요한 역사적 사건들과 혁명의 반동, 나폴레옹의 등장 등으로 적극적으로 추진될 수 없었기 때문이다. 인간주의적 개혁안 중에서 범죄인을 교화하기 위한 방법으로 제시된 규율의 기술 같은 것이 근대적 징역형의 감옥에서 규율과 시간표 같은 것으로 채택되었을 뿐이다.

세 번째 처벌 방식은 오늘날의 징역형으로서, 범죄인을 감옥에 가두고 규율에 익숙해지도록 하면서 교화한다는 목적을 갖는다. 그런데 주목해야 할 것은 이 방식이 본래 인간주의 개혁자들의 개혁안에서 제시된 처벌 방법이 아니었다는 점이다. 범죄인을 감옥에 가두는 징역형은 개혁자들이 다양한 범죄에 일치하는 여러 가지 처벌 방식을 제안했을 때 나온 처벌 방법 중의 하나였을 뿐이다. 가령 "징역은 개인의 자유를 침해한 사건(가령 유괴 행위 같은)이나 자유의 남용에서 발생하는 사건(방탕, 폭력) 등 모든 종류의 경범죄에 대한 투명한 징벌"[23]에 한정되어 있었다. 그런데 개혁자들은 대체로 이러한 징역형에 대한 발상을 비판했다. 그 이유는 이러한 "징역형이 여러 가지 범죄의 개별성에 대응할 수 있는 것이 아니고, 일반 대중에 대한 교훈적 효과도 없으며, 비용이 들고, 수형자를 나태하게 하고 그들의 악덕을 증가시킨다는 점에서 사회에 무익하고 유해한 것이기 때문이다."[24] 또한 감옥은, 수감자를 간수의 전횡에 방치해 둘 위험이 있거나 극심한 부정이 자행되더라도 감옥 밖에서는 전혀 알 수 없는, 암흑의 세계처럼 될 것이므로, "오늘날처럼 징역형이 사형과 가벼운 형벌 사이에서 중간 정도의 처벌의 범위를 모두 포괄할 수 있다는 것은 당시의 개혁자들이 즉각적으로 생각할 수 없었다는 것이다."[25] 문제는 이러한 징역형이 순식간에 징벌의 본질적 형태가 되었다는 데 있다. 징역형이 형법 개혁의 일반 원칙과 일치하지 않는데도 징벌의 가장 일반적 형태가 될 수 있었던 것은 고전주의 시대에 이미 영국과 미국, 네덜란드 등에서 만들어져 잘 운영되었다고 평가되는 '교정 시설' 같은 감옥의 모델이 있었기 때문이다. 푸코는 이러한 교정 시설과 개혁자들이 제안한 징벌 형태 사이의 일치점과 차이점을 이렇게 설명한다. 일치점은 범죄의 재발을 방지하고 죄인을 개조하는 역할이 중요하다는 것, 징벌에는 교정 기술이 필요하다는 것 등이고, 차이점은 개인에 대한 접근 방법과 개인에게 영향력을 행사하는 방식, 그리고 권력이 인간을 확실하게 개조하기 위해서 사용하는 도구 등이다. 특히 둘 사이의 차이점 중에서 개혁자들에게 중요한 것은 개인의 신체보다 범죄에 대한 '표상'인데, 감옥의 교정 시설에서 "형법의 적용 지점은 표상이 아닌 신체 그 자체"[26]라는 것이다. 이런 점에서 감옥과 같은 처벌 기관의 기본적 지침은 수감자의 신체와 정신을 엄격히 통제하는 일, 즉 기호가 아닌 훈련인 것이다. 그 훈련을 위해서 시간표, 품행 교육, 좋은 습관 갖기, 의무적인 운동, 규칙적인 활동, 공동 작업 등이 있는 것이다. 푸코는 이러한 교정 기술의 변화를 개인을 복종하는 주체로 만드는 처벌 권력의 전략으로 읽는다.

처벌 권력의 치밀한 기능은 죄인의 신체와 시간의 세심한 장악이고, 권위와 지식의 체계에 의한 죄인의 동작과 품행의 단속이다. 그것은 죄인을 한 사람 한 사람 교정하기 위해서 그들에게 적용하는 신중한 정형 수술이다. 엄밀한 의미에서 사법권으로부터와 마찬가지로 사회 자체로부터 유리되어 있는 권력의 자율적 지배이다.[27]

사회에서 감옥이 죄인을 교정하는 중심적인 처벌 기관으로 자리 잡고 징역형이 일반화됨으로써 이제 형벌의 적용 지점은 신체와 정신이 되었다. 신체는 신체형에서처럼 잔인한 폭력의 대상이 아니라 감시의 대상이자 규율에 길들여져야 할 대상이 된 것이다.

4   감옥, 규율, 신체

감옥에 관한 푸코의 관심과 의문의 출발점은 왜 서구 사회의 형벌 체제에서 징역형이 갑자기 획일적으로 시행되었을까 하는 점이다. 앙시앵 레짐의 시대에도 죄인을 감옥에 가두는 경우가 있었지만, 그것은 어디까지나 피의자의 신병을 확보하기 위한 수단으로서였다. 그 당시만 해도 감옥에 사람을 감금한다는 것은 형벌이 아니었기 때문이다. 그런데 반세기도 지나기 전에 감옥이 프랑스뿐 아니라 유럽 전역에서 거의 독점적인 처벌 기관이 된 것은 매우 놀라운 일이라는 것이다. 푸코는 그 이유를 무엇보다도 "죄인을 처벌하는 것보다 죄인을 감시 체제 안에 두는 것이 권력의 경제성이라는 차원에서 보다 효과적이고 비용이 적게 들기 때문"[28]이라고 설명한다. 또한 징역 제도가 전반적으로 시행된 18세기 말과 19세기 초는 새로운 유형의 권력 메커니즘이 마치 모세 혈관처럼 작동하던 때였으므로 권력의 효과가 개인의 신체와 행동 태도와 말, 학습 과정이나 일상생활의 구체적이고 세부적인 부분에까지 미칠 수 있었다는 것이다. 이 메커니즘에서 권력은 절대 군주의 시대에처럼 위에서 아래로 일방적으로 전달되는 것이 아니라 사회 체제를 향해 넓게 확산되거나 때로는 아래에서 위로 작용하는 민주적인 모습을 보이기도 한다. 이러한 권력 메커니즘의 변화에서 감옥은 처음부터 법을 위반하는 개인을 정상인으로 개조한다는 목적으로 운용될 수 있었다. 물론 이러한 변화에서 푸코의 관심은 이 글 서두에서 밝힌 것처럼 제도로서의 감옥이 아니라 감옥을 통해 나타난 권력의 규율 문제이다. 누구나 알고 있듯이 규율은 제도나 기관이 아닌 기술이다. 이러한 권력의 규율 기술은 개인을 기본 단위로 삼고 신체를 대상으로 한다. 다시 말해서 규율 기술의 목적은 반항적인 신체를 복종하는 신체로, 비효율적 신체를 효율적 신체로 만들기 위한 것이다. 규율 기술의 상당수는 오래전부터 수도원이나 군대에서 사용되어 오던 방식인데, 이것이 17세기와 18세기를 거치면서 교도소뿐 아니라 공장, 작업장, 학교와 병원에서 일반화된 것이다.

푸코는 신체에 대한 권력의 새로운 기술이 예전의 수도원에서의 규율과 다른 점을 세 가지로 설명한다. "첫째, 신체에 대한 통제의 규모가 다르다는 것, 즉 분리할 수 없는 단위로서 신체를 한 덩어리로 다루는 것이 아니라, 세밀하게 신체에 작용하고 미세한 강제력을 신체에 행사하며 기계적인 수준 ― 운동, 동작, 자세, 속도 ― 에 이르기까지 그 영향력을 확실하게 하려는 것", "둘째, 통제의 대상이 다르다는 것, 즉 통제의 대상이 행위의 의미 있는 구성 요소나 신체의 표현 형식이 아니라 동작의 경제성과 유효성 그리고 내적 조직이라는 것", "셋째, 통제의 양상이 다르다는 것, 활동의 결과보다는 활동 과정에 주목해서, 지속적이고 확실한 강제력을 전제로 해서 최대한으로 상세하게 시간과 공간 그리고 운동을 바둑판 눈금처럼 복잡한 기호 체계에 의해서 이뤄지게 한다는 것"[29]으로 설명한다. 권력의 새로운 규율 기술은 무엇보다 신체의 활동에 대한 면밀한 통제와 체력의 지속적인 통제를 통하여 "체력과 순종-효율성의 관계를"[30] 강제한다. 이러한 규율 기술을 통해서 인간의 신체는 그것을 파헤치고 분해하고 재구성하는 권력 장치 속으로 편입해 들어가고, 종속되는데, 푸코는 이것을 정치 해부학의 탄생이라고 말한다. 푸코는 정치 해부학을 권력의 '미시 물리학(microphysique)'과 거의 동의어처럼 사용한다. 그것들은 모두 신체에 대한 정치적이고 미시적인 공격 방법이자, 신체의 세부적인 문제들을 전체적 기능과 유기적으로 연결시키는 통제의 기술이기 때문이다. 이러한 규율 권력은 복종하고 규율화된 신체, 순종하는 신체를 만들어 낸다. "규율은 (효율성이라는 경제적 관계에서는) 신체의 힘을 증가시키고, (복종이라는 정치적 관계에서는) 동일한 그 힘을 감소시킨다."[31] 푸코는 새로운 정치 해부학이 고안한 것을 돌연한 발견처럼 이해해서는 안 된다고 말한다. 그것은 상이한 기원과 다양한 과정을 거쳐서 오래전부터 치밀한 권력 메커니즘으로 작동해 온 술책과 책략 같은 것이기 때문이다.

규율의 기술 중에서 신체의 활동을 통제하는 방법 중에는 '시간표의 엄수'라는 것이 있다. 물론 시간표의 규율을 지켜야 한다는 것

역시 수도원에서 오래전부터 사용된 방식이다. 그러나 수도원에서 사용된 전통적 형태의 시간표 원칙은 수도사들이 나태해지는 것을 금하고, 도덕적 과오의 가능성을 방지하기 위한 것이었다. 그런 점에서 그것이 금지와 방지의 부정적 기능에 초점을 맞춘 것이라면, 새로운 규율 권력에서의 시간표는 시간을 분해해서 최대한의 효과를 이끌어 내어 구성원들의 생산성을 높이는 긍정의 원리를 기반으로 삼고 있다는 점에서 다른 것임을 푸코는 강조한다.[32] 규율은 신체를 통제하면서 동시에 신체를 개별화한다. 한마디로 "규율은 개인을 제조한다."[33] 규율은 개인을 기본 단위(la cellule)로 삼아, 권력 행사의 객체와 도구로 이용하는 것이다. 권력은 개인의 신체를 기계적인 신체처럼 작동하게 만들려고 하지만, 그것은 합리적 기계 장치의 신체가 아니라, 어디까지나 훈련을 위한 신체이고, 권력에 의해 어느 한계선까지 조작될 수 있는 신체이다. 푸코는 18세기의 두 가지 중대한 발견이 '사회의 진보와 개인의 생성'임을 말하고, 이것이 "권력의 새로운 기술, 즉 단위의 분할이나 계열화, 종합 그리고 총체화 등에 의해 시간을 관리하고 이용할 수 있는 새로운 방식"[34]과 관련되었을 것으로 추정한다. 개인을 제조하고 생성하는 과정에서 중요한 것은 훈련이다. "훈련은 신체에 반복적이면서 동시에 상이하고 또한 점증적인 임무를 부과하는 기술"[35]이기 때문이다. 훈련은, 개인의 신체와 시간에 관한 정치적 기술의 운용 방법을 통해 끊임없이 반복되면서 신체를 완성시키고 복종을 지향하는 것이다. 그리하여 시간을 철저히 관리함으로써 복종하는 개인을 만들어 내기 위한 권력의 기술은, "위계 질서적 감시의 시선, 규범화된 상벌 제도, 그리고 이것들을 규율 권력

특유의 방식인 시험을 통하여 결합하는 방식 등"[36]을 이용한다. 여기서 '위계질서적 감시'는 매우 중요하다. 규율에서의 기본 단위가 바로 서열 중심이고, 이것은 권력의 메커니즘을 기능적으로 가동시키는 데 필수적이기 때문이다. 또한 '규범화된 상벌 제도'는 공장이나 학교 같은 기관에서 이용되는 방법으로서, 규범을 위반하는 반항적 신체를 처벌하고 규범을 잘 준수한 개인에 대해서 상을 주는 제도이다. 푸코는 이런 관점에서 법과 규범을 구별한다. 중세부터 고전주의 시대까지만 하더라도 군주권을 반영하는 법이 권력의 중심적인 지배 형태였지만 근대 사회는 법보다 규범으로 작동한다고 보았기 때문이다. 법에 의한 형벌 제도가 법조문에 의거하여 허용과 금지라는 이원적 대립으로 구조화되고, 자유의 공간 같은 허용 영역의 경계를 정하여 위법 행위를 한 개인에게 외부적으로 적용되는 것이라면, 규범의 처벌 방법은 개인의 성과를 자극하면서, 개인에게 위계질서의 서열을 높일 수 있는 방법으로 이용되는 내부적인 적용 방식이다. 그것은 개인적 행위의 내부로 들어가 그의 생활 전체와 관련된 어떤 행위의 원동력이 되기도 한다. 법이 완전히 공개적이고, 엄격히 지켜야 할 것이라면, 규범은 어느 정도 비공개적이고, 모호한 것이라고 할 수 있다.

푸코는 이렇게 법과 규범을 구별하는 것과 마찬가지로 규범과 규율도 구별한다. 규율은 훈련의 기능으로 신체를 대상화한 것인 반면에, 규범은 개인의 신체가 아닌 공동의 기준과 척도를 만드는 방법으로서, 규율을 위반하는 것과 규범을 위반하는 것은 다르다. 그것의 차이는 개인이 속한 기관의 운용 방식에 따라 다르겠지만, 규율 위반의 처벌이 직접적이고 일시적이라면 규범 위반의 처벌은 간접적이고 지속적이라고 할 수 있다. 또한 규범은 개인을 측정하고 평가하는 개인화의 근거가 된다는 점에서 더 중요한 것일 수도 있다. 규범화 권력은 "개인의 편차를 측정하고, 수준을 정하고, 특성을 규정하고, 상이점을 서로 조정하여 유익한 것으로 만들면서 결국 개별화"[37]와 개인화를 지향한다. 이런 점에서 푸코는 근대 사회를 특징짓는 요소 중의 하나가 규범화 시대의 도래라는 것을 강조한다. "감시와 마찬가지로 그리고 감시와 더불어, 규범화는 고전주의 시대 말기에 이르러 권력의 중요한 도구들 중의 하나가 된다."[38] 규율 권력이 개인의 신체 속에 규범화된 행위를 각인시키려 하는 것은 당연하다. 규범이 있는 곳에는 정상과 비정상의 기준이 따르기 마련이다. 정상과 비정상의 규범을 확산하고 정착시키는 일에 관여하는 것이 바로 지식과 학문이기도 하다. 흔히 푸코에게서 권력과 지식의 상관성이 논의되는 것은 바로 이 지점에서인데, 19세기부터 학문 세계에서 권력과 지식의 연관성이 커지는 것은 진실이 규범화될 뿐 아니라 진실에 근거한 '시험'이 중요한 요소로 등장하기 때문이다. "시험은 감시하는 위계질서의 기술과 규범화를 만드는 상벌 제도의 기술을 결합한 것이다. 시험은 규범화하는 시선이고, 자격을 부여하고 분류하고 처벌할 수 있는 감시이다."[39] 푸코는 사람들이 인문과학의 이데올로기에 대해서는 자주 언급하지만, 시험을 통한 문제와 해답의 방식, 성적 평가와 분류 체계 등에 관한 사소한 기술에 대해서는 논의하려고 하지 않는 현상을 비판한다. "시험이라는 아주 친숙하게 생각되는 방식이야말로 단 하나의 메커니즘 속에서 지식을 채택하고 확립할 수 있는 권력의 관계들을 이용하는 것이 아닐까?"[40]라는 그의 말은 그러한 비판 의식을 반영한다. 푸코는 시험이 규율 권력과 상관관계로 이뤄진 것으로서 규범화한 개인을 만들어 내기 위한 중요한 정치적 수단임을 말한다. 시험은 학교와 병원과 공장에서 순응적인 신체를 확실하게 만드는 방법이기도 하다. 시험이 권력 행사의 일정한 형태와 지식 형성의 일정한 형식을 연결시키는 구조를 갖는다는 근거는 다음과 같다. 첫째 "시험은 권력 행사에서 가시성의 경제를 역전시킨다."[41] 둘째 "시험은 개인을 자료의 영역 속에 집어넣는다."[42] 셋째 "시험은 기록에 관련된 모든 기술을 통하여 모든 개인을 하나의 사례로 만든다."[43] 결국 시험은 개인을 권력의 결과와 대상으로, 그리고 지식의 결과와 대상으로 만든 여러 가지 방식들의 중심에 자리 잡게 된다.

여기서 덧붙일 것은 근대의 규율 체계에서 개인화는 상승 지향적이 아니라 하강 지향적이라는 푸코의 주장이다. 상층부의 권력이 더 익명적이고 기능적이 됨에 따라 권력의 영향을 받고 권력에 종속되는 사람들은 더욱 개인화 성향을 보이게 된다는 점에서 푸코는 "규율의 체제 안에서는 어린이가 어른보다 더 개인화되고, 환자가 건강한 사람보다 더 개인화되며, 비행자(非行者)가 보통 사람이나 규범을 준수하는 사람보다 더 개인화된다."[44]라고 말하는 것이다. 이러한 주장은 근대 문명 안에서 개인화의 모든 메커니즘이 약자나 일탈자 혹은 소수자 중심으로 작동하면서 이들의 기록이 더 세밀해진다는 판단에 근거한 것이다. 그러나 오늘날과 같은 21세기의 정보 사회는 전자 감시가 일상화되어 있다는 점에서 지배자건 피지배자건, 권력자건 피권력자건 누구나 무차별적으로 개인 정보가 기록되고 노출되고 이용되고 있으며, 때로는 감시를 당하는 사람이 자신에게 이익이 될 수 있다고 생각하며 감시에 필요한 정보를 제공할 정도로 개인의 정보가 넘쳐나는 사회, 그야말로 만인의 개인화 사회라고 말할 수 있을 것이다.

5 판옵티콘 구조의 사회

푸코는 모두 4부로 구성된 이 책의 3부 3장, 즉 '판옵티콘 감시 체제(le Panoptisme)'란 제목의 장에서 벤담의 판옵티콘 원리를 통해 현대 사회의 권력 메커니즘을 설명한다. 그는 판옵티콘 문제에 관심을 갖게 된 이유를 이렇게 말한다.

판옵티콘에 대해서 처음으로 관심을 갖게 된 것은 임상의학의 기원에 대하여 연구할 때였습니다. 나는 18세기 후반 의료 기관의 대대적인 개혁 운동이 전개되었을 무렵에 제시된 병원 구조에 대하여 연구하려는 생각을 갖고 있었지요. (……) 1772년 파리시립병원 화재 이후에 나타난 여러 가지 병원 설계 도면을 검토하다 보니까, 어느 도면이건 가장 중요한 원칙은 어떻게 하면 인간의 육체 혹은 개인과 사물을 중앙 집중적인 시선 속에서 관찰할 수 있는가의 문제인 것을 알았습니다. (……) 그다음에 형벌 체제를 연구하면서, 감옥의 구조를 개선하려는 계획의 모든 문제도 그와 다름없다는 것을 알았습니다.[45]

푸코에 의하면 모든 대상을 끊임없는 관찰과 감시의 대상으로 둔다는 점에서 병원과 감옥의 기능은 같은 것이다. 물론 사람들의 불필요한 접촉을 최대한 줄이고 전염병 위험을 막기 위해 환자의 상태를 관찰하고 감시하는 병원 시설과 재소자들의 육체와 정신을 통제하기 위해 만든 감시 시설이 기능적으로 일치할 수는 없겠지만, 두 시설이 모두 "모든 것을 한눈으로 볼 수 있는" 판옵티콘 구조를 필요로 한다는 점에서는 마찬가지이다. 그 당시 감옥의 구조를 개선하기 위해서 벤담이 고안한 판옵티콘은 원형 감옥이라고 할 수 있다. 원형 감옥의 중심에는 높은 감시탑이 있고, 둘레에는 한 사람씩 감금할 수 있는 독방들이 있다. 이 건물의 특징은 어둠 속에서 중앙의 감시자는 보이지 않고, 감시되는 독방은 밝은 빛을 통해 투명하게 보이도록 설계되었다는 데 있다. 간단히 말해서 "판옵티콘은 '바라봄-보임'의 결합을 분리하는 장치로서", 감시자는 모든 것을 볼 수 있지만 감시되는 사람들은 감시자를 전혀 볼 수 없도록 구성된 장치인 것이다. 푸코는 "판옵티콘이 벤담 이전에 있었다 하더라도, 판옵티콘을 실제로 만든 사람은 벤담"이며, "판옵틱(panoptic)이란 용어가 중요한 것은", "그것이 전체의 원칙을 가리키는 것"[46]이기 때문임을 강조한다. 다시 말해서 벤담은 단순히 감옥이나 병원과 같은 특정한 건축물을 설치하기 위해서 판옵티콘을 고안한 것이 아니라 급증하는 인구에 대한 효과적인 권력 행사의 방법으로, 즉 "감시의 문제를 해결하는 데 가장 적합한 기술을 찾으려" 하다가 그것을 발견한 것이므로, 국가의 입장에서는 그것을 이용할 수밖에 없었다는 것이 푸코의 생각이다. 그러므로 그는 "판옵티콘 체제를 국가 기구가 독점한 것이 아니라, 지역적으로 확산된 작은 판옵티콘 체제들에 국가 기구가 의존하고 있었다."라고 말하기도 한다.[47] 그러므로 벤담의 판옵티콘이 감옥의 구조로서 현실화되지 않았다 하더라도 그 원리는 현대 사회의 어느 곳에서나 이용되고 있음을 푸코는『감시와 처벌』에서 이렇게 주장한다.

> 판옵티콘은 죄수를 교화하는 효과뿐 아니라, 병자를 간호하고, 학생을 교육하고, 광인을 가두고, 노동자를 감시하고, 걸인이나 빈둥거리며 나태한 사람을 일하게 만드는 효과를 거둔다. 그것은 신체 배치, 개인들 상호 간의 비교 분배, 위계질서적 조직 구성, 권력의 중심부와 연결 부분의 배치, 그리고 권력의 도구와 관여 방식의 규정 등 하나의 본보기가 될 수 있는 이러한 형태들이 병원이나 작업장, 학교 그리고 감옥에서 이용될 수 있다는 것이다.[48]

이렇게 판옵티콘 체제가 여러 기관을 통하여 사회적으로 확산될 수 있었던 것은 그것이 생산을 증진시키고, 경제를 발전시키며, 교육의 기회를 넓히면서 개인의 역량을 강화시키며, 비용이 들지 않는 매우 효과적인 방법이기 때문이다. 근대적 권력 행사에서 경제적인 비용뿐 아니라 정치적인 비용도 중요시한다는 것은 잘 알려진 사실이다. 봉건 군주의 체제에서는 권력을 유지하는 데 필요한 경제적 비용도 엄청났을 뿐 아니라, 폭력을 사용할 경우 저항이나 반란을 초래할 수 있어서 정치적 부담도 컸다. 그러나 벤담의 판옵티콘은 거의 비용이 들지 않는 경제적 감시 체계이다. 여기서 중요한 것은 오직 시선일 뿐이다. 더 이상 군대도, 물리적 폭력도, 물질적 제약도 필요 없다. 또한 감시의 시선은 수감자에게서 시선의 내면화 과정을 초래하기 마련이므로, 감시자가 없어도 권력이 끊임없이 작동하는 효과가 있다.

판옵티콘은 무엇보다 규율에 의존한 체제이다. 판옵티콘으로 작동하는 규율은 권력을 보다 신속하고 효율적으로 행사하게 하는 기능적 장치이기도 하다. 고대 사회가 여러 가지 성대한 의식을 동반한 스펙터클의 사회라면, 근대 사회는 판옵티콘의 감시 사회이고 규율 사회이다. 이 사회에서 다수의 인간들은 규율에 의해 질서 정연하게 배치되고, 개인은 하나의 톱니바퀴와 같은 존재로서 권력의 감시 장치 속에 완전히 노출되어 있다. 이렇게 작동하는 규율의 특성은, "첫째, 권력의 행사에 가능한 한 경비가 들지 않게 할 것", "둘째, 사회적 권력의 효과가 가능한 한 최대한의 강도로 파급되도록 할 것", "셋째, 권력의 이러한 경제적 발전과 권력이 행사되는 기관(교육, 군대, 산업, 의료 기관 등)의 효율성을 연결시킬 것"[49]이라는 원칙들을 따른다. 이러한 규율의 목표는 경제성, 효과, 그리고 효율성을 중시하는 것이다. 규율은 그러므로 신체의 힘을 정치적 힘으로 만드는 과정에서 저비용과 고효율로 그 효과를 극대화할 수 있는 권력의 기술이며, 판옵티콘 체제의 규율 권력이 지향하는 목표이기도 하다. 이러한 기술을 통해 부르주아 계층은 무너지지 않을 그들의 헤게모니를 구축할 수 있었다.

판옵티콘 체제에서 또한 중요시해야 할 것은, 이러한 권력이 단지 한 사람의 권력 행사자와 다수의 피권력자의 관계를 상정하는 것이 아니라는 점이다. 판옵티콘 권력은 사람에 의해서 소유되는 것이 아닌 메커니즘이기 때문이다. 그것은 끊임없이 작동한다. 권력이 톱니바퀴 같은 장치로 작동함에 따라, 사람은 기계의 부품으로 혹은 위치나 자리로만 존재할 뿐이다. 물론 그 자리는 끊임없이 이동한다. 그렇게 사람의 자리가 바뀌는 판옵티콘의 구조에서는 아무도 신뢰할 수 없는 불신의 장치가 가동할 뿐이다.

판옵티콘의 구조에서 모든 개인은 자신의 자리에 따라 다른 사람들로부터 혹은 모든 사람들로부터 감시의 대상이 된다. 우리는 아무도 믿을 수 없는 완전하고 또한 순환되는 불신의 장치에서 벗어나지 못한다. 왜냐하면 절대적으로 고정된 상태는 존재할 수 없기 때문이다. 완벽한 감시란 악의의 종합으로 이뤄진 것이다.[50]

"완전하고 또한 순환되는 불신의 장치"는 감시자들에게도 예외가 아니다. 중앙에 있는 감시자는 수감자들을 감시할 뿐 아니라 자신의 조력자인 다른 감시원도 감시한다. 그러나 그가 이처럼 모든 사람을 감시하는 위치에 있다고 해서, 권력 메커니즘의 최정상에서 그 메커니즘을 자의적으로 조정할 수 있는 권력자인 것은 아니다. 벤담은 중앙에 있는 감시탑에 누가 있는지를 설명하지 않았다. 그 자신도 권력의 근원이 어디에서 오는지를 명확히 모르기 때문일 것이다.

오늘날 우리는 만인이 만인을 감시하는 완벽한 판옵티콘 구조의 사회 속에 살고 있다. 물론 벤담이 판옵티콘 감옥 구조를 설계했을 때나, 푸코가 『감시와 처벌』을 준비했을 1970년대만 하더라도 오늘날처럼 컴퓨터와 정보 기술이 발전하지는 않았다. 그러나 『감시와 처벌』에서 푸코가 제시한 판옵티콘 구조와 장치 혹은 작은 판옵티콘들이 날이 갈수록 더 번창하고 더욱 정교한 기능을 갖추어 가는 것이 오늘날 우리의 현실이다. 우리는 잠자고 있건 깨어 있건, 직장에 있건 집에 있건 모든 것이 감시되는, 혹은 감시받고 있는 의식 속에서 살아

『감시와 처벌』과 현대 사회의 권력

간다고 말해도 지나침이 없다. 직장에서는 각종 규범과 시험에 의해 개인의 능력을 평가하는 자료들이 매일같이 늘어나고, 좋은 평가를 받기 위해 사람들은 더욱더 기계의 부품처럼 일해야 하고, 직장 밖에 서는 개인의 생활 방식과 소비 습관, 동선과 방문지, 만나는 사람들과 나누는 대화, 언행과 취미 등 모든 것이 낱낱이 기록된다. 휴대폰이나 문자 메시지 혹은 전자 메일도 모두 권력에 의해 감시받고 있다는 느낌 속에서 살아가야 한다. 도처에 규범화 권력이 있고, 개인의 정보가 노출될 위험은 산재해 있다. 문제는 날이 갈수록 이러한 판옵티콘 사회의 그물망이 더욱 더 촘촘해지고, '아무도 믿을 수 없는 완전한 불신의 사회'가 심화되어 간다는 데 있다. 이러한 비인간화 사회에서 정보화가 발전할수록 개인에 대한 감시의 기능이 더욱더 정교해지고 철저해진다는 것은 의심할 수 없는 사실이다.

6   감옥과 범죄자

푸코는 이 책의 4부 2장, '위법 행위와 범죄'에서 감옥이 이미 19세기에 형사 사법의 대실패작으로 비판받은 이유를 종합적으로 설명한다. "감옥은 범죄 발생률을 감소시키지 않는다." "징역형은 재범을 유발한다." "감옥은 어김없이 범죄자(le délinquant)를 만들어 낸다." "감옥은 범죄자들이 서로 연대하여 위계질서를 이루고 미래의 모든 공범 관계를 준비하는 범죄자 집단의 조직을 조장한다." "전과자들에게 가해지는 여러 가지 조건들로 인해, 그들은 운명적으로 재범의 굴레에서 벗어날 수 없다." "감옥은 수감자의 가족을 빈곤 상태에 빠지게 함으로써 간접적으로 범죄자를 만들어 낸다."[51] 그렇다면 여기서 범죄자란 무엇인가? 이 책에서 푸코는 19세기의 대표적인 범죄자로서 비독과 라스네르의 예를 든다. 비독은 "난동, 모험, 사기, 싸움과 결투, 입대와 탈영의 연속, 매춘, 도박, 소매치기, 급기야는 엄청난 강도 집단 합류 등"[52]의 파렴치한 범죄자이고, 라스네르는 "사기, 탈영, 사소한 절도, 징역, 옥중에서 맺은 우정의 재현(범죄의 공모 같은 것), 협박과 공갈, 살인 미수, 재범의 연속"[53] 등으로 범죄자의 전형이라고 할 수 있는 사람이다. 푸코는 이러한 범죄자들이 등장한 배경을 앞에서 언급한 것처럼 "생산력의 발달과 전반적인 부의 증가, 인구의 급증"에 따른 위법 행위의 변화, 즉 유혈의 폭력보다 소유권의 침해 같은 사건과 관련되어 있다는 논리로 설명한다. "17세기의 범죄자는 지칠 대로 지치고, 먹을 것이 없어서 순간적으로 분노가 폭발하는 사람들, 수확기에 앞선 여름철의 범죄자들이었지만, 18세기의 범죄자는 교활한 사람들, 약삭빠른 사람들, 계산적이고 음흉한 사람들이며 그들의 범죄는 소외 계층 사람들의 행위로 요약될 수 있다."[54] 이러한 범죄자들이 새로운 행형 제도에 의해 감옥에 수감되는 다수가 됨으로써, 감옥과 범죄자들의 상호 관계가 형성된다. '징역형이 재범을 유발한다'거나 '감옥이 어김없이 범죄자들을 만들어 낸다'는 것은 감옥 안에서의 교육이 아무리 교육적이더라도 한번 수감자가 되면 개선된 시민이 되기는커녕 전과자가 따르는 범죄의 수레바퀴 속에서 빠져나오기 어렵기 때문이다. 누구라도 법을 위반하는 범죄를 저질러 감옥에 들어가면, 시민으로서의 지위는 완전히 박탈당한다. 그는 감옥의 규율을 따를 수밖에 없다. 더욱이 감옥의 소장은 수감자의 생활 태도를 평가해서 형벌 시간을 단축시킬 수 있는 재량권이 있기 때문에, 수감자는 간수들에게 규율을 잘 따르는 순종하는 모습을 보여야 한다. 그러나 수감자가 순종하는 신체로 행동하는 것은 오직 '시민으로서의 지위'가 박탈된 감옥에서일 뿐이다. 그가 출감하여 '시민으로서의 지위'를 회복한다고 해서, 자유롭고 주체적인 시민의 삶을 살 수는 없다. 그는 자유롭고 주체적인 시민의 교육을 받은 것도 아니고, 교육을 받았다 해서 변화한다는 것은 거의 불가능에 가깝기 때문이다. 더욱이 사회가 전과자를 호의적으로 받아들이지 않는 상황에서 그는 감옥에서 알게 된 동료들과 어울려 지낼 수밖에 없고, 그들과 다시 범행을 모의할 수밖에 없는 것이다.

인구가 늘어나고 경제가 발전하면, 범죄도 증가하고 경찰력도 강화되기 마련이다. 경찰은 '사회를 보호해야 한다'는 명분 아래 "한층 더 엄중해진 치안상의 감시 수단, 주민에 대해 한층 더 철저해진 지구 단위의 경비망, 감시, 체포, 정보에 관해 한층 더 치밀하게 정비된 기술"55을 갖추게 된다. "경찰과 범죄 혹은 범죄자의 공존 관계가 시작된 것은 바로 이 무렵, 1840년대이다."56 푸코는 이 시기에 권력은 감옥이 재소자들을 교화하지 못하고 오히려 범죄와 범죄자들을 양성하였기 때문에 감옥이 실패한 제도임을 처음으로 인정하게 되었다고 말한다. 감옥이 실패한 제도라고 해서 감옥 아닌 다른 처벌 방식을 고안할 수도 없을 것이다. 이런 상황에서 경찰이 범죄자를 이용하려는 생각을 갖게 되는 것은 당연하다. 감옥이 만들어 낸 범죄자들은 다른 범죄자들을 감시하는 역할을 할 수 있다는 점에서 권력에 유익한 존재가 되기 때문이다. 푸코가 19세기의 대표적인 범죄자로 예를 든 두 사람 중에서 비독은 온갖 범죄를 되풀이하다가 처음에는 정보원으로 다음에는 경찰로, 그리고 나중에는 경찰 기구의 최고 지위에까지 오른 사람으로서, 경찰과 범죄자의 유착 관계를 잘 보여 주는 예가 된다. 그러므로 경찰은 범죄자들과 일반 시민들 사이의 화합을 도모하거나 범죄자들의 사회 적응에 신경을 쓰기보다 범죄자들이 얼마나 위험하고 사악한 존재인지를 부각하면서 범죄자들과 시민들을 분리하려고 한다. 그렇게 하여 경찰은 범죄자들 혹은 전과자들을 사건 수사에 필요한 밀고자로 이용하거나 하수인으로 삼기도 하고 부르주아지 편에서 노동자들의 파업을 분쇄하는 폭력의 수단으로 삼기도 하는 것이다.

7 결론을 대신하여

사회학자 마크 포스터는 "『감시와 처벌』이 마르크스의 역사적 유물론에 대한 대안으로 푸코의 가장 훌륭한 업적을 보여 주는 것"이며, "방법론과 개념적 전개 그리고 내용에 있어서, 생산 양식이 총체적인 역사의 중심이 아니라는 비판이론의 한 입장을 보여 준"[57] 성과를 말한다. 그의 적절한 평가처럼 생산 양식이나 노동 양식보다 정보 양식이 중요시되는 현대 자본주의 사회에서 푸코가 제시한 권력의 문제들은 매우 유효한 것이라고 할 수 있다. 푸코는 마르크스 유물론의 한계에서 벗어나 니체의 계보학 개념을 적용함으로써 감옥의 처벌 방식을 문제시하고, 또한 현대 사회의 구조와 문제점을 깊이 있게 분석할 수 있었다. 또 그는 봉건 군주 시대의 신체형과 근대적 감옥형을 비교하고 대비하여 역사의 연속성이 아닌 '전(前)근대적 사회'와 '근대적 사회'의 차이와 불연속성을 보여 주었다. 이러한 감옥의 계보학을 통하여 우리는 권력의 억압과 처벌 체계를 단순히 계급 구조로 환원시킨 마르크스주의자들의 시각에서는 볼 수 없는 감시 사회 혹은 판옵티콘 사회의 규율과 규범화 체제가 수많은 장소에서 각기 독특한 방식으로 작동할 뿐 아니라 계속 심화된다는 것을 알게 되었다. 들뢰즈는 『감시와 처벌』에 대한 서평에서 푸코를 "마르크스주의 이후에 처음으로 새로운 권력 개념을 만들어 낸 사람"[58]이라며 높이 평가한 바 있다. 이런 관점에서 『감시와 처벌』에 나타난 푸코의 새로운 권력 개념을 정리해 본다면 다음과 같다. 첫째, "권력은 하나의 소유물이 아니라 전략으로서 이해되어야 하며, 권력 지배의 효과는 소유에 의해서가 아니라 배경, 조직, 전술, 기술, 작용 등에 의해서 이루어지는 것"[59]이다. 둘째, 근대 사회는 규율 사회이고, "규율은 어떤 제도와도, 어떤 기구와도 동일시될 수 없는"[60] 권력의 기술이다. 셋째, 권력의 기술로서 규율은 개인에게 순종성과 효율성을 익숙해지게 해 결국 복종하는 신체, 기계적인 신체를 만든다. 즉 "복종의 기술을 통해서 새로운 객체가 만들어지는 것이다."[61] 넷째, 판옵티콘 감옥의 구조가 그렇듯이, 규율 권력의 체제 안에서 "권력은 더 익명적이고 기능적이 되면서 권력의 지배를 받는 사람들을 한층 더 분명하게 개인화시키는 경향을 보인다."[62] 다섯째, 규율 권력의 시대에는 "배제한다, 처벌한다, 억누른다, 검열한다, 고립시킨다, 은폐한다, 감춘다 등의 부정적 표현으로 권력의 효과"[63]가 작용하지 않고 긍정적이고 생산적으로 작용한다. 여기서 권력의 효과가 '긍정적이고 생산적으로 작용'한다는 것은 개인의 자유와 반항의 가능성을 말하는 것이기도 하고, 권력의 감시에 대항하여 권력을 역감시할 수 있는 방법의 가능성을 암시하는 말이기도 하다. 그러나 개인의 자유와 반항은 과연 어디까지일까? 그리고 권력에 대한 역감시의 한계는 무엇일까? 이것은 계속 검토해야 할 문제이다. 이러한 문제 제기의 의미를 포함하여 『감시와 처벌』의 성과를 결론적으로 말한다면, 19세기까지의 감옥의 역사를 서술하는 차원을 넘어서서 현대 사회에서 확산된 판옵티콘 정보화 사회의 메커니즘과 인간의 예속화를 예리하고 근원적으로 파헤친 점이라고 할 수 있다. 벤담의 판옵티콘 체제가 중앙의 감시탑이 고정되어 있는 반면 현대 사회의 전자 감시 체계는 중앙이 분산되어 있고 이동하는 것이 되었지만, 푸코가 제시한 판옵티콘의 원리가 달라지지는 않았다. 이런 점에서 이 책의 가치는 정보화 사회가 더욱 진전될수록 다양한 해석의 여지를 제공하면서 새롭게 평가될 것이다.

오생근 서울대학교 불어불문학과를 졸업하고 파리 제10대학에서 박사 학위를 받았다. 성심여자대학교, 서울대학교 불어불문학과 교수를 역임했고 현재 서울대학교 명예교수이다. 1970년 《동아일보》 신춘문예에 당선된 이래 문학 평론가로도 활동했다. 저서로 『미셸 푸코와 현대성』, 『초현실주의 시와 문학의 혁명』, 『프랑스어 문학과 현대성의 인식』, 『위기와 희망』, 『문학의 숲에서 느리게 걷기』, 『그리움으로 짓는 문학의 집』 등이 있고 역서로 푸코의 『감시와 처벌』, 앙드레 브르통의 『나자』 등이 있다. 대산문학상, 현대문학상, 편운문학상, 팔봉비평문학상, 대한민국학술원상 등을 수상했다.

27

포괄적 합리성과 사회 비판

하버마스의 『의사소통행위이론』 읽기

장춘익 (한림대학교 철학과 교수)

위르겐 하버마스(Jürgen Habermas, 1929~)

독일 뒤셀도르프에서 태어났다. 괴팅겐과 취리히, 본 대학에서 철학, 역사학, 심리학, 독일 문학을 수학했다. 1956년 프랑크푸르트 대학 사회연구소에서 아도르노의 조교로 일하게 되면서 프랑크푸르트학파의 비판이론을 계승했다. 1964년 호르크하이머의 후임으로 프랑크푸르트 대학의 철학, 사회학 교수가 되었고 사임과 복귀를 거쳐 1993년 은퇴하였다.

비판이론과 함께 마르크스, 베버, 정신분석학, 언어철학, 가다머의 해석학, 미드와 퍼스의 사회학, 인지발달심리학에 이르기까지 폭넓은 학설을 비판적으로 수용하고 실증주의 논쟁, 체계이론 논쟁, 근대성 논쟁, 정치적 자유주의 논쟁 등 20세기 중후반의 굵직한 철학·사회과학 논쟁을 관통하며 이론을 전개해 나갔다. 저서로 대표작 『의사소통행위이론』을 비롯해 『공론장과 구조 변동』, 『인식과 관심』, 『이론과 실천』, 『현대성의 철학적 담론』, 『사실성과 타당성』 등이 있다. 지금도 활발한 저술과 강연 활동을 펼치고 있다.

1 『의사소통행위이론』이라는 책

『의사소통행위이론』[1]은 하버마스 자신이 "괴물"[2]이라고 회고했을 정도로 매우 다양한 이론적 자원이 동원된 아주 복잡한 지적 건축물이다. 그럼에도 이 책이 추구하는 바를 한마디로 요약한다면, 자본주의 사회, 그것도 후기 자본주의 사회를 겨냥한 비판적 이론이라고 할 수 있을 것이다. 그가 시도하는 비판은 자본주의 사회에 대해 전적으로 다른 대안을 추구하는 마르크스식의 희망찬 부정도 아니고, 실질적 대안 없이 고통을 호소하는 초기 비판이론식의 절망적 부정도 아니다. 하버마스는 사회합리화의 관점에서 자본주의적 근대화를 분석하며, 자본주의 사회가 근대에 풀려난 합리성을 일면적으로만 구현하였음을 지적하고자 한다. 합리성의 일부만이 철저하게 구현된 불균형의 상태, 혹은 특정 합리성 요소에 의한 다른 합리성 요소의 왜곡과 훼손에서 자본주의 사회의 문제점을 보려는 것이다.

> 이 연구로 나는 비판적 사회 이론의 규범적 토대를 밝히는 의사소통행위이론을 도입하고자 한다. 의사소통행위이론은 (……) 자본주의적 근대화의 선택적 유형을 다시 통합 학문적으로 연구할 수 있게 하는 틀이 되고자 한다.(2, 608)

자본주의 사회를 일면적 사회합리화의 결과로 파악하려는 작업은 크게 보아 두 가지 이론적 과제에 마주하게 된다. 첫째, 자본주의 사회에서 철저하게 구현된 합리성을 합리성의 전모가 아니라 일면일 따름인 것으로 규정할 수 있게 하는 포괄적인 합리성 개념을 제시할 수 있어야 한다. 둘째, 그런 포괄적 합리성을 사회의 재생산에서 실제로 충족되어야 할 요구로서 입증하고, 사회의 주요 문제들을 바로 일면적 합리화의 결과로 확인할 수 있어야 한다. 하버마스는 '의사소통행위'를 단서로 해서 이 두 가지 과제를 풀어 나가고자 한다. 한편으로 의사소통행위로부터 의사소통적 합리성이라는 포괄적 합리성 개념을 추출해 내고, 다른 한편으로 자본주의 사회의 여러 사회 병리적 현상들을, 의사소통행위들이 꼭 필요한 부분에서 다른 행위들에 의해 대체되는 것으로 설명하는 것이다. 책의 제목이 '의사소통행위이론'인 것은 이런 이유에서였을 것이다.

본격적인 논의에 앞서 책의 부제를 살펴보자. 1권의 부제는 '행위합리성과 사회합리화'이다. 이것은 1권의 작업이 의사소통행위로부터 추출된 포괄적인 합리성 개념을 바탕으로 사회합리화를 새롭게 파악하려는 것임을 가리킨다. 이 과제는 막스 베버와의 대결을 불가피하게 할 것이다. 베버는 사회학 이론사에서 자본주의 사회를 사회합리화의 귀결로 파악한 가장 중요한 경우이기 때문이다. 2권의 부제는 '기능적 이성 비판을 위하여'이다. 이것은 2권의 과제가 또 하나의 사회합리화론인 체계기능주의[3]와 대결을 벌이는 것임을 시사한다.

2 의사소통행위와 의사소통적 합리성

'의사소통행위'와 '토의'

의사소통행위란 상호 이해를 통한 동의에 기초해 수행되는 행위를 말한다. 여기서 '상호 이해'는 이 용어의 최소 의미, 즉 하나의 언어적 표현을 동일하게 이해한다는 뜻에 한정되지 않는다. 의사소통행위에서의 '상호 이해'란 화자와 청자가 하나의 제안된 화행이 어떤 조건에서 수용될 수 있는지를 안다는 뜻이다.[4] 그리고 상호 이해를 통한 '동의'란 화행의 수용 조건이 충족되었음을 인정하는 것이다. 하버마스는 이것을 '타당성 주장'이란 개념을 가지고 설명한다. 타당성 주장이란 어떤 발언의 "타당성을 위한 조건들이 충족되어 있다는 주장"과 같은 것이다. 보통 타당성 주장은 암묵적으로 제기되지만, 만일 명시적으로 제기된다면 다음과 같은 형식이 될 수 있다고 한다.

> p를 명제적 진술, h를 하나의 행위에 대한 기술, 그리고 s를 체험 문장이라고 해 보자. 그러면 그 타당성 주장은 "p는 참이다." 혹은 "h는 정당하다." 혹은 또 "내가 지금 여기서 s를 말할 때, 내가 말하는 것이 곧 내가 뜻하는 것이다."와 같은 형식을 갖는다.(1, 86)

여기서 가장 먼저 주목해야 할 것이 타당성 주장의 스펙트럼이다. 하버마스는 타당성 주장이 명제의 진리성에 대해서만이 아니라 행위 방식의 규범적 정당성에 대해서도, 그리고 자기표현의 진실성이나 가치 기준 적용의 적합성에 대해서도 제기될 수 있다고 여긴다.

이때 타당성 주장의 해결은 학문 공동체 안에서의 진리 찾기와 같은 것이 아니다. 행위 조정의 한 방식으로서의 상호 이해와 동의가 문제되는 것이고, 그래서 참여자로서의 화자와 청자가 (그리고 경우에 따라 청중도) 공통의 배경지식과 배경 확신을 바탕으로 동의를 이룰 수 있으면 되는 것이다. 화자의 타당성 주장에 청자가 동의하지 않을 경우, 화자는 자신의 타당성 주장을 뒷받침할 수 있는 근거들을 제시해야 한다. 한편 근거 제시의 부담은 화자만 지는 것이 아니다. 화자의 주장에 '아니오'로 답하는 청자 역시 자신의 편에서 왜 화자의 타당성 주장을 받아들일 수 없는지 근거를 제시할 수 있어야 하기 때문이다. 이렇게 타당성 주장이 명시적으로 검토되는 경우를 하버마스는 토의 (Diskurs)라고 부른다. 그러니까 토의는 행위를 유보하고 문제가 된 타당성 주장을 해결하는 논증적 대화인 것이다. 그는 타당성 주장의 스펙트럼에 따라 토의를 다음의 표와 같이 분류한다.(1, 65)

표 1 논증의 유형

관련 대상 논증의 형식	문제가 되는 발언의 종류	논란이 되는 타당성 주장
이론적 토의	인지적-도구적	명제의 진리, 목적론적 행위의 효율성
실천적 토의	도덕적-실천적	행위 규범의 정당성
미학적 비판	평가적	가치 기준의 적합성
치료적 비판	표출적	표현의 진실성
설명적 토의	-	상징적 구성물의 이해 가능성 내지는 형상화의 적절성

토의에서 명백히 드러나듯이, 의사소통행위는 최종적으로 근거를 통해 타당성 주장을 뒷받침할 수 있다는 데에 의지한다. 여기서 최종적이라 함은 궁극적 근거를 제시할 수 있다는 뜻이 아니다. 그것은 의사소통행위이고자 하는 한, 즉 상호 이해 외의 다른 행위 조정 메커니즘으로 전환하고자 하지 않는 이상, 근거를 통해 타당성 주장을 뒷받침하는 것 외의 다른 길이 없다는 의미이다. 논증적 대화로서의 토의에서 명시적으로 드러나는 의사소통행위의 바로 이런 특성, 즉 타당성 주장을 제기하고 근거를 통해 뒷받침하는 데에서 하버마스는 그가 의사소통적 합리성이라 칭하는 합리성을 본다.

행위 유형으로서의 의사소통적 행위

이번에는 의사소통행위를 다른 행위 유형들과 비교해 보자. 먼저 목적론적 행위는 행위자가 "주어진 상황에서 성공을 기약하는 수단을 택하고 적절한 방식으로 적용함으로써 어떤 목적을 달성하거나 혹은 소망하는 상태를 실현"(1, 152)하는 것이다. 행위자가 성공 가능성을 계산하는 데 다른 행위자의 결정에 대한 예측을 포함할 경우, 목적론적 행위 모델은 전략적 행위가 된다. 효율성 혹은 효용의 극대화란 관점하에 가능한 행위들 사이에서 결정하는 것이 관건이다. 하버마스는 경제학, 사회학, 사회심리학에서의 의사결정이론 및 게임이론적 접근법들이 주로 이런 행위 모델에 기초해 있다고 여긴다. 규범에 의해 규제되는 행위는 특정 규범이 효력을 갖는 하나의 집단 안에서 규범을 준수하거나 혹은 위반하는 행위로, 일반화된 규범적 기대의 충족이 문제가 된다. 이것은 역할이론이 기반으로 삼는 행위 유형이

포괄적 합리성과 사회 비판

다. 극적(劇的) 행위는 행위자가 상대의 눈앞에서 자신을 표현하는 행위로, 자신의 주관성을 노출함으로써 관객에게 자신에 관한 어떤 인상을 불러일으키는 것이다. 뚜렷하게 이 행위 유형을 모델로 삼는 사회과학은 없다고 할 수 있다. 이들 행위와 구별하여 하버마스는 의사소통행위를 언어 및 행위 능력이 있는 둘 이상의 주체가 그들의 "행위 계획과 행위를 일치된 의견 아래 조정하기 위하여 행위 상황에 관해 상호 이해를 추구"(1, 154~155)하는 행위로 규정한다.

그런데 이렇게 의사소통행위를 대표적인 사회적 행위 유형들과 병치하는 것은 자칫 오해를 낳을 수 있다. 의사소통행위는 목적론적 행위, 규범에 의해 규제되는 행위, 극적 행위와 완전히 다른 종류의 행위란 말인가? 만일 그렇다면, 그런 행위가 과연 사회적 중요성을 갖는 행위 유형일 수 있을까? 그리고 그런 행위 유형으로부터 추출된 합리성 개념을 가지고 유의미한 사회 비판의 전망을 열 수 있을까?

내가 이해하기로, 의사소통행위는 대표적인 사회적 행위 유형들과 별도로 떨어져 있는 행위 유형이 아니다. 의사소통행위는 목적론적 행위일 수도 있고, 규범 규제적 행위일 수도 있으며 극적 행위일 수도 있는데, 다만 그런 행위들이 상호 이해를 지향하는 방식으로 수행되는 경우를, 즉 타당성 주장의 해소를 통한 동의에 기초해 수행되는 경우를 말할 따름이다. 이것이 무엇을 뜻하는지는 그렇지 않은 경우와 비교해 보면 분명해진다. 가령 목적론적 행위는 상대방의 결정에 영향을 미쳐 원하는 효용을 얻는 식으로 수행될 수도 있다. 이 경우 중요한 것은 최소 비용으로 원하는 결과를 얻는 것이지, 상대의 동의가 아니다. 설령 동의를 유도한다고 하더라도, 그것은 최소 비용을 위한 수단으로서 선택되는 것이다. 규범에 의해 규제되는 행위에 대해서도 유사한 이야기를 할 수 있다. 이 행위 유형에서는 원칙적으로 상호 간의 규범적 기대가 충족되기만 하면 된다. 그러니까 통용되는 규범의 내면화를 통해서든 관습을 통해서든 제재의 위협을 통해서든, 규범적 기대에 맞는 행위가 이루어지면 된다. 극적 행위에서는 연출을 통해 상대방에게 자신을 특정한 방식으로 내보이는 것이 문제다. 이것 역시 정직한 표현이 아니라 잘 계산된 연출을 통하여 상대편의 심리를 조종함으로써 자신에 관해 어떤 인상을 갖도록 유도하는 식으로 수행될 수도 있다.

그러니까 사회적 행위들이 이해 지향적으로 행해지는가 아니면 성공 지향적으로 행해지는가에 따라 의사소통적 행위와 비의사소통적 행위가 나뉘는 것이다. 그래서 의사소통행위와 대립되는 개념은 성공 지향적 행위 또는 전략적 행위이지 목적론적 행위나 규범 규제적 행위 혹은 극적 행위가 아니다.

이제 의사소통행위의 중요한 특징이 하나 더 강조되어야겠다. 바로 성찰성이 그것이다. 의사소통적 행위에서는 지식이나 규범의 적용 혹은 자기표현이 직접적으로 실행되지 않는다. 화자는 경우에 따라 지식의 진리성, 규범의 정당성, 표현의 적절성에 근거를 제시하려고 하기에, 자신의 주장에 대해 스스로 비판적 검토를 행하는 자세를 보인다. 자신의 타당성 주장을 상호 주관적 검토에 맡길 태세가 되어 있다는 의미에서 스스로의 입장을 상대화할 줄 안다고 말할 수도 있겠다.

포괄적 합리성과 사회 비판

의사소통적 행위와 언어

의사소통행위가 반드시 문법적으로 발달된 언어를 통해서만 수행되어야만 하는 것은 아니다. 초보적 상징 언어의 단계에서도 의사소통행위는 수행될 수 있다. 또 문법적으로 분화된 언어를 사용한다고 해서 다 의사소통적 행위인 것도 아니다. 언어는 전략적으로 사용될 수도 있다. 하지만 합리성의 수준이 높은 의사소통적 행위가 가능하려면, 즉 타당성 주장들이 분화되고 비판적 검토가 활발하게 이루어지는 단계에 진입하려면, 문법적으로 분화된 언어를 사용하지 않고는 불가능하다. 그러니까 문법적으로 발달된 언어의 사용은 의사소통적 합리성의 발전을 위한 필요조건이라고 할 수 있다.

그렇다면 언어는 분화된 타당성 주장을 실어 나를 수도 있고 전략적으로도 사용될 수 있는 중립적인 매체일 따름인가? 하버마스는 그렇게 생각하지 않는다. 그에게는 언어의 의사소통적 사용이 "원형적 양상"(1, 427)이고 전략적 사용은 기생적 지위를 가질 따름이다. 그는 이런 주장을 오스틴과 설의 화행이론에 의지해서 강화한다. 간단히 요약하자면 화행은 발화적, 발화 수반적, 발화 효과적 요소를 갖는다. 발화적 요소는 발언 그 자체를 말하고, 발화 수반적 요소는 발언에 직접 연결되며 화자와 청자 모두에게 분명한 타당성 주장을 말하며, 발화 효과적 요소는 화자에 의해 의도되었으나 청자에겐 알려져서는 안 되는 발언 효과를 말한다. 하버마스가 보기에 발화 효과적 요소는 — 거짓말도 상대가 진실이라고 믿을 때만 효과를 낼 수 있듯이 — 발화 수반적 요소 덕분에 가능하다. 이제 하버마스는 의사소통적 행위를 발화 수반적 행위의 개념을 사용해서 다시 좀 더 엄격하게 정의한다. "발화 수반적 목표를 그리고 오직 그러한 목표만을 추구하는 경우"(1, 435)만 의사소통적 행위라는 것이다.

만일 화행이 이런 특성을 갖는다면, 언어는 의사소통적으로도 전략적으로도 사용될 수 있는 중립적인 매체가 아니라 타당성 주장의 제기와 근거 제시를 촉진하는 성격을, 즉 상호 작용의 합리화를 촉진하는 성격을 가졌다고 할 수 있을 것이다.

의사소통적 합리성

의사소통행위가 사회적 행위들의 주요 유형들과 별개의 행위가 아니라 그것들의 상호 이해 지향적 버전이라면, 의사소통적 합리성 역시 각 행위 유형과 결부되는 합리성 형식, 즉 목적합리성, 도덕적-실천적 합리성, 미학적-실천적 합리성과 전혀 다른 합리성은 아닐 것이다. 그럼에도 저 합리성 유형 외에 별도로 의사소통적 합리성에 대해 말하는 것은 어떤 의미를 갖는가?

하버마스의 구상은 다음과 같은 것으로 보인다. 이해 지향적으로 행위할 때는, 즉 타당성 주장의 해소를 통해 행위를 조정할 때는, 현재 한 종류의 타당성 주장이 부각되기는 하지만 다른 종류의 타당성 주장들이 사라지는 것은 아니다. 비중은 다르더라도 다른 종류의 타당성 주장들도 동시에 문제가 되며, 다른 맥락에서는 다른 종류의 타당성 주장들이 주제로 부각될 수 있음이 함께 의식되고 있다. 의사소통적 합리성이란 바로 합리성 요소들을 동시에 고려하는 합리성, 혹은 다른 합리성 요소들에 대해서 맹목적이지 않은 개별 합리성이다.

그렇다고 의사소통적 합리성이 합리성 유형들의 채 분리되지 않

포괄적 합리성과 사회 비판

은 상태나 이질적 합리성들이 적당히 혼합된 상태를 말하는 것은 아니다. 의사소통적 행위와 논증적 대화는 타당성 유형들의 분화를 촉진한다. 근대 문화에 이르면 진리, 정당성, 진정성이라는 타당성 기준들이 서로로부터 완전히 분리된다. 의사소통적 합리성은 타당성 기준들의 이런 분리를 취소시키는 것이 아니라 분리하면서 동시에 함께 유지하는 데서 성립한다. 의사소통적 합리성이 포괄적 합리성이라는 것은 이런 뜻이다.

주의할 것은, 타당성 유형들을 함께 유지한다는 것이 단순한 맥락 상대주의를 뜻하는 것이 아니라는 점이다. 이 점을 우리는 그의 화행이론을 통해 분명히 할 수 있다. 피아제의 인지발달심리학과 오스틴 및 설의 언어행위이론에 의지하는 그의 화행이론에 따르자면, 서술적 화행은 실재하는 사실들의 객관 세계를, 규범적 화행은 정당한 질서들로 이루어지는 사회 세계를, 그리고 표출적 화행은 주체가 특별한 접근권을 갖는 주관 세계를 전제한다. 각 화행의 타당성 주장은 전제된 각각의 세계와 관련해서는 각각의 타당성 기준만을 따른다. 이 점에서 타당성 기준들은, 적어도 근대 문화에서는, 원칙적으로 완전히 분리되어 있다. 동시에 이것은 다음의 두 가지를 의미한다. 첫째, 각 타당성 기준이 해당 관련 세계를 넘어 다른 세계들로 확장될 경우 심각한 왜곡이 일어날 수 있다. 가령 사회 세계와 주관 세계를 객관주의적 태도로 대하면 물화 현상이 일어날 수 있고, 반대로 객관 세계를 사회 세계나 주관 세계로 동화시키면 이상주의에 빠질 수 있는 것이다. 둘째, 세 가지 세계에 동시에 관련되는 사안에서는 — 그리고 이론적 논의가 아니라 현실의 사안에서는 많은 경우 세 가지 세계가 동시에 관련되어 있다. — 세 가지 타당성 기준이 동시에 고려되어야 한다. 의사소통적 합리성의 이점은 바로 세 가지 타당성 기준을 분리하면서 동시에 통합한다는 데에 있다.

청자가 어떤 화행 제안을 수용하면, 언어 및 행위 능력이 있는 (최소한) 두 주체들 사이에 동의가 이루어진다. 그런데 이 동의는 주제로 부각된 단 하나의 타당성 주장에 대한 상호 주관적 인정에만 근거하지 않는다. 그러한 동의는 동시에 세 차원에서 이루어진다. (……) 화자의 의사소통의 의도에는 다음의 사항들이 들어 있다. (1) 자기와 청자 사이에 정당한 것으로 인정된 상호 관계가 성립하도록, 주어진 규범적 맥락과 관련하여 올바른 화행을 수행함, (2) 청자가 화자의 지식을 받아들여 공유하도록, 참된 진술(내지는 들어맞는 존재 전제)을 함, (3) 청자가 말해진 것을 믿도록, 생각, 의도, 감정, 소망 등을 진실하게 표현함 등이다.(1, 452)

3 행위합리성과 사회합리화

하버마스는 언어적 의사소통에 들어 있는 합리성의 잠재력이 근대에 들어오면서 분명하게 가시화되었다고 생각한다. 합리성의 세 가지 양상, 즉 인지적-도구적 합리성, 도덕적-실천적 합리성, 미학적 합리성이 완전히 분리되고, 각각 객관적 과학, 보편주의적 규범의식, 자율적 예술로 구체화되고 제도화된다. 이것이 하버마스가 말하는 근대적 의식의 구조 혹은 문화적 근대화의 내용이다.

포괄적 합리성과 사회 비판

하버마스는 일단 사회합리화를 이런 근대적 문화의 합리성 잠재력이 생활 질서들 속에서 구체화되는 것으로 구상한다. 하버마스는 이 세 가지 합리성 양상을 모두 동등하게 고려하는 사회합리화의 유형을 '반(反)사실적으로' 상정하고,[5] 그에 비추어 실제의 사회합리화를 비판적으로 검토해 보고자 한다.

> 합리화의 선택적 유형은 문화적 전승의 세 구성 요소 가운데 (최소한) 하나가 체계적으로 다루어지지 못할 때, 혹은 (최소한) 하나의 문화적 가치 영역이 불충분하게, 즉 전체 사회에 대해 구조 형성적 효과를 갖지 못한 채 제도화될 때, 혹은 (최소한) 하나의 생활 영역이 다른 생활 질서들을 그것들에 낯선 합리성 형식에 굴복시킬 정도로 과도한 비중을 차지할 때 발생한다.(1, 364~365)

사회합리화에 대한 이런 파악 방식의 설득력을 하버마스는 베버의 사회합리화론, 특히 그의 의미상실 명제와 자유상실 명제를 재구성함으로써 보여 주고자 한다. 베버는 한편으로 서구의 근대화를 사회합리화로 파악하면서 자본주의 경제와 관료제적 행정을 그 귀결로 파악한다. 그런데 다른 한편으로는 역설적이게도 근대 사회가 이런 사회합리화의 끝에 이르러 의미상실과 자유상실의 상태에 직면하게 되었다고 진단한다. 하버마스는 베버의 이런 역설적 판단이 사회합리화를 목적합리성의 사회적 구현과 동일시하였기 때문이라고 설명한다. 베버는 문화 이론을 펼칠 때는 복합적인 합리성 개념을 사용하면서, 사회합리화를 파악할 때는 오직 목적합리성만을 고려한다는 것이다.(1, 381) 그런 까닭에 베버는 자본주의 경제와 관료제적 행정이 합리성 잠재력의 일부만을 구현한다는 것을 파악할 수 없었다. 그러니까 하버마스의 관점에서 볼 때 베버가 말하는 의미상실과 자유상실의 상태는 사회합리화의 역설적 결과가 아니라 목적합리성에 비해 도덕적-실천적 합리성과 미학적-실천적 합리성이 불균형적으로 낮은 수준에서 구현되었기 때문에 발생하는 것이다. 하버마스가 보기에 베버는 사회합리화의 '역설적' 성격이 아니라 '부분적' 성격에 대해 말했어야 하며, 사회합리화의 변증법을 "세계의 합리화와 함께 열린 인지적 잠재력들의 불균등한 제도적 구현" 같은 데서 찾았어야 한다.(1, 366~367)

4 기능주의적 이성의 비판

생활세계와 체계 ── 2단계 사회 구상

하버마스가 '생활세계'란 개념을 현상학으로부터 차용하긴 하지만, 바로 현상학적 생활세계 개념과의 차이를 파악하는 것이 그의 생활세계 개념, 그리고 나아가 그의 2단계 사회 구상을 이해하는 데 결정적으로 중요하다. 하버마스는 '생활세계'를 의사소통행위의 상보(相補) 개념으로 도입한다. 생활세계는 의사소통행위의 지평과 배경이면서 동시에 의사소통행위를 통해 재생산된다. 의사소통행위의 상호 이해라는 기능의 측면에서 보자면, 생활세계는 상호 작용 참여자들이 상황에 대한 이해를 도모할 때 그들이 사용하는 문화적 지식들

포괄적 합리성과 사회 비판

의 저장고이며, 동시에 그런 문화적 지식들은 의사소통행위를 통해 갱신된다. 의사소통행위의 행위 조정 기능 측면에서 보면, 비판 가능한 타당성 주장에 대한 상호 인정을 추구할 때 생활세계는 집단에 대한 소속감으로 작용하며, 동시에 의사소통행위를 통해 사회적 통합과 연대성이 산출된다. 의사소통행위의 사회화 기능의 측면에서 보자면, 생활세계는 자라나는 어린이에게 가치관을 내면화하고 일반화된 행위 능력을 획득하게 하는데, 동시에 주체는 바로 사회화 과정을 통해 자신의 고유한 정체성을 형성한다. 이렇게 의사소통행위에 내재하는 문화적 재생산, 사회적 통합, 그리고 사회화의 기능에 맞추어 하버마스는 생활세계가 문화, 사회, 인성이라는 구조적 요소를 갖는 것으로 규정한다.(2, 224)

하버마스는 생활세계 개념을 의사소통행위의 상보 개념으로 도입하는 것의 장점을 바로 이렇게 생활세계의 구조적 복합성을 파악할 수 있다는 데에서 본다. 하버마스는 이런 자신의 생활세계 개념에 비해 상호 이해의 문제에 초점이 맞추어진 현상학 및 이해사회학의 생활세계 개념은 문화주의적으로 축소된 것으로 여긴다. 또 뒤르켐으로 소급되는 사회 이론 전통은 사회 통합의 측면으로 축소된 생활세계 개념을, 미드로 소급되는 사회 이론 전통은 개인의 사회화 측면으로 축소된 생활세계 개념을 바탕으로 한 것으로 여긴다.(2, 226~227) 하버마스는 의사소통행위를 통한 생활세계의 재생산이 생활세계의 구조적 요소들의 유지에 기여하는 바를 다음과 같이 정리한다.(2, 230)

표 2 재생산 과정이 생활세계의 구조적 요소의 유지에 기여하는 것

구조적 요소 재생산 과정	문화	사회	인성
문화적 재생산	합의 가능한 해석 도식 ("타당한 지식")	정당성	교육 효과를 갖는 행 동 유형, 교육 목표
사회 통합	의무	정당한 질서에 따른 사람들 사이의 관계	사회적 소속감
사회화	해석 성과	규범 규제적 행위를 위한 동기 형성	상호 작용의 능력 ("개인적 정체성")

　의사소통행위의 주요 기능들에 상응하여 생활세계의 복합적 구조를 규정하는 것의 장점은 분명하다. 생활세계의 합리화를 의사소통적 합리성과 연결시킬 수 있고, 반대로 생활세계의 왜곡을 의사소통적 합리성의 훼손으로부터 설명할 수 있을 것이기 때문이다. 생활세계의 합리화를 의사소통적 합리성의 증가로 본다면, 하나의 생활세계는 그것의 각 구조적 요소가 미리 부과되는 어떤 불변의 동의 없이 상호 작용 참여자들의 타당성 주장의 교환과 해소를 통해서 재생산되는 만큼 합리적이라고 말할 수 있을 것이다. 그래서 하버마스는 생활세계의 합리화의 소실점(消失點)을 다음과 같이 생각해 볼 수 있다고 한다.

　문화의 경우에는 유동화되고 성찰적이 된 전통이 지속적인 수정의 대상으로 된 상태, 사회의 경우에는 정당한 질서가 규범의 제정과 정당화 과정에

　　　　　　　　　　　　　　포괄적 합리성과 사회 비판

서의 형식적 절차에 의존하는 상태, 그리고 인성의 경우는 고도로 추상적인 자아 정체성을 끊임없이 스스로 조절하면서 안정화시키는 상태.(2, 235)

그런데 하버마스는 이렇게 복합적 구조를 가진 생활세계 개념을 발전시켜 놓고도, 이런 생활세계 개념이 사회 이론으로서는 제한적으로만 유효하다고 말한다. 의사소통행위로부터 출발해서 사회를 생활세계로 파악하는 것은 상징적 구조의 재생산을 설명하는 데에는 이점을 갖지만, 물질적 재생산과 관련된 부분, 특히 행위 주체들의 관점에서 시야에 들어오지 않는 기능적 연관들은 포괄하지 못한다. 그런 기능적 연관들을 파악할 수 있는 사회 개념을 하버마스는 체계이론으로부터 차용한다. 그러니까 하버마스는 체계이론적 사회 이론의 설명력을 부분적으로, 그러나 아주 분명하게 수용하는 것이다. 그리고 이제 하버마스는 생활세계 개념과 체계 개념을 결합하여 "사회는 사회적으로 통합된 집단의 행위 연관이 체계로서 안정화된 상태"(2, 243)라는 정식에 이른다.

하지만 하버마스가 두 사회 개념을 단순히 수평적으로 결합하는 것은 아니다. 하버마스 사회 이론의 묘미는 바로 두 사회 개념을 결합하는 방식에 있다. 그의 시대 진단도 이 두 사회 개념의 결합에 의지한다.

하버마스는 체계의 복잡성 증가와 생활세계의 합리화 사이의 연관성을 사회 진화적 관점에서 고찰하는데, 그 내용은 '이차적 분화'와 '제도적 정박'으로 요약할 수 있다. 이차적 분화란 "체계와 생활세계는, 전자의 복잡성과 후자의 합리성이 증가하면서 각각 체계와 생활세계로서 분화될 뿐만 아니라, 동시에 서로로부터도 분리된다"(2, 245)는 것을 뜻한다. 그런데 체계와 생활세계가 서로 분리되어 무관하게 있을 수는 없다. 체계도 사회적 행위들의 체계인 한, 체계의 행위들과 생활세계의 행위들이 어떤 식으로든 조정되어 있어야 한다. 그런데 그 조정 방식이 체계의 행위들을 의사소통적 행위들로 변환시키는 것일 수는 없다. 물질적 재생산과 관련된 행위들을 모두 의사소통적 행위로 수행한다는 것은 사회가 어느 정도의 복잡성 수준에만 이르러도 가능하지 않은 일이기 때문이다. 그럼에도 그것이 시도된다면 낮은 기능적 효율성이나 가장된 투명성이라는 대가를 치르게 될 것이다.[6] 그렇다고 생활세계의 행위들이 체계의 행위들로 동화되는 방식으로 조정될 수도 없다. 생활세계의 구조적 요소들(문화, 사회, 인성)이 의사소통적 행위 외의 다른 방식을 통해서 재생산되기는 어렵기 때문이다. 그럼에도 혹시 그런 일이 벌어진다면 이번엔 생활세계에 심각한 병리 현상들이 생겨날 것이다.

사회 진화 과정에서 체계와 생활세계가 분리되면서, 그러나 분리를 다시 취소시키지 않는 식으로 다시 결합하는 방식을 하버마스는 체계의 제도적 정박에서 본다. 체계 복잡성 수준의 증가는 체계의 성공적인 제도적 정박을 통해서만 가능했다고 말할 수도 있을 것이다. 그래서 하버마스는 심지어 체계 분화의 수준이 제도화되는 방식을 사회 구성체의 구별 기준으로 택하는 시도까지 해 본다.(2, 264) 이 흥미로운 고찰을 여기서 길게 따라가 볼 수는 없다. 근대 사회와 관련해서만 아주 간단히 말해 보자. 가령 화폐라는 조절 매체는 "사적 법인격체들 사이의 관계"라는 형태로 제도화된다. 그러면 화폐를 통한

포괄적 합리성과 사회 비판

거래는 합법적이기만 하면 되는 것이고, 거래의 성공 지향적 행위와 생활세계의 이해 지향적 행위 사이의 갈등은 회피될 수 있다. 그런데 사회 성원 일반에게 사적 법인격체의 지위를 부여하는 법 제도는 탈관습적 법을 통해서만 가능하다. 그리고 탈관습적 법은 규범적 의식이 탈관습적 단계에 이르렀을 때만 가능하다. 탈관습적 단계의 규범의식은 도덕에서는 가령 신념 윤리와 책임 윤리로, 법에서는 제정 원칙에 따르는 형식법으로 구체화된다. 하버마스에 의하면 이런 규범의식의 발달은 의사소통적 행위의 합리성 잠재력이 풀려남으로써만, 즉 생활세계의 합리화를 통해서만 가능하다. 그래서 하버마스가 보기에 사회 진화 과정에서 체계가 그저 제힘으로 복잡성을 증가시키고 마침내 생활세계로부터 분리되기에 이른 것이 아니다. 생활세계의 합리화가 선행되고, 그런 생활세계에 제도적으로 정박되면서 체계의 복잡성 수준이 증가할 수 있었다는 것이다. 그래서 하버마스는 생활세계의 합리화와 체계의 복잡성 증가라는 이중의 관점에서 사회 진화를 설명하면서, 전자에 진화적 우선성을 부여한다. 생활세계의 합리화가 체계 복잡성의 증가를 가능하게 하였다는 것이다.

　사회합리화를 이렇게 생활세계와 체계의 이차적 분화로 파악함으로써 하버마스는 자본주의 사회에 대한 마르크스의 희망찬 전면 부정, 베버의 아이러니한 입장, 그리고 호르크하이머와 아도르노의 초기 비판이론의 절망적 전면 부정에 이르게 하는 이론적 약점들을 극복할 수 있다고 믿는다.

　일단 나에게는 이 세 입장 가운데 어느 것이 옳을 수 있을지는 관심사가 아니다. 나의 관심사는 이들이 공유하는 이론적 약점이다. 마르크스, 베버, 호르크하이머, 아도르노는 한편에서 사회합리화를 행위 연관들의 도구적, 전략적 합리성의 증가와 동일시한다. 다른 한편 그들은 자유로운 생산자들의 연합이란 개념에서든, 윤리적으로 합리적인 생활 방식의 역사적 모범 사례들에서든, 혹은 회복된 자연과의 자매애적 교류라는 이념에서든, 어떤 포괄적인 사회적 합리성을 염두에 두고 있다. 경험적으로 기술된 합리화 과정의 상대적 위상을 측정할 때 기준이 되는 합리성 말이다. 이러한 좀 더 포괄적인 합리성 개념은 생산력, 목적 합리적 행위의 하부 체계, 도구적 이성의 총체적 담지자 등과 동일한 차원에서 입증되어야 할 것이다. 하지만 실제로는 그렇게 되지 않는다. 나는 그 이유의 하나를 행위이론상의 제한성에서 찾는다. 마르크스, 베버, 호르크하이머, 아도르노가 바탕으로 삼고 있는 행위 개념들은 사회적 행위에서 사회합리화가 일어날 수 있는 모든 측면을 포착할 수 있을 만큼 충분히 복합적이지 않다. 다른 하나의 이유는 행위이론적 기본 개념과 체계이론적 기본 개념의 혼동에서 찾을 수 있다. 행위 태도와 생활세계적 구조의 합리화는 행위 체계의 복잡성 증가와는 같은 것이 아니다.(1, 241)

시대 진단과 기능주의적 이성의 비판

물화 명제의 재구성

사회합리화에 대한 구상이 다르긴 하지만, 베버의 경우처럼 하버마스의 시대 진단도 사회합리화의 역설적 결과에 초점이 맞추어져 있다.

포괄적 합리성과 사회 비판

합리화된 생활세계는 하부 체계들의 발생과 성장을 가능하게 하지만, 하부 체계들의 자립화된 명령이 역으로 생활세계 자체에 파괴적으로 작용한다는 의미에서 역설적이다.(2, 292)

하버마스는 근대 사회의 중요한 사회적 문제들이, 하부 체계들이 밀어낸 조절 위기들이 생활세계로 침투함으로써 생겨나는 것으로 본다. 이런 일이 벌어지는 것은 기본적으로 체계들이 생활세계에 제도적으로 정박되어야 한다는 사실로부터 비롯된다. 체계들이 생활세계에 제도적으로 정박된다는 것은 생활세계의 '사회'라는 구성 요소의 재생산과 충돌하지 않게 만든다는 것을 뜻한다. 다른 말로 하자면, 정당한 질서에 따른 사람들 사이의 관계와 양립할 수 있어야 하는 것이다. 그런데 그런 제도화가 항상 성공적으로 이루어지는 것은 아니다.
　체계들은 오직 자신의 매체를 통해서만 환경과 관계한다. 그래서 체계의 관점에서 체계와 생활세계와의 교환 관계를 보자면, 생활세계의 요소들은 각각 화폐와 권력이라는 매체에 맞게 추상화되어야 한다. 행위자들이 가령 경제 체계에 대해서는 한편으로 조직 성원으로서 기여하고 임금을 통해 보상받는 피고용인 역할을, 그리고 다른 한편 재화와 서비스의 소비자 역할을 수행하는 것이 그런 것이다. 행위자들은 또 행정 체계에 대해서는 한편으로 행정 서비스의 수혜자 역할과 다른 한편으로는 권력의 정당성을 조달하는 시민 공중의 역할을 수행한다. 문제는 이런 교환 구도 자체가 아니라, 이런 교환이 체계에 의해 일방적으로 주도되면서 생활세계 재생산의 고유한 논리가 손상되는 경우다. 가령 경제의 압력에 의해 사회화 과정이 피고용인 역할에 최적화된 능력의 획득에만 초점이 맞추어지도록 유도되거나, 권력이 비판적 공론의 형성을 저지하면서 정당성을 조달하는 경우를 들 수 있을 것이다. 앞의 표 2를 이용해서 말하자면, '사회'라는 구조적 요소의 재생산과 관련된 가운데 세로 행의 자원들이 의사소통행위들을 통해 조달되는 것이 아니라 체계의 개입에 의해 유도되는 것이다. 이런 경우 "생활세계의 병리 현상들"(2, 590)이 생겨난다.

하버마스는 초기 비판이론이 의식의 '물화'로 파악했던 것을 이렇게 생활세계의 병리적 현상들로 재구성한다. 이에 따라 초기 비판이론의 도구적 이성의 비판은 체계 논리의 확장에서 아무런 문제점도 볼 줄 모르는 기능주의적 이성에 대한 비판으로 전환된다.

> 그렇다면 물화의 문제는 절대화된 목적합리성, 야만적으로 된 도구적 이성이 자기 보존을 위해 봉사하는 데에서 비롯되기보다는, 고삐 풀린 기능주의적 체계 보존의 이성이 의사소통적 사회관계 속에 들어 있는 이성의 요구를 물리쳐 버리고 생활세계의 합리화를 공전하게 만드는 것에서 비롯된다.(1, 578)

사회를 생활세계로 구상하는 입장에 대해 제한적 타당성만을 인정하듯이, 생활세계의 고유 논리를 보지 못하는 체계기능주의에 대해서도 하버마스는 방법상의 취약성을 지적한다.

> 나는 극단적 형태로 제시된 체계기능주의의 방법적 취약성을 다음과 같은 점에서 본다. 체계기능주의는 (……) 사회 전체를 의사소통적으로 구조

화된 생활세계에 내렸던 닻에서 풀려난 하나의 체계로 병합시킨 것으로 보이게 한다. 아도르노에게 이런 "관리된 사회"는 가장 경악스러운 전망이었는데, 루만에게 그것은 평범한 전제가 되었다.(2, 485)

문화적 빈곤화

하버마스의 시대 진단을 거론할 때 종종 간과되는 점이 한 가지 있다. 하버마스가 '생활세계의 식민지화'로 정식화되는 현상들을 체계의 생활세계 안으로의 침투로부터만 설명하지 않는다는 사실이 그것이다. 하버마스는 물화의 상보 현상으로 '문화의 빈곤화'를 든다.(2, 504) 문화의 빈곤화는 한편으로 전통문화가 유효성을 상실한 상태에서 다른 한편으로 전문가 주도의 근대 문화 발전이 일상의 실천과 충분히 매개되지 못함으로써 생겨난다. 그런 상황을 극복하려는 노력, 즉 문화적 발전을 일상 실천과 매개하려는 노력을 하버마스는 '계몽의 기획'이라고 칭한다.

전승된 문제들이 이제 진리, 규범적 정당성, 진정성 혹은 미(美)라는 특수한 관점에 따라 갈라지고, 각각 인식 문제, 정의(正義) 문제, 취향 문제로 취급될 수 있게 되면서, 가치영역들이 과학, 도덕, 예술로 분화된다. 그리고 이에 상응하는 문화적 행위 체계들에서는 과학적 토의, 도덕 이론 및 법 이론적 연구 그리고 예술 생산 및 예술 비평이 전문가들의 사안으로서 제도화된다. (……) 이런 전문화의 결과로 전문가 문화와 광범위한 대중 사이의 거리가 커진다. 전문적 취급과 성찰을 통해 문화에서 증가하는 부분이 곧바로 일상 실천의 소유로 되지는 못한다. 오히려 문화적 합리화와 함께, 자신의 밑바탕을 이루던 전통이 평가 절하된 생활세계는 빈곤해질 위협에 처한다. 이 문제는 18세기에 처음으로 아주 날카롭게 감지되었다. 그것은 계몽의 기획을 불러일으켰다.(2, 505)

그러니까 생활세계는 한편으로 물화의 위협에, 그리고 다른 한편으로 문화적 빈곤화의 위협에 노출되어 있으며, 이 두 경향은 서로를 강화한다.

생활세계의 중심 역할을 하는 상호 이해 과정은 문화적 전승의 전체 폭을 필요로 한다. 의사소통적 일상 실천에서 인지적 해석, 도덕적 기대 그리고 표출과 평가는 서로 섞이며, 수행적 태도에서 일어나는 타당성 전이를 통해 하나의 합리적 연관성을 형성한다. 이런 의사소통의 기간(基幹) 구조는 서로 맞물리면서 강화하는 두 경향, 즉 체계들에 의해 유발되는 물화와 문화적 빈곤화의 추세에 의해 위협에 처한다.(2, 506)

생활세계의 식민지화

하버마스는 "물질적 재생산이라는 체계의 압박이 눈에 띄지 않은 채 사회 통합의 형식 자체에 개입"하는 것을 생활세계의 '부속화(Mediatisierung)'라고 표현한다. '허위의식'이나 '물화'는 생활세계의 그런 부속화를 의식철학적 개념으로 표현한 것이다. 그런데 생활세계가 문화적으로 빈곤해지고 행위자들의 의식이 파편화되면, 체계의 압력이 생활세계에 은밀하게 개입할 필요조차 없게 된다. 노골적으로 개입해도 별 저항에 부딪치지 않을 것이기 때문이다. 하버마스는 이런 상황을 '체계에 의한 생활세계의 식민지화'라고 표현한다.

오늘날 "허위"의식의 자리에 파편화된 의식이 들어서서 물화 메커니즘에 대한 계몽을 방해한다. 이와 함께 비로소 생활세계의 식민지화 조건이 충족된다. 자립화된 하부 체계들의 명령은 이데올로기적 가리개를 벗어 버리고, 식민지 지배자가 부족 사회에 들어가듯이, 외부로부터 생활세계에 침투해서 동화를 강요한다.(2, 546)

하버마스는 생활세계의 식민지화가 등장할 수 있는 여건을 다음과 같이 정리한다. 이것을 보면 하버마스의 비판이론이 후기 자본주의 사회를 겨냥하고 있음이 뚜렷이 드러난다.

● 생활세계의 구조적 요소들(문화, 사회, 인성)이 상당 부분 분화될 정도로 전통적 생활 형식들이 해체된다.
● 하부 체계들과 생활세계의 교환 관계가 분화된 역할들(……)을 통해 조절된다.
● 피고용자들의 노동력이 처분 가능한 것으로 되고 유권자들의 표가 동원 가능한 것으로 되는 실제 추상 과정을 당사자들이 체계에 적합한 방식에 따라 이루어지는 보상을 받는 대가로 감수한다.
● 이때 보상은 복지 국가의 방식에 따라 자본주의적 성장의 증가분으로부터 지원된다. 그리고 그것은 (……) 소비자와 수혜자 역할에 맞추어 이루어진다.(2, 547)

5 비판적 사회 이론과 실천

체계의 생활세계로의 침투라는 의미에서의 물화, 그리고 — 전통 문화는 상당 부분 무력화된 여건에서 — 전문가 문화와 일상 실천의 유리라는 의미에서의 문화적 빈곤화가 생활세계 식민지화의 원인이 라면, 비판적 사회 이론이 지향하는 실천의 방향은 분명하다. 그것은

> 의사소통적으로 구조화된 행위 영역들을 경제 행위 체계와 행정 행위 체 계의 물화하는 고유 역학으로부터 지켜 주는 제도들을 확장하는 일, 그리 고 근대적 문화를 (……) 일상 실천과 재결합하는 일이다.(2, 507)

그런데 그렇게 할 수 있는 저항의 잠재력은 어디서 얻을 수 있을 까? 하버마스는 이 물음에 대한 대답 역시 의사소통적 합리성 개념으 로부터 얻는다. 호르크하이머와 아도르노가 도구적 이성의 총체화하 는 경향 혹은 계몽이 야만으로 전환되는 '계몽의 변증법'을 다소 숙 명적인 것처럼 그린 반면에, 하버마스는 생활세계의 식민지화가 미 리 결정된 사항은 아니라고 한다.

> 생활세계에서 체계 명령과 고유 논리를 따르는 의사소통적 구조가 충돌한 다. 의사소통행위가 매체에 의해 조절되는 상호 작용으로 전환되는 것, 그 리고 상호 주관성의 구조가 다치고 왜곡되는 것은 결코 (……) 미리 결정된 과정이 아니다.(2, 600)

게다가 하버마스에 따르면 의사소통적 합리성은, 인간이 언어적으로 의사소통하는 한, 완전히 소멸될 수 없다.

의사소통적 이성은 도구적 이성과 달리 맹목화된 자기 보존에 저항 없이 포섭되지는 않는다. (……) 화해와 자유의 유토피아적 관점은 개인들의 의사소통적인 사회관계 속에 들어 있다. 그것은 인류의 언어적 재생산 메커니즘 속에 이미 내장되어 있다.(1, 578)

그런데 생활세계는 체계에 대해 수동적 저항에 머물 수밖에 없는 것일까? 체계 분화 자체는 사회합리화의 결과로 본다는 점에서 하버마스의 사회 이론은 분명 생활세계에 의한 체계의 정복 혹은 지배를 추구하지 않는다. 그렇다고 그의 이론의 실천적인 함의가 수동적 저항에 그치는 것 같지는 않다. 그의 2단계 사회 구상으로부터 추론해 보자면, 실천의 관건은 체계들을 의사소통적 합리성을 해치지 않는 방식으로 생활세계에 정박시키는 것이다. 이것은, 합리화된 생활세계를 전제한다면, 특히 체계의 작동을 보편주의적인 규범의식을 기초로 하는 법에 의해 규제한다는 것을 뜻한다. 다른 말로 하자면 생활세계의 문법에 따라 조달된 정당성에 기초하여 체계에 대한 규제가 이루어져야 하는 것이다. 이것은 정치적으로 보자면 기본적으로 능동적이고 활발한 시민 공중의 역할을, 그리고 잘 작동하는 민주적 법치를 요구한다. 그래서 하버마스 이론으로부터 나오는 실천의 방향을 단 한 단어로 표현하자면 '토의 민주주의'라고 할 수 있을 것이다.

6 에필로그

이론이 대상을 다루지만, 또한 대상이 이론에 말을 걸기도 한다. 사회 이론이라면 더욱 그렇다. 사회 이론 그 자신도 사회의 현상이기 때문이다. 마르크스는 상품으로 된 노동력, 추상적 역량으로 된 노동력에 대해 말하면서 그런 개념이 단순히 이론적 추상물이 아니라 실제 추상(Realabstraktion)이라고 명명하였다. 이미 현실에서 그런 추상화가 일어났다는 것이다. 하버마스는 자신이 한편으로 의사소통행위의 고유 논리에, 그리고 다른 한편으로 생활세계의 상징적 구조들의 재생산에 주목하게 된 것 역시 사회적 현실에 의해 자극된 것이리라고 생각한다. 1200여 쪽에 달하는 『의사소통행위이론』의 마지막 문장이다.

어쩌면 이러한 도발적 위협, 말하자면 생활세계의 상징적 구조들 전체를 의문에 부치는 도전이, 왜 바로 우리가 생활세계의 상징적 구조들에 접근할 수 있게 되었는지를 납득할 수 있게 해 주는 것인지도 모르겠다.(2, 618)

장춘익 서울대학교 철학과를 졸업하고 동 대학원에서 석사 학위를, 독일 프라이부르크 대학에서 박사 학위를 받았다. 현재 한림대학교 철학과 교수로 사회철학, 정치철학을 강의하고 연구한다. 역서로 하버마스의 『의사소통행위이론 1, 2』와 니클라스 루만의 『사회의 사회 1, 2』, 헤어프리트 뮌클러의 『파편화한 전쟁』(공역)이 있다.

28

해체론적 윤리학을 위하여

데리다의『그라마톨로지』와『법의 힘』읽기

김상환 (서울대학교 철학과 교수)

자크 데리다(Jacques Derrida, 1930~2004)

알제리에서 태어나 프랑스 파리 고등사범학교에서 수학했다. 1964년 파리 고등사범학교에 부임하여 20년간 철학사를 강의했고 예일 대학, 존스홉킨스 대학을 비롯한 미국의 여러 명문대에서도 강의했다. 1987년부터 파리 사회과학고등연구원 연구주임으로 재직했다.

1967년에 출간한 『목소리와 현상』, 『그라마톨로지』, 『글쓰기와 차이』를 통해 일약 젊은 세대를 대표하는 철학자로 떠올랐다. 초기 저작에서 서양의 로고스 중심주의를 해체하면서 기록의 중요성, 텍스트의 복잡성을 밝히는 데 주력했고 1980년대 이후에는 유럽 공동체와 주권, 마르크스주의와 국제법, 이주 노동자의 환대, 탈식민주의와 종교의 해체, 인권과 민주주의 등 정치 사회 문제에 관해 다양한 저작을 발표했다. 『법의 힘』, 『마르크스의 유령들』, 『환대에 대하여』 등이 후기 데리다의 사상을 대표한다. 2004년 췌장암으로 사망할 때까지 80여 권의 저서를 남겼다.

해체론은 정의다. (……) 해체론은 그 자체가 무한한 '정의의 이념'을 따라 움직인다. (……) 모든 회의주의에 대해 넘어설 수 없는 '정의의 이념'은 교환, 회전, 증서, 경제학적 순환, 계산, 규칙, 이유 등이 없는 선물(don), 또는 통제적 지배라는 의미의 이론적 합리성이 없는 선물을 요구한다는 점에서 해체 불가능한 것으로 나타난다. 사람들은 그러므로 여기서 어떤 광기를 알아차리고 게다가 고발까지 할 것이다. 그리고 아마도 또 다른 종류의 신비성을 지적하고 비난할 것이다. 사실 해체론은 바로 위에서 말한 정의에 미쳐 있다. (……) 정의는 학계에서 또는 '해체주의(déconstructionisme)'라는 우리 시대의 문화 안에서 (……) 토론적인 담론으로 제시되기 전에 이미 법률 안에서, 법률의 역사 안에서, 정치적 역사와 나아가 역사 일반 안에서 작용하고 있는 해체론의 운동 자체다.

—『법의 힘』(1994) 중에서[1]

이 글의 목적은 데리다의 해체론(déconstruction)을 소개하고, 이를 바탕으로 해체론의 전략적 개념들이 정의와 같은 새로운 윤리학의 이념들로 발전되는 과정을 설명하는 데 있다. 이런 목적에 따라 우리는 앞으로 크게 두 단계의 진행 절차를 밟을 것이다. 첫 단계에서는 해체론을 서양철학 일반의 해체론으로, 다시 말해서 2000년의 서양 사상사 전체에 대한 전복 및 극복의 전략으로 소개할 것이다. 이는 해

해체론적 윤리학을 위하여

체론을 일종의 철학사 방법론으로 풀이한다는 것과 같다. 두 번째 단계에서는 실천의 문제를 중심으로 데리다의 전기 사상(해체론적 문자학)과 후기 사상(해체론적 유령학) 각각을 요약하고, 양자와 관련된 개념들을 설명할 것이다. 이는 데리다의 후기 사상을 선도하는 윤리의 문제에 중점을 두되 그의 전-후기 사상 전체의 일관성을 살린다는 것과 같다.

1   해체론과 철학사

철학에 대한 반어   해체론이란 무엇인가? 최대한 먼 거리에서 볼 때 데리다의 해체론은 철학사 방법론이고, 그것의 중심 물음은 "철학이란 무엇인가?"에 있다. 이는 초보자에게 철학으로 가는 길을 안내하는 물음이 아니다. 오히려 철학자나 철학 전문가에게 자신이 아는 철학의 전제에 대해 다시 돌아보도록 유도하는 반어적 물음이다. 이때 철학이란 플라톤-기독교주의 전통에 기초한 서양적 사유(형이상학), 다시 말해서 과학의 탄생 배경에 있는 이론적이고 합리적인 사유와 같다. 해체론은 이런 삼중 의미의 철학이 스스로 분명히 의식하지 못하는 기본 전제와 성격, 그리고 그것의 바깥에 대한 물음을 마지막 귀결까지 끌고 간다.

이 점에서 데리다의 해체론은 니체가 제기하고 하이데거가 발전시킨 기획, 다시 말해서 서양적 사유의 극복(혹은 철학의 종언)이라는 기획을 계승한다. 하지만 해체론을 반드시 니체나 하이데거와의 관계에만 국한하여 이해할 필요는 없다. 오히려 소크라테스, 데카르트, 칸트 등에 의해 대변되는 서양의 비판적 분석의 전통 안에서 접근하는 편이 훨씬 낫다. 철학은 보통 사람의 상식을 뒤집는 소크라테스의 반어법과 더불어 탄생했다. 계몽주의는 악령의 편에서 지식의 토대를 무의 심연에 빠뜨리는 데카르트의 방법적 회의와 더불어 시작되었다. 그리고 이성의 자기 해부와 점검을 표방하는 칸트의 비판철학과 더불어 완성되었다. 우리는 데리다의 해체론에서 소크라테스적 반어, 데카르트적 회의, 칸트적 비판이 한데 어우러지면서 분석의 새로운 차원이 열리는 대목을 자주 만나게 된다. 해체론은 서양의 비판적 분석의 전통이 편집증의 수준으로까지 발전할 때의 양상을 보여주는 한 가지 사례라 할 수 있다.

철학(사)의 안과 바깥 —— 울타리 그리기로서의 해체론

기억에 대한 무한 책임   그러나 데리다는 분명 데카르트-칸트주의자이되 헤겔 이후의 철학자, 헤겔을 계승하는 데카르트-칸트주의자다. 해체론은 분명 이성적 언어에 대한 비판적 분석의 극치를 달리는 철학사 방법론이되, 그것이 철학사에 접근하는 방식은 헤겔의 회상적 내면화(er-innern)의 길을 따른다. 철학사적 회상은 해체론을 지도하는 이념이자 의무이기까지 하다. 데리다는 이를 "기억 앞의 무한한 책임, 따라서 필연적으로 과도할 수밖에 없고 계산 불가능할 수밖에 없는 책임"이라는 말로 표현했다. 해체론이 행하는 모든 일들은 이론적 사유와 개념적 요소들이 지닌 "역사, 기원, 그리고 의미, 따라서 그 한계를 회상하는 과제"로 수렴되기 때문이다. 요컨대 "역사적이고 해

석적인 기억의 '과제'가 해체론의 중심에 자리하고 있다."(FL 44)

그러므로 데리다는 이성의 순수한 사용을 위해 서재의 책들을 떠났던 데카르트와 달리 철학사의 고전들을 절대적으로 존중한다. 타인을 수단으로가 아니라 목적으로 대하라는 정언 명법을 고전 읽기의 수준에서 실천하고 있는 것이 해체론이다. 해체론이 적용되고 펼쳐지는 현실적 공간은 대부분의 경우 고전적 문헌들 안에 제약되어 있다. 그런 자기 제약적 의무를 이행하는 가운데 해체론은 서양적 사유의 한계를 상대화할 수 있는 출구를 모색한다. 해체론이 구하는 철학적 사유의 바깥은 언제나 고전 안에 있다. 해체론이 일으키는 철학사적 단절은 철학적 문헌에 대한 해석학적 내면화의 끝에서 일어나는 사건이다. 해체론은 서양의 비판적 분석의 전통과 해석학적 회상의 전통이 하나가 되는 지점을 표시한다.

헤겔과 데리다 헤겔에 따르면, 역사적 현실에 속하는 모든 것은 "인류의 모든 과거 세대가 남긴 유산이고, 더 정확히 말해서 과거 세대의 노동이 남긴 결과"다.[2] 마찬가지로 학문이나 철학의 현재 상태는 과거로부터 육화되어 나오는 현실이다. 따라서 "역사의 진행 과정은 우리에게 '이방적인' 사태의 생성 과정을 보여 주는 것이 아니라 '우리의 생성 과정', '우리 학문의 생성 과정'을 표현한다."(GPh 22) 그러므로 철학사는 현존하는 철학의 생성 경위 자체이고, "철학사 연구는 철학의 연구 자체"와 같다.(GPh 49) 이때 연구란 것이 내면화를 통해 잉여를 산출하는 노동이라면, 그 노동의 잉여는 전통의 기원으로 멀리 소급할수록 커진다. 과거의 원천과 유래로 최대한 육박해 들어갈수록 현재의 철학은 비로소 "과거의 철학에 반하는 자기 고유의 어떤 것

(etwas Eigenes gegen das, was sie voher war)을"(GPh 22) 산출할 수 있다.

이것은 데리다에게서도 마찬가지다. 해체론이 과거의 철학 전체에 반대하는 운동을 산출한다면, 그 운동은 과거의 역사 안쪽에서부터, 역사적 전통의 유산을 내면화하는 노동으로부터 유도된다. 해체론은 철학사의 기원으로 소급해 가고, 거기서 철학사가 새롭게 시작될 수 있는 가능성을 모색한다. 그러므로 해체론이 새롭게 산출하는 것은 과거에는 전혀 없던 어떤 것이 아니다. 해체론이 가리키는 기존 철학(사)의 바깥은 기존 철학(사)의 안쪽에서, 그것의 원천과 기원으로 소급할 때 발견되는 바깥이다. 해체론은 기존의 철학적 회상으로서는 기억할 수 없는 절대적 바깥, 그러나 모든 철학적 현재가 반드시 빚지는 그런 바깥의 흔적에 대한 경험의 기회를 산출한다. 데리다는 이 점을 이렇게 표현했다. "우리는 로고스 중심주의 시대 전체에 대해 어떤 특정한 외면성의 지점에 도달하고자 한다. 이 외면성의 지점에서부터, 그 총체성에 대해 특정한 해체가 비로소 시작될 수 있을 것이다."[3]

로고스 중심주의와 그것의 이중적 총체성 이렇게 말할 때 데리다는 헤겔의 철학사 인식에 무한히 가깝게 다가서는 가운데 멀어지고 있다. 먼저 두 철학자가 가까워지는 대목. 그것은 데리다가 총체성을 언급할 때이다. 이 대목에서 알 수 있는 것처럼, 해체론이 해체하는 것은 언제나 총체성이다. 어떤 총체성인가? 그것은 철학사 전체이자 철학사를 통해 계승, 보존되는 어떤 동일한 구조 전체이며 나아가 그런 보존을 위해 철학이 동원하는 모든 방법적 전략이다. 해체론은 "서양의 모든 분석, 설명, 독서 혹은 해석의 방법들 전체가 (……) 그 안에

서 생산되는 최대한의 총체성 — 에피스테메의 개념과 로고스 중심
주의적 형이상학 — 에 대한 해체"(G 68)를 표방한다.

해체론적 의미의 총체성은 논리적인 동시에 역사적이라는 점에
서 여전히 헤겔적이다. 헤겔에게서와 같이 데리다에게서도 철학사는
지나간 이론들의 전시장에 불과한 것도, 다양한 이론들이 우연히 생
성 소멸하는 무대도 아니다. 철학사에 등장하는 이론들은 어떤 동일
한 사유의 논리와 잠재력이 실현되는 여러 방식에 해당한다. 그것들
은 모두 어떤 유사 보편적 이념, 어떤 동일한 심층적 문법의 한계 안
에서 성립한다. 데리다가 서양철학사 전체를 로고스 중심주의라는
하나의 이름으로 지칭하는 이유는 여기에 있다. 즉 서양철학사는 "플
라톤으로부터 (라이프니츠를 지나) 헤겔에 이르는 '형이상학의 역사,'
그리고 그 (역사의) 외양적 한계를 넘어서 소크라테스 이전의 철학자
들로부터 하이데거에 이르는 '형이상학의 역사'(다). 이 역사는 모든
차이에도 불구하고 진리 일반의 기원을 언제나 공통적으로 로고스에
두어 왔다."(G 11~12)

해체론은 서양철학(사) 전체가 언제나 동일한 진리 이해, 나아가
언제나 동일한 존재 이해의 한계 안에서 성립해 왔음을 보여 준다.
"만일 형이상학의 역사가 존재를 현전(présence)으로서 규정해 온 역
사라면, 만일 그 역사적 모험이 로고스 중심주의의 모험과 하나라면,
만일 그 역사 전체가 예외 없이 흔적의 환원으로서 산출되고 있다면"
(G 145)과 같은 표현은 해체론의 출발점을 표시하는 가정법이자 그것
의 도달점을 예고하는 가정법이다. 데리다에게 철학사 전체는 그것
이 담고 있는 다양성과 차이에도 불구하고 로고스 중심주의라는 동

일한 진리 이해, 현전성이라는 동일한 존재 이해에 의해 지배되고 있다. 그런 공통의 진리 이해와 존재 이해에 바탕을 둔 서양철학(사)은 "흔적의 환원"(G 92, 95)이라는 구조적 특성을 지닌다. 해체론적 의미의 총체성이 역사적이자 체계적(구조적)이라는 이중의 성격을 띠고 있다면, 그것에 접근하는 해체론의 전략 또한 이중적 측면을 지닐 수밖에 없다. 데리다는 이 점을 이렇게 설명한다.

> 일반적으로 말해서 해체론은 두 가지 스타일에 따라 실행되며, 대부분의 경우 그 둘을 서로 접목시킨다. 하나는 논리-형식적 역설에 관계하고, 논증적인 동시에 표면상 비역사적 행보를 취한다. 다른 하나는 좀 더 역사적이고 회상적인 것으로서 문헌 해독, 미시적 해석, 그리고 계보학을 통해 진행되는 것같이 보인다.(FL 48)

구조에서 울타리로 비역사적 행보와 역사적 행보. 비판적 분석의 행보와 회상적 해석의 행보. 그 이중적 전략이 행사되는 장소는 언제나 철학사의 고전적 이정표에 속하는 문헌들이다. 해체론은 철학사 전체와 관계하되 개별 문헌에 대한 미시적 해석을 통해, 그리고 그 문헌이 다루는 특수한 주제들에 대한 논리적 재구성을 통해 간접적으로 관계한다. 이때 철학사는 그 문헌과 주제를 필연적 효과처럼 파생시키는 어떤 공시적 체계나 구조로서 설정된다. 따라서 데리다가 해체론을 설명할 때 종종 구조주의를 준거점으로 삼는 것은 자연스러운 일이다. 가령 이런 구절이 좋은 예다. "해체한다는 것, 그것은 역시 구조주의적 몸짓이었다. (……) 그러나 그것은 또한 반구조주의적 몸

짓이었다. 그리고 그것의 행운은 부분적으로 이 이중성에 인연을 두고 있다."4

해체론이 처음 등장할 무렵의 유럽은 구조주의에 의해 장악되었다. 이런 사정 때문에 해체론은 구조주의적 어법을 차용하면서 당대의 논쟁 상황에 들어서야 했고, 구조주의에 대한 독창적인 개입에 힘입어 폭넓은 주목을 끌게 되었다. 이것이 해체론이 겪어야 했던 역사적 우연이다. 그러나 해체론은 본성상 탈-구조주의적이다. 해체론의 관점에서 볼 때, 과학적 엄밀성을 추구하는 구조주의는 모든 이론적 사유와 마찬가지로 특정한 형이상학적 전제 위에 서 있다. 반면 해체론의 과제는 탈-형이상학적 사유의 가능성에 대한 모색에 있다. 그러므로 해체론이 자신의 전략을 구조주의적 어휘를 빌려 번역할 때는 항상 '임시적'이라는 꼬리표를 덧붙인다. 가령 데리다는 이렇게 말한다.

만일 철학적 혹은 문학적 유형의 문헌에 주목하면서 우리가 임시적으로 이 역사적 구조를 다루는 데 주저하지 않는다면, 이는 거기서 그 구조의 기원, 원인이나 균형 관계를 재발견하기 위해서가 아니다. 우리는 게다가 이 문헌들이 사람들이 이해하는 특정한 의미에서 그 구조의 단순한 결과라고 생각하지 않는다. 하나의 담론과 어떤 역사적 총체성을 절도에 맞추어 반성하기 위해 이제까지 제시된 모든 개념들은 우리가 여기서 문제 삼는 형이상학적 울타리(clôture métaphysique) 안에 사로잡혀 있다는 것이 우리의 생각이다. 이 울타리가 우리의 논의의 마지막을 장식하는 한에서, 우리는 그것 이외에 다른 것을 알지 못하며 그것 이외에 다른 것을 생산하지 않는다.(G 148)

그러므로 해체론이 마지막에 가서 구하는 것은 구조가 아니라 울타리다. 해체론적 의미의 울타리는 헤겔적 의미의 체계와 같으면서 다르다. 양자는 철학(사)의 총체적 범위를 구획하고 재조직한다는 점에서, 또한 그 범위는 역사적 가능성의 범위이자 논리적 가능성의 범위라는 점에서 유사하다. 그러나 울타리는 체계가 담는 총체성을 넘어서는 바깥, 그래서 변증법적 사유가 회상하거나 내면화하지 못하는 절대적 외면을 구획한다. 양자 사이의 차이는 무엇보다 위상학적이다. 즉 해체론은 어떤 철학이라기보다 어떤 메타 철학이다. 철학이 메타 과학으로서 과학적 인식의 가능 조건과 그 범위를 묻는 것처럼, 해체론은 메타 철학으로서 철학의 가능 조건과 그 한계를 역사적이자 구조적 관점에서 분석한다.

메타 철학적 비판의 결과로서 주어지는 형이상학적 울타리는 철학적 체계의 안과 밖 그리고 그 양쪽의 관계를 표시하는 어떤 것이며, 해체론은 그런 울타리 그리기 작업으로서 정의될 수 있다. 해체론이 고전적 문헌의 논리-역사적 구조를 먼저 확인하고 재구성하는 것은 이런 의미의 울타리를 그려 내기 위한 예비 작업이다. 이때 구조와 울타리의 관계는 여전히 위상학적이다. 구조가 해당 문헌을 총체적으로 재조직하는 질서라면, 울타리는 그 구조를 낳고 지배하는 형이상학적 사유의 질서, 나아가 그 질서를 낳고 그 안의 형성에 개입하는 바깥을 표시한다. 따라서 울타리를 그리기 위해 해체론은 스스로 해체할 구조를 먼저 파악해야 한다. 위의 인용은 이렇게 이어진다.

이러한 (울타리 개념을 중심으로 하는) 문제의식의 전개 과정 안에서 (볼

해체론적 윤리학을 위하여

때), 사실상 그리고 권리상 초보적이자 필요 불가결한 국면은 징후에 해당하는 이 문헌들이 지닌 내재적 구조에 대해 묻는 것이다. 이것은 그 문헌들의 형이상학적 귀속 관계의 전체 안에서 그 문헌들 자체를 규정하기 위한 유일한 조건이다.(G 148)

　해당 문헌의 내재적 구조에 대해 묻는 것이 해체론의 초보적 절차다. 이는 문헌에 대한 최대의 이론적 엄밀성과 해석학적 책임을 만족시키는 절차에 해당한다. 해체론이 보여 주는 구조주의적 행보는 과학성과 논리성을 구현하는 모습이며, 일종의 해석학을 실천하는 과정이다. 해체론은 이론적 사유에 대한 단순한 반발과 도피가 아니다. 이론적 사유보다 더 이론적인 가운데 그 이론적 사유의 모태인 형이상학을 극복하는 전략이 해체론이다. 다시 데리다의 말을 빌리면, 어떤 것을 해체한다는 것은 "그것을 그 총체성 안에서 반복하면서, 그리고 그것을 가장 확실시된 명증성 안에서 뒤흔들면서"(G 107) 해체한다는 것이다.

　울타리의 표상 불가능성　비록 역사적 우연에 빚질지라도 해체론이 구조주의를 계승하고 발전적으로 극복하는 듯한 인상을 준다면, 그것은 해체론이 결코 포기하지 않는, 오히려 극단적으로 존중하고 실천하는 이론적 엄밀성에서 비롯된다. 그러나 이론적 분석은 형이상학적 울타리를 그리기 위한 예비적 단계에 불과하다. 왜냐하면 문제의 울타리는 모든 이론적 언어의 진정한 유래이되 이론적 언어로서는 스스로 이해하거나 사유할 수 없는 것이기 때문이다. 철학이 의식하지 못하는 그 유래는 철학이 불가능해지는 지점에 해당한다. 해체론은 그런 이중적 의미의 한계에 해당하는 울타리 그리기다.

울타리는 철학이 이 이름 밑에서 표상할 수 있는 것, 즉 어떤 동질적 공간
을 둘러싸는 직선이나 원환을 통해 표상할 수 있는 것과 어떠한 유비성도
공유하지 않는다. 문제는 이런 울타리의 형식을 한정하는 데 있다. 또는
새로운 방식들에 따라 각인되는 접경적 위반을 통해, 철학을 구성하는 모
든 요소들에 대항하여, 이 요소들로 하여금 자신의 여백을 계산하지 못하
도록 방해하는 표시 불가능자(l'intraitable)를 규정하는 데 있다.[5]

　해체론이 그 모든 이론적 비판과 분석의 절차 뒤에서 구하는 울
타리는 이론상의 "표시 불가능자"가 등장하는 지점들에 따라 그려진
다. 표시 불가능자란 형이상학(이론적 사유)이 계산하거나 결정할 수
없는 것(결정 불가능자), 기억하거나 내면화할 수 없는 것(비동일자), 따
라서 구성하거나 파괴할 수 없는 것(해체 불가능자)을 말한다. 가령 코
라, 파르마콘, 파에르곤 등과 같이 데리다가 철학의 고전에서 해체의
실마리로 발견했던 여러 용어들이 그에 대한 사례들이다. 차연, 흔적,
유령, 정의 등과 같이 데리다가 특수한 의미로 활용하는 기술적 용어
들도 여전히 그 표시 불가능자를 번역하는 이름들이다.
　우리는 이미 위에서 흔적이란 명칭과 조우했다. 서양철학(사)의
구조적 특성을 "흔적의 환원"으로 집약하는 해체론이 울타리 그리기
의 작업이라면, 그 작업은 철학이 정당하게 취급하거나 통제할 수 없
는 어떤 흔적의 운동이 남기는 자국, 다시 말해서 흔적의 흔적을 뒤쫓
는 작업이다. 따라서 해체론의 철학사 인식과 그 접근 방식, 뿐만 아

　　　　　　　　　　　　　　해체론적 윤리학을 위하여

니라 해체론의 역사적 계보와 혈통 관계도 흔적의 의미에서부터 설명되어야 할 것이다.

흔적과 텍스트 — 초월론으로서의 해체론

흔적의 주제   일반적 의미에서 흔적이란 지금 부재하는 어떤 것이 남긴 자국이다. 그것은 현재 없는 것의 있(었)음을, 부재자의 현전을 나타내는 징표다. 현대 철학에서는 흔적이란 말이 전략적으로 사용되는 경우가 자주 있다. 가령 하이데거는 존재자 속에 숨어 있는 존재의 흔적에 대해, 레비나스는 타인의 얼굴에 깃든 무한자의 흔적에 대해 말한다. 프로이트의 정신분석에서도 무의식이 의식의 차원에 남기는 흔적이 분석의 과제로 제기된다. 그런데 이들이 공통적으로 강조하는 것은 그런 흔적의 난해성이다. 즉 흔적은 좀체 의식되거나 자각될 수 없는 것, 표시하거나 한정할 수 없는 것, 표상하거나 언표할 수 없는 것에 대한 이름이다. 왜냐하면 흔적 배후에 있을 그 어떤 것=X 자체가 여전히 어떤 흔적, 다시 말해서 어떤 원-흔적이기 때문이다.

앞에서 언급된 것처럼, 해체론은 "기억 앞에서의 무한한 책임, 따라서 필연적으로 과도할 수밖에 없고 계산 불가능할 수밖에 없는 책임"(FL 44)에 대한 응답이다. 해체론은 좀처럼 규정하기 힘든 어떤 흔적 앞에 있고, 그런 흔적을 통해서만 자신을 알리는 어떤 또 다른 흔적(원-흔적)에 대한 회상의 의무 앞에 있다. 이때 해체론이 회상하는 원-흔적이란 무엇인가? 그것은 형이상학을 초과하되 형이상학의 가능 조건으로서 설정해야 하는 어떤 관계적 사태로서 이성적 사유에 대해서는 어떤 유사 선험적 초월자에 해당한다. 그것은 형이상학적 회상의 바깥에 놓인 어떤 비표상적 타자, 그러나 그 회상의 안쪽에 끊임없이 비가시적인 흔적을 남기는 어떤 절대적 외면성이다.[6] 데리다는 이렇게 설명한다.

흔적은 타자와의 관계가 표시되는 곳이다. 흔적은 존재자의 영역 전체에 대해 그 가능성을 꼴 짓는다. 흔적의 비밀스러운 운동이 있은 후에야 형이상학은 존재자를 '현전하는 것(étant-présent)'으로 규정했다. 우리는 흔적을 존재자 이전에 생각해야 한다. 그러나 흔적의 운동은 필연적으로 비밀스럽고, 자기 은폐로서 성립한다. 타자가 그렇게 비밀스러운 것으로서 자신을 알릴 때, 그것은 자기를 감추면서 현전한다. (……) 이러한 공식은 신학적이 아니다. '신학적인 것'은 흔적의 운동 전체 안에서 규정되는 어떤 하나의 계기다. 존재자의 영역은 현전성의 영역으로 규정되기 이전에, 흔적의 다양한 가능성들 — 발생적이고 구조적인 가능성들 — 에 따라 구조화되고 있다. 그러한 본연의 타자(l'autre comme tel)의 등장은, 다시 말해서 그것의 '본연'의 은폐는 이미 언제나 시작되고 있었고, 어떠한 존재자의 구조도 그것으로부터 벗어나지 못한다.(G 69)

흔적과 울타리 이 인용문은 하이데거가 (존재와 존재자 사이의) 존재론적 차이에 대해 말할 때 취하는 어법을 환기한다. 사실 데리다는 흔적에 대한 자신의 사유가(G 38), 나아가 자신의 차연이라는 용어가 (M 10) 하이데거의 존재론적 차이를 발전적으로 계승하고 있음을 공공연히 지적한다. 하이데거에게 존재는 그것이 비로소 존재하게 하는 존재자에 대한 관계 안에서, 다시 말해서 존재자와의 존재론적 차이를 통해 비로소 사건화한다. 존재론적 사건은 존재가 존재자를 개방하는 탈-은폐의 사건이자 동시에 그렇게 개방된 존재자 뒤로 자신을 감추는 은폐의 사건이다. 하이데거를 좇아 데리다는 그런 이중적 성격의 존재론적 사건을 흔적의 운동으로 번역하고, 이후 그것을 차연(différance)이라 명명한다.

절대적 타자와의 관계가 비로소 표시되는 동시에 말소되는 흔적(차연)의 운동은 존재자 전체의 존재론적 가능성, 구조, 생성과 소멸을 조건 짓는 최초의 관계적 사태다. 이 최초의 관계적 사태는 비현전과 부재의 방식으로 현전한다는 점에서 비밀스럽다. 그것이 어딘가에서 자신을 알린다면, 우리는 그것을 오로지 간접적으로 혹은 우회적으로 알 수 있을 뿐이다.(M VI) 그것은 직접적으로 대상화하거나 표상할 수 없다. 개념화할 수도 없고 분석하거나 구성할 수도 없다. 이는 파괴하거나 해체할 수 없다는 것과 같다. 흔적과 그것 배후의 원-흔적은 탈-이론적 사태이며, 이 점에서 합리성을 넘어서는 유령적 효과라 할 수 있다. 그러나 이론적 사유와 신학적 사유는 차연에 해당하는 그 유령적 효과에서 비롯하는 여러 가능성들 중의 하나에 불과하다.

해체론이 그리는 형이상학적 울타리는 오로지 간접적으로만 현상하는 이런 흔적의 운동에 대한 경험으로부터 추정할 수 있는 어떤 경계라 할 수 있다. 그런데 보통 경계는 한계로, 한계는 다시 어떤 것의 진행을 저지하는 장벽으로 이해된다. 그러나 여기서 울타리는 닫히게 만들거나 가두어 놓는다는 부정적 의미보다는 조형하고 형성한다는 긍정적 의미가 더 큰 그런 경계다. 가령 법의 테두리나 경계는 이러저러한 행동을 금지하는 힘이지만 동시에 일정한 행동의 질서를 낳고 특정한 사회적 형태를 조형 및 양육하는 어떤 모태와 같다. 데리다가 말하는 형이상학적 울타리는 그와 같이 형이상학에 대하여 그것의 한계뿐만 아니라 그것의 기원과 유래를 설명해 주는 위치에 있다.

우리는 문제의 울타리가 고전적 의미의 체계적 총체성을 대신하는 해체론적 총체성임을, 이론적(철학적 혹은 변증법적) 총체성을 포괄하면서 초과하는 탈-이론적 총체성임을 보았다. 또한 그것이 논리-구조적 가능성과 시간-역사적 가능성을 동시에 담는 이중적 총체성임을 강조했고, 이 점에서 그것을 헤겔의 '정신' 개념과 비교해 볼 수 있다.[7] 그러나 이런 역사적 관련성이나 계승 관계로부터는 울타리의 이중적 성격을 필연적으로 연역할 수는 없다. 울타리의 이중적 성격은 그것이 지시하는 한계적 사태, 즉 흔적의 성격으로부터 비로소 필연적으로 이해될 수 있다. 위의 인용문에서 데리다는 존재자의 영역 전체를 구조화하는 흔적의 다양한 가능성들을 "발생적이고 구조적인 가능성"으로서 파악하고 있다. 해체론적 총체성의 이중성은 그것이 포괄하는 형이상학적 총체성의 이중성과 마찬가지로 흔적의 이중성에서 처음, 그리고 필연적으로 유래한다. 해체론이 철학(사)에 접근하는 방법적 절차가 논리-형식적 (탈)구성과 역사-계보학적 회상을 병행한다면, 그런 절차상의 이중성도 역시 해체론이 주목하는 초월론적 사태의 이중성으로부터 설명되어야 할 것이다.

해체론적 위상학 흔적의 주제는 해체론의 절차적 특성, 다시 말해서 그것의 장소적 제약성을 설명하는 출발점이 될 수 있다. "흔적은 타자와의 관계가 표시되는 곳이다."(G 69) 그 관계는 해체 가능한 어떤 것과 거기에 개입하는 어떤 외면 사이에 성립하는 관계다. 흔적의 운동이 일어나는 장소는 해체 대상으로서의 형이상학적인 것 혹은 이론적인 것 자체에 있다. 흔적은 어떤 고립된 장소에 존재하지 않는다. 바깥의 개입을 알리는 흔적은 자신이 스스로 구조화하는 동시에 탈구조화(역사화)하는 형이상학적 체계의 안쪽에 자리한다. 흔적으로 소급하여 형이상학의 유래와 구조를 해설하는 해체론의 입지는 그것이 해체하는 대상 안으로 제약된다. 즉 "해체의 운동은 바깥으로부터 그 구조를 움직여 놓지 않는다. 그 운동은 오로지 그 구조 안에 거주하는 한에서 가능하고 힘을 발휘할 수 있으며, 또 그런 한에서 정확히 충격을 가할 수 있다."(G 39) 해체론은 구조를 분해하고 조립하면서, 또 구조에 내재하는 전복의 수단과 전략들을 차용하면서 그 구조가 환원하고 있는 바깥의 흔적을 구한다. 그렇게 간접적으로 경험되는 바깥은 구조의 안에 있으면서 그 구조가 동화하지 못한 채 남겨두는 바깥, 다시 말해서 안쪽의 안쪽에 해당하는 바깥이다.

흔적(차연)은 그러므로 철학(사)에 대한 해체론의 인식과 접근 방법 그리고 위상학적 관계를 제약하는 최초의 조건이다. 그렇다고 해체론의 절차상의 특징과 그 배후의 자기의식이 오로지 존재론적 원-사태에 대한 반성에서 비롯하는 것만은 아니다. 거기에는 해체의 대상인 형이상학의 본성에서 비롯하는 측면이 있다. 사람들은 해체론이 어렵다고 말한다. 그러나 해체론이 환기하는 난해성은 그것이 해체하고자 하는 형이상학에 있다. 진정한 어려움은 형이상학적 사유가 지닌 자기방어 기제의 마비 효과에서 온다. 해체론은 흔적(차연)이라는 비표상적 사태로 향하는 초월론이다. 그런 탈-개념적 사태를 표시하거나 서술한다는 것은 당연히 쉬운 일이 아니다. 그러나 흔적에 대한 사유를 어렵게 하는 것은 이것들이 지닌 비표상적이고 탈-개념적인 성격보다는 오히려 해체론에 저항하는 철학 자체의 본성에 있다.

해체론에 반하는 철학적 담론 특유의 저항이란 무엇인가? 그것은 고유성 (être propre)의 심급이 보장해 주는 무한한 지배(maîtrise infinie)에 있다. 이를 통해 철학적 담론은 모든 경계(즉 타자)를 '존재자'로 혹은 자신의 고유한 자산으로 내면화한다.(M XIII~XIV)

이론의 저항 철학은 타자 환원적이자 타자 동화적인 동일성의 사유다. 체계는 동화 작용을 통해 내면성을 유지, 확장하는 유기체와 같다. 그러므로 철학에게 타자나 외면성 혹은 경계나 반정립을 들이댄다는 것은 하등의 놀라움이 될 수 없다. 철학은 이미 경이감에서 시작했고, 경이감의 극복으로서 추구되었다. 플라톤이나 헤겔에게서 명확하게 표명되고 있는 것처럼, 모든 철학적 정립은 반정립을 통한 재정립이다. 철학적 물음이란 곧 반정립의 정립이고, 철학적 답변이란 그렇게 정립된 반정립에 대한 반정립이다. 철학은 큰 물음을 던지는 만큼 커다란 답변을 얻고, 반정립의 높이만큼 멀리 이른다. 철학은 스스로 설정하는 외면의 크기에 비례하여 자신의 내면을 갖는다. 철학의 내면이란 극복되고 제압된 외면에 불과하다.

철학의 개념적 내용은 스스로 정립한 타자, 그러나 다시 내면화하고 마침내 동화해 버린 타자에 불과하다. 거꾸로 보자면, 철학이 어떤 동질적인 내용을 확장하기 위해서는 반드시 타자가 먼저 있어야

해체론적 윤리학을 위하여

한다. 타자가 만드는 경계가 있어야 하고 그 경계 바깥의 외면이 있어야 한다. 타자란 매개의 노동에 해당하는 철학이 성립하기 위해 전제해야 하는 필수적 요소다. 따라서 철학은 노동 이전의 타자와 그 이후의 동일자, 노동 이전의 비고유성과 그 이후의 고유성을 이항 대립의 짝으로 갖는다. 철학의 거의 모든 구분법은 이런 이항 대립의 연속이며 연장이다.(가령 의미/무의미, 일자/다자, 이성/감성, 필연/우연, 보편/특수, 가상/실재, 정신/물질, 남/여 등을 말할 수 있고 그 열거는 생각보다 길게 이어진다.)

이미 타자 정립을 자기 정립의 필수적 계기로 갖는 철학에 대해 다시 타자를 대립시킨다는 것은 진부한 일일 수 있다. 그러나 해체론이 흔적의 이름으로 가리키는 것은 형이상학적 이항 대립의 구도를 초과하는 외면이자 철학이 계산할 수 없는 여백에 있다. 철학이 반정립의 대상으로 개념화할 수 없는 어떤 절대적 외면에서부터 철학적 사유의 가능 조건과 한계를 보여 줄 수는 없는가? 바로 여기에 해체론이 스스로 설정한 과제가 있다. "철학으로부터 — 멀어지기, 그것의 법칙을 서술하고 헐뜯기 위해, 또 다른 장소인 절대적 외면성을 향해 멀어지기. 그러나 외면성, 타자성은 이들 혼자로는 결코 철학적 담론을 놀라게 한 적이 없는 개념들이다. 이 담론은 이들 개념들을 언제나 자기 것으로 차지하고 있었다."(M V) 따라서 "아무리 엄밀히 한다 해도, 우리가 아직도 철학을 (대상처럼) 다룰 수 있는 출발점으로서 어떤 비철학적 장소, 외면성이나 타자성의 장소를 제공한다는 것은 가능한 일인가?"(M III). 해체론적 전략이 감당해야 하는 세밀성과 주도면밀한 주의력, 그것이 조급한 결론과 소박한 반대에 보여 주는 경멸,

그것이 부추기는 해석학적 책임 의식은 이런 난해성에 대한 자각에서 온다.

로고스와 뮈토스의 공속성 철학의 매개적 노동과 그 경제의 본성을 동일자(고유성)의 확대 재생산을 위한 타자 정립으로 파악할 때, 데리다는 역사에 관련된 중요한 테제를 발견한다. 그것은 곧 철학의 체계가 이미 특정한 역사의 개념을 필연적으로 수반한다는 것이다. 데리다는 체계와 역사 간의 상호 공속성을 이렇게 설명한다. "역사와 지식, '히스토리아'와 '에피스테메'는 언제나 (……) 현전의 재-전유를 위한 우회 과정으로서 규정되어 왔다."(G 20)

헤겔의 역사 개념에서 극단적으로 표현되고 있는 것처럼, 철학의 역사는 종종 진리의 역사를 자임한다. 진리의 역사란 진리가 처음의 잠재력을 실현하여 완성된 형체를 획득하는 과정이자 마침내 어떤 결실을 선물하는 과정이다. 그런데 이런 진리의 실현은 언제나 어떤 오류와 반정립의 극복에 힘입어 성취된다. 진리의 현전적 자기 일치는 극복된 자기 불일치, 회복된 자기 상실이다. 그런 의미에서 진리는 이미 우회적이고 역사적이다. 로고스는 뮈토스를, 어떤 이야기를 배후에 거느린다. 철학은 진리의 생성에 내재하는 이런 재-전유 및 회복의 여정을 역사 자체로 혹은 역사의 근거이자 의미로 이해해 왔다. 형이상학이 규정하는 역사가 의미의 자기 복귀 운동에 근거한다는 것은, 형이상학적 역사가 의미 자체의 역사라는 것과 같다. 의미의 역사는 필연적으로 목적론적이고 종말론적이다.

반복하자면, 무엇보다 경계해야 하는 것은 역사에 대한 '형이상학적' 개

해체론적 윤리학을 위하여

넘이다. 이는 곧 역사를 의미의 역사로 파악하는 개념을 말한다. (……) 즉
자기 자신을 전개하고 완성해 가는 역사, 단선적인 그래서 직선적이거나
원환적인 역사다. (……) 역사 개념의 형이상학적 성격은 단선성에만 연계
되어 있는 것이 아니라 의미 함축의 체계 전체(목적론, 종말론, 의미를 지양
하고 내면화하는 축적 과정, 특정한 유형의 전통성, 연속성과 진리에 대한 특정한
개념 등)와 관련되어 있다.[8]

데리다가 여기서 강조하고자 하는 점은 "역사의 개념이 (……) 형
이상학에 의해 언제나 재-전유될 수 있다"(P 79)는 사실이다. 역사에
서 의미를 구할 때, 의미뿐만 아니라 목적과 계시를 구할 때, 혹은 역
사를 개념적으로 파악하고 이론화할 때, 나아가 거기서 어떤 구조적
질서를 보고자 할 때 역사는 형이상학적 성격을 띠게 된다. 의미 있는
역사란 언제나 형이상학적 사유에 의해 동화되고 소화된 역사, 의미
자체의 역사와 같다. 다만 많은 경우 역사의 의미를 생산하는 사유의
체계가 의식적으로 혹은 세부적으로 자각되지 않은 채 남아 있을 뿐이
다. 역사의 개념은 이미 어떤 체계를, 체계는 이미 어떤 역사의 개념을
전제한다. 철학과 철학사의 상호 규정적 관계는 그렇게 성립한다.

그렇다면 이성에 반하여, 이성의 형이상학적 폭력을 고발하기 위
하여 역사를 기술한다는 것은 가능한 일인가? 가령 광기의 편에서 광
기의 역사를 쓴다는 것은 가능한 일일까? 이것이 데리다가 푸코에게
던진 질문이었다. 데리다에 따르면, 광기의 역사란 이성이 파악한 광
기 개념의 역사일 수밖에 없다. 그리고 그 역사는 이미 이성이 생각하
는 역사, 이미 형이상학적으로 조형된 개념일 수밖에 없다. 역사란 언

제나 이미 이성적 사유에 의해 생산된 개념이고, 그런 한에서 이성적 사유의 지배 영토 안쪽에 있다.[9] 이성적 사유를 고발하기 위해 어떤 의미 있는 역사를 재구성하려는 시도는 이성적 사유가 감추고 있는 형이상학적 체계로 다시 전락할 수 있는 위험성을 안고 있다. 이성에 반대하기 위한 역사적 논변은 이러저러한 매개의 절차를 거쳐 다시 이성에 의해 정복될 수 있다. 그런 자가당착적인 결론을 피하면서 이성적 사유를 고발하기 위해서는 역사를 형이상학적 동화 작용의 영향권으로부터 벗어나게 만들어야 한다. 그러나 어떻게? 데리다에 따르면, 역사를 철학적 체계로부터 해방하기 위해서는 다음과 같은 전략이 필요하다.

> 한편으로는 역사에 대한 전통적 개념을 '전도'시켜야 하고 또 동시에 그 전도의 '간격'을 표시해야 하며, 그 전도된 개념이 재-동화될 수 없도록 감시해야 한다. 물론 (역사에 대하여) 새로운 개념화를 창출해야 한다. 그러나 이는 개념화 자체가 혼자만의 힘으로는 우리가 '비판'하고자 하던 것을 다시 끌어들일 수 있다는 점을 충분히 고려하면서 그렇게 해야 한다. 이 (해체론의) 작업이 순전히 '이론적' 혹은 '개념적' 혹은 '토론적'일 수 없는 (……) 이유는 여기에 있다. 내가 '텍스트'라 부르는 것은 그러한 담론의 한계를 '실제로' 기록하면서 동시에 넘어서는 것이다. 담론과 그 질서(……)가 초과되는 모든 곳에는 그런 일반적 텍스트가 있다.(P 81~82)

책에서 텍스트로   니체와 하이데거를 이어 데리다가 일관적으로 추구하는 것, 해체론이 그 모든 비난과 저항에도 불구하고 확신을 가지고 밀고 나가는 과제는 이론적 문화의 극복에 있다. 이것은 이론화 (개념화 및 체계화)가 특정한 종류의 편견과 이데올로기 생산 기제라는 확신에서부터, 혹은 로고스가 존재론적 원-사태를 왜곡한다는 직관으로부터 출발한다. 위의 인용문은 이론에 갇힌 역사와 그것의 해방 가능성에 대해 말하고 있다. 그러나 해체론이 의미의 생산을 본성으로 하는 이론적 경제로부터 구제하고자 하는 것은 역사만이 아니다. 그것은 예술이고 종교이며 '참된' 존재론적 사태다. 이성적 질서로 환원되기 이전의 존재란 무엇인가? 이론 안에 길들여지기 이전의 종교나 예술이란 무엇인가? 개념적 체계 안으로 동화되기 이전의 문학, 이론적으로 정돈되기 이전의 정치란 무엇인가?

이런 물음은 그동안 철학이 개념적으로 다루는 모든 주제들, 가령 시간, 공간, 인간, 기호, 언어, 자연 등으로 이어진다. 그리고 문제는 언제나 개념으로 매개되기 이전의 사태, 이론적으로 조직되기 이전의 원-사태로 돌아가는 것이다. 이렇게 볼 때 해체론은 데카르트-후설의 이념인 "사태 자체로!"와 그렇게 멀리 떨어져 있지 않다. 데카르트가 과장법적 회의를 통해 구하고자 한 것은 어떤 회의 불가능한 것이었다. 후설이 현상학적 환원을 통해 구하고자 한 것은 어떤 환원 불가능한 잔여였다. 아무리 부정하고 의심해도 회의할 수 없는 것, 아무리 제거하고 환원해도 여전히 남아 있는 잔여, 그것이 데카르트-후설이 돌아가고자 한 사태 자체이자 철학의 출발점이다. 데리다 역시 해체론을 통해 구하고자 한 것은 해체 불가능한 잔여이고, 해체론적으로 말소 불가능한 그 흔적이 데리다가 가리키고자 한 원초적 사태다. 다만 해체론적 사태 자체는 비현전적인 것(이론화 불가능한 것)

을 포함한다는 데 그 차이가 있을 뿐이다.(물론 이것은 작은 차이만은 아닐 것이다.) 직접적으로 표상하거나 대상화할 수 없는 것, 다만 대상을 통해 간접적이고 우회적으로만 경험할 수 있는 것이 해체론적 의미의 사태다.

위의 인용문에서 데리다는 텍스트에 대하여 언급하고 있다. 텍스트는 역사가 ─ 그 밖에 철학이 규정하고 정의해 온 모든 개념적 내용들이 ─ 이론적 사유의 체계에서 벗어나 그 자체로 드러나는 사태에 대한 명칭이다. 이론적 사유는 다양한 사물들을 하나의 이념 아래, 동질적 공간을 바탕으로 총체적이자 위계적으로 조직한다. 그것을 집약하는 것이 체계라는 용어다. 체계는 개념들이 태어나고 거주하는 집이자 모든 외면성의 유혹으로부터 벗어나 다시 돌아가는 고향이다. 형이상학의 역사에서 이런 의미의 체계는 어떤 이상적인 책으로 표상되어 왔다. 책은 진리의 총체성, 중심화되고 위계화된 총체성, 자족적이고 완결된 총체성, 나아가 총체성의 생생하고 충만한 현전성을 상징한다.(G 27~31)

책으로 표상되는 체계가 해체되었을 때 그 자체로 무의미하고 다양한 요소들이 "죽은 시간"(G 99)에 속하는 것들과 더불어 국지적이고 상호 이질적인 공간을 이룬다. 모든 내면은 현전의 이편과 저편으로 이어지는 다른 지역과 끊임없는 원격 통신의 관계에 있으면서 어떤 초월론적 시간화에 참여한다. 텍스트는 현재의 세계를 개방하거나 닫아 놓는 초월론적 시간화의 평면이 성립하는 어떤 원격 통신의 유희를 가리킨다. "일반적 텍스트"는 그런 흔적(차연)의 유희 전체에 대한 이름이고, 따라서 형이상학의 안과 밖을 표시하는 울타리보다 넓은 외연을 지닌다. 그것은 궁극적 형태의 해체론적 총체성에 대한 이름이라 할 수 있다.

2 해체론과 윤리학

이제까지 우리는 해체론을 멀리 떨어뜨려 놓고 바라보았고, 그런 관점에서 그것을 서양철학(사) 일반에 대한 비판적 해부와 전복적 해석의 전략으로 그려 보았다. 이제부터는 해체론을 좀 더 가까이 밀착해서, 특히 그것에 담긴 윤리-실천적 함축에 중점을 두면서, 가령 거기에 등장하는 정의 같은 용어에 초점을 두면서 바라보도록 하자.[10]

데리다의 초기 저작은 전통 형이상학과 관련된 언어, 의미, 실재 등의 문제와 씨름했다. 반면 후기 저작은 주로 윤리, 정치, 종교 등과 관련된 실천의 문제를 천착하고 있다. 다양한 수준과 문맥에서 문제를 구성해 가는 데리다의 윤리학은 산종적인 성격을 띠므로 간략한 문장으로 정리하기 어렵다. 사실 해체론은 언제나 여러 유형의 저자들을 끊임없이 바꾸어 읽어 가는 가운데 경우마다 형태를 바꾸는 어떤 해체 불가능자를 논증한다. 그러므로 유사한 문제를 다루더라도 해결의 위치에 오는 개념은 서로 다른 명칭, 서로 다른 발산의 선들을 거느린다. 이는 대문자 해체론 같은 것은 없다는 것과 같다.

> 보편적이고 유일한 해체론은 없다.(Il n'y a pas La ou une seule Déconstruction.)
> (……) 해체론은 그것이 스스로 참여하는 갈등적이고 차별성을 띤 문맥들

바깥의 어느 다른 곳에 순수하고 본래적이고 자기 동일적인 방식으로 존재하지 않는다. 그것은 오로지 그것이 행하는 것, 그것으로부터 행해지는 것일 뿐이고, 그것이 (사건으로서) 일어나는 곳에 있다.[11]

칸트, 레비나스, 데리다 그럼에도 불구하고 해체론적 윤리학의 특징을 거칠게나마 개괄하자면, 데리다가 주석을 붙이는 수많은 저자 중에서 칸트와 레비나스를 가장 중요한 좌표로 삼아야 할 것이다. 이들과 마찬가지로 데리다는 윤리를 한편으로는 정치와, 다른 한편으로는 종교와 분리하지 않는다. 이들에게서 윤리, 정치, 종교는 서로의 둘레를 맴도는 관계에 있다. 그러므로 데리다의 윤리학은 선(善)을 정의하거나 개인의 도덕적 역량에 초점을 두는 덕의 윤리학으로 분류할 수 없다. 도덕적 규칙의 보편성이나 정당성을 묻는 규범적 윤리학이라 할 수도 없다. 하물며 어떤 정치-신학을 꿈꾸는 것도 아니다. 해체론적 윤리학의 중심에는 정의와 책임(응답)의 개념이 있지만, 최후의 문제는 서양의 실천적 세계 전체를 구조화하는 어떤 역사적 선험성이다.

칸트는 비판철학의 핵심을 "믿음에 자리를 내주기 위해 앎을 지양한다."라는 말로 집약했다. 이와 유사하게 데리다는 이론적 사유를 철저하게 해체하여 실천의 고유한 지평을 여는 어떤 해체 불가능자, 다시 말해서 어떤 결정 불가능자를 논증코자 한다. 해체론적 문자학에서 그 결정 불가능자가 흔적이나 글-쓰기 혹은 차연 등으로 불린다면, 해체론적 윤리학에서 그것은 유령이라 불린다. 해체론적 윤리학은 해체 불가능하고 결정 불가능한 유령이 역설적으로 책임 있는 결

해체론적 윤리학을 위하여

정을 요구하는 정의(正義)의 위치에 오를 때 시작된다. 그러나 칸트의 윤리학이 보편적 법칙에 대한 책임에 매달린다면, 데리다의 윤리학에서 책임의 대상으로 설정되는 결정 불가능성은 상황마다 달라지는 어떤 독특한 타자에서 온다.

타자의 윤리학을 처음 가르친 것은 레비나스다. 레비나스는 동일성의 사유를 깨뜨리는 초월적 타자의 얼굴에서, 그 얼굴에 응답하는 무조건적 환대에서 윤리적 개방성의 지평을 찾았다. 그리고 이 지평을 존재론적 개방성에 선행하는 것으로 간주했다. 해체론적 윤리학은 이 점을 받아들이면서 출발한다. 그러나 데리다는 레비나스처럼 자아와 타자의 관계를 비대칭적 위계 관계에 두지 않고 오히려 대칭적 문제 제기의 관계에 둔다. 게다가 초월적 타자에 대한 책임 못지않게 여타의 타자 일반(타자의 타자들)에 대한 책임을 중시한다. 데리다가 가리키는 윤리적 상황은 이론적 계산의 저편에서 이 두 가지 책임이 초래하는 어떤 결정 불가능성에 봉착할 때, 그 결정 불가능성에도 불구하고 어떤 위급하고 긴박한 결단을 내려야 하는 제3의 책임과 마주칠 때 성립한다. 데리다는 윤리적 상황을 초래하는 결정 불가능자를 유령이라 부르는데, 이 말은 해체론의 기초 용어인 흔적과 차연, 그리고 글-쓰기를 실천의 문맥으로 옮기는 이름이다. 일단 차연의 개념에서부터 시작해 보자.

차연의 철학

현상학과 해체론   데리다의 해체론은 — 만일 그것을 여전히 철학이라 부를 수 있다면, 다시 말해서 미래의 철학으로 부를 수 있다면 ─ 무엇보다 차이의 철학, 더 정확히는 차연의 철학으로 명명할 수 있다. 차연의 철학이 등장하는 사상사적 배경으로 두 가지를 꼽을 수 있다. 하나는 현상학이고 다른 하나는 구조주의다. 후설에서 시작된 현상학은 하이데거의 존재 사유와 레비나스의 윤리학을 거치면서 심화, 변형되는 국면을 맞이한다. 후설의 현상학이 인식의 차원에서 개방성(나타남)의 기원을 집요하게 묻는다면, 하이데거는 인식론적 개방성에 선행하는 존재론적 개방성의 물음을, 레비나스는 존재론적 개방성에 앞서는 윤리적 개방성의 물음을 제기했다. 해체론은 이런 현상학의 발전적인 흐름을 계승, 변형, 혹은 완성하는 위치에 있다. 해체론은 1960년대에는 문자학(grammatologie)의 형태를, 1990년대 이후에는 유령학(hantologie)의 형태를 띠는데, 문자학과 유령학은 모두 현상학이 변형되는 마지막 지점들을 표시한다.

데리다는 후설과 씨름하여 한편으로는 서양의 언어 이해를 지배하는 현전적 존재 이해와 음성 중심주의를 첨예하게 부각한다. 다른 한편으로는 의미 현상의 기원에 개입하는 원초적 글-쓰기의 개념에 도달한다. 해체론적 문자학의 출발점은 여기에 있다. 하이데거의 존재 사유가 데리다에게 제기한 가장 중요한 문제는 철학의 종언이라는 주제에 있다. 서양 사상사 전체에 작별을 고하고 새로운 천년의 사상사를 준비하는 문제. 해체론은 이런 문제의 마지막 귀결점으로 향해 가고, 그런 한에서 기본적으로 철학사-해체론이다.

후설의 현상학과 하이데거의 존재 사유를 동일성의 사유로 낙인찍는 레비나스의 윤리적 사유에 대해 데리다는 처음에 비판적인 태도를 보였다. 하지만 실천의 문제를 천착하는 데리다의 후기 저작에

해체론적 윤리학을 위하여

서 레비나스의 메시아주의는 해체론의 새로운 안내자로 자리를 잡아 간다. 여기서 메시아적 약속과 응답은 차연의 다른 이름으로 등장하여 문자학과 유령학을 재편하는 구심점이 된다. 메시아성은 문자학적 의미화에 앞서는 선행의 조건, 유령학적 개방성을 구조화하는 선험적 조건, 역사적 미래의 도래 가능성 자체로 천명된다. 그리고 이런 천명과 더불어 어떤 윤리적 전회가 일어난다. 메시아적 약속과 응답은 정의, 책임, 결단, 환대, 용서 등과 같은 데리다 윤리학의 주요 개념들에 일관성을 부여하는 기본 요소가 된다.

구조주의와 해체론   해체론의 사상사적 배경으로 꼽아야 하는 또 하나의 중요한 사조는 구조주의다. 데리다는 구조주의의 전성기에, 구조주의에 적극 개입하면서 세상에 처음 이름을 떨쳤다. 그러나 구조주의를 따라가고 넘어서려는 모든 철학은 과거의 허물을 벗고 새로운 형태로 다시 태어나야 했다. 데리다의 해체론뿐만 아니라 구조주의 시대를 살아남은 모든 철학은 적어도 두 가지 점에서 변형을 겪게 되는데, 먼저는 내용의 측면이다. 구조주의 이후의 철학은 비약적인 발전을 거듭하며 만개하던 당대의 언어학, 인류학, 정신분석, 문학비평 이론 등의 성과를 흡수해야 했다. 엄청난 파고를 일으키는 지식의 바다에 뛰어들어야 했고, 그 결과 언어, 인간, 인식, 사회, 역사, 실천 등과 같은 전통적인 문제를 철학 외부적인 시각에서 바라보아야 했다. 말하자면 사변적으로 접근하는 길을 버리고 실증적인 연구에 밀착하여 접근하게 된 것이다. 특히 언어학, 정신분석, 인류학, 문학 등에 대해 정통한 이해를 가진 데리다는 철학이 인접 학문과 교감하며 새로운 내용을 획득하는 전형을 보여 준다.

구조주의를 통과하면서 철학은 내용에서만이 아니라 사변의 수준에서도 상전벽해(桑田碧海)의 변화를 겪어야 했다. 구조주의는 실체적 사유를 관계적 사유로, 동일성의 사유를 차이의 사유로 뒤바꾸는 혁명적 전회를 가져왔다. 실증과학의 차원에서 실체, 본질, 동일성의 범주를 상관적 차이의 효과로 전락시킨 것이 구조주의다. 구조주의를 통과하면서 차이가 동일성에 앞선다는 것, 관계는 실체나 주체에 앞선다는 것은 누구도 거부하기 힘든 과학적 사실이 되었다. 이제 본질주의나 실체론은 더 이상 땅에 발붙일 수 없게 된 것이다. 이런 기본적인 발견에서 출발하므로 구조주의 이후의 철학은 당연히 차이의 철학이라는 공통의 형태를 취하게 된다. 데리다가 세상에 처음 이름을 알린 것도 구조주의적 전회를 더욱 과격화했기 때문인데, 이 점을 대변하는 용어가 차연이다.

차연의 선물　차이의 철학은 모든 종합이 차이에 의해 이루어짐을 외친다. 기독교에 따르면 이 세상에 주어진 모든 것은 신의 선물이다. 차이의 철학은 신의 자리에 차이를 놓는다. 우리에게 나타나는 모든 분절된 단위는 차이에서 온 것이 아닌가? 이것이 차이의 철학 일반의 공통된 물음이다. 차이의 철학에서 차이는 선물하는 차이, 증여하는 차이, 따라서 감사 기도의 대상이다. 차연은 그런 증여적인 차이에 대한 새로운 이름이다. 그렇다면 차연이란 또 무엇인가?

단순한 차이가 정태적 구별에 불과하다면, 차연은 사물들 사이에서 어떤 구별(규정)이 성립하는 역동적 과정을 가리킨다. 차연과 짝을 이루는 동사 différer는 두 가지 의미를 지닌다. 하나는 지연, 연기한다는 뜻이고, 다른 하나는 다르다, 같지 않다는 뜻이다. 차연은 이 두 가

　　　　　　　　해체론적 윤리학을 위하여

지 뜻의 차이 내기, 초월론적 차원에서 일어나는 시간적 차이 내기(시간-화)와 공간적 차이 내기(사이-화)를 하나로 얽는 단어다. 차연은 단순히 능동적인 사태도, 단순히 수동적인 사태도 아니다. 차연에는 시공간적 차이가 함께 얽혀 들어가듯 능동과 수동이 구별될 수 없다. 단위, 규정, 정체성, 질서 등이 모두 차연이 가져다주는 선물이라면, 그 증여는 어떤 박탈과 혼동된다. 차연은 선물을 준 것인가 빼앗긴 것인가? 그 선물과 더불어 차연은 다가온 것인가 물러선 것인가?

이런 비결정성은 음성과 문자의 혼동으로 이어진다. 원어로 돌아가 볼 때 차이(différence)와 차연(différance) 사이에는 발음상의 차이가 거의 없다. 신조어인 차연은 순수 음성 언어(자연)에 속하는 것도 순수 문자 언어(인공)에 속하는 것도 아니다. 차연의 a는 음성 속에 출몰하는 문자의 유령 혹은 자연 속에 깃드는 인공의 자취와 같다. 차연이란 단어는 그 자체로 자연과 인공, 생명과 죽음 등의 모든 대립적 이항 사이에 숨어 있는 궁극적 결정 불가능성을 표기하고 있다. 이 점에서 차연은 다른 종류의 증여적인 차이, 가령 소쉬르의 언어학적 차이, 헤겔의 변증법적 차이, 그리고 하이데거의 존재론적 차이 등과 구별된다.

『그라마톨로지』(1967)에서 읽을 수 있는 것처럼, 차연은 소쉬르의 테제에 대한 주석에서 처음 모습을 드러냈다. 먼저 중요한 것은 자의성의 테제. 소쉬르에 따르면, 상징의 경우 기표(가령 비둘기 이미지)는 기의(평화)에 의해 동기화되어 있고, 따라서 양자의 관계는 필연인 데가 있다. 반면 기호의 경우 기표는 기의에 의해 전혀 동기화되지 않고, 따라서 양자의 관계는 자의적이다. 이런 자의성의 테제는 차이의 테제로 발전한다. 이것은 기의의 유래가 기표들 사이의 상관적 차이(대조, 대립, 구별)에 있음을 말한다. "언어에는 차이밖에 없다."라는 차이의 테제는 "언어에는 관계밖에 없다."라는 말로 번역될 수 있다. 그것은 기호나 의미 작용 일반이 본질이나 실체적 단위의 항을 전혀 전제함 없이 설명될 수 있음을 언명한다.

차이의 테제에 따르면, 언어의 세계에서는 "사물 자체마저 어떤 기호다." 의미나 가치 등은 차이 관계의 효과나 매듭에 불과하다. 음소(音素)를 비롯하여 언어의 세계에 속하는 모든 것은 차이의 선물이다. 그런 차이의 선물 가운데는 또한 개념이 있다. 개념은 "그것은 무엇인가?"라는 물음에 대한 최종의 답이다. 플라톤에서 시작된 서양 형이상학에서 이런 물음과 답은 어떤 불변의 실재(본질)를 전제한다. 개념적 진리는 자기 동일적인 의미(초월적 기의)의 현전 가능성에 기초한다. 그러나 소쉬르의 테제에 충실하면, 개념화 가능성 자체, 나아가 이론화 가능성 자체는 차이의 유희가 낳은 파생적 효과에 불과하다. 기의든 기표든 기호의 세계에 속하는 모든 것, 언어의 세계에 속하는 모든 것을 형식적으로 조직하고 분절하는 원리는 차이의 유희에 있다. 데리다는 그런 질서 창출적인 원초적 종합의 원리를 차연이라 부른다.

따라서 여기서 문제는 이미 구성된 차이(=구별)가 아니라 일체의 내용상의 규정에 앞서 차이를 생산하는 순수한 운동에 있다. (순수한) 흔적은 차연이다. (……) 그것은 비록 현존하는 것은 아님에도 불구하고, 권리상 그것의 가능성은 기호라 불리는 모든 것(기의/기표, 내용/표현 등), 개념이라

해체론적 윤리학을 위하여

불리는 모든 것에 선행한다. 이 차연은 지성적이 아닌 것처럼 감성적인 것이 아니되 — 표현의 두 질서에서든 분리된 단일 질서에서든 — 기호들 자체 내의 분절화를 허락한다. 그것은 감성적인 것과 지성적인 것, 기표와 기의, 표현과 내용 등의 형이상학적 대립을 근거 짓는 것과 마찬가지로 말과 글의 분절화를 허락한다. 만일 언어가 이미 어떤 글-쓰기가 아니라면, 어떠한 파생적 표기법도 가능하지 않았을 것이다. 그리고 말과 글의 관계들을 둘러싼 고전적인 문제도 생기지 않았을 것이다.(G 92)

비-현전의 원리 차연은 종합과 형성 혹은 분화의 원리, 모든 구조화된 나타남의 원리다. 그러나 차연 자체는 현전의 양태로 나타나지 않는다. 다만 현전과 부재, 생명과 죽음의 중간인 흔적의 양태로만 나타나고, 따라서 개념화에 끝내 저항한다. "그것은 무엇인가?"라는 물음을 초과하는 차연은 개념적 사유를 가능케 하는 동시에 탈구시킨다. 구성하면서 무너뜨리고 조이면서 푸는 차연. 그것은 정의 불가능한 사태다. 데리다가 볼 때, 차연을 암시하던 언어학적 차이는 다시 형이상학적 차이 혹은 개념적 차이로 퇴행했다. 그것은 소쉬르가 언어학의 대상을 음성 언어로 한정한다든지, 기표와 기의의 통일성을 전제한다든지, 언어학적 차이가 이항 대립적인 차이로 고착된다든지 할 때 일어나는 퇴행이다. 이런 퇴행은 언어학을 과학의 반열에 올려놓으려는 노력의 필연적 귀결이다.(G 46~51) 하이데거가 설파한 것처럼 이론화는 형이상학의 탄생 내력 자체에 해당한다. 형이상학은 감성적인 세계와 초-감성적인 세계를 나누고, 이를 기초로 이분법적 질서를 구축한다. 진위, 선악, 미추, 내면/외면, 필연/우연, 하나/여

럿, 순수/혼잡, 자연/인공, 남녀, 좌우 등등. 이론적 사유는 이렇게 무한히 이어지는 이분법적 구도 안에서 성립한다. 여기서 존재는 현전(présence)으로, 무(無)는 부재로서 이해된다. 존재자는 시선(육안이나 정신의 눈) 앞에 지속적으로 출석하는 어떤 것이다.

데리다는 소쉬르의 언어학에 나타나는 음성 중심주의를 강조한다. 음성 언어를 참되고 본래적인 언어로, 반면 문자를 일탈적이고 불완전한 언어로 간주하는 것이 음성 중심주의다. 여기서 음성은 어떤 충만한 의미 현전의 사건이자 의식의 자기 현전을 유발하는 사건으로 간주된다. 이런 음성 중심적인 언어관은 현전적 존재 이해와 동전의 양면을 이룬다. 데리다는 소쉬르의 언어학적 차이뿐만 아니라 헤겔의 변증법적 차이와 하이데거의 존재론적 차이도 역시 음성 중심주의에 휘말리고 있음을 밝힌다. 사실 헤겔은 설형 문자나 상형 문자를 불완전한 문자로, 표음 문자를 완전하고 정신적인 문자로 분류한다. 하이데거는 존재에 부합하는 원초적 단어, 원초적 목소리를 갈망한다. 이런 것은 모두 목소리에서 충만하고 궁극적인 의미 현전의 사건을 기다리는 음성 중심주의에서 비롯된다.

해체론적 문자학과 글-쓰기의 역설

데리다의 초기 저작에서 음성 중심주의에 대한 반대는 문자의 환원 불가능한 위상에 대한 강조와 병행한다. 초기의 해체론이 문자학의 형태를 띠는 것은 이런 문맥에서 이해되어야 한다. 해체론적 문자학에서 차연을 대신하는 용어는 글-쓰기(écriture)다. 여기서 글-쓰기는 경험적 차원의 단위, 구별(차이)을 선물하되 박탈해 가는 배후의 형식적 유희를 가리킨다. 그것은 현상의 나타남의 배후에 있는 궁극의 유사-선험적인 유희이고, 그런 한에서 원초적 글-쓰기(혹은 기입)라 불린다. 그렇다면 글-쓰기에 이런 특권적 의미가 실리는 이유는 무엇일까?

음성 중심주의 서양 형이상학의 본성이 존재를 현전으로 이해하는 데 있다면, 이것을 설명하는 근대적 사례는 데카르트의 코기토에 있다. 코기토가 함축하는 주체의 자기 관계(자기의식)는 자족적이면서도 극단적인 현전의 경험을 약속한다. 여기서는 동일한 자아가 동시에 자극의 주체이자 대상이기 때문이다. 코기토 속에서 일어나는 자기 자극은 흥분의 강도를 배가해 가는 현전의 함량 운동이다. 외면성, 매개성, 애매성 등이 불순물처럼 빠져나가고 내면성, 직접성, 명료성 등이 순도를 높여 가는 함량 운동. 그 속에서 주체는 자연 속에서는 결코 경험할 수 없는 이상적인 현전의 상태를 스스로 생산한다.

데리다가 루소의 『에밀』(1762)에서 마스터베이션이 언급되는 대목에 주목하는 이유는 여기에 있다. 루소는 자위행위가 자연적인 성관계를 대신하는 사악한 행위임을 고백한다. 하지만 다른 한편 그 위험한 보충 행위 속에서 최고의 성적 쾌감을 누릴 수 있음을 말한다. 어떠한 외부의 간섭이나 방해도 없이 욕구 불만에서 벗어날 뿐만 아니라 완전한 만족감에 이르는 길이 자위행위에 있다는 것이다. 데리다는 루소의 이런 고백 속에서 어떤 도덕적 징후가 아니라 존재론적 증상을 읽는다. 자기 감응 속에서 가장 탁월한 현전의 상태를 찾으려는 서양 근대 형이상학의 근본적인 경향이 자위행위의 찬양으로 드러난다는 것이다.(G 216~217)

서양철학사에서 마스터베이션보다 훨씬 더 일반적인 자기 감응의 사례는 목소리에 있다. 가수가 자신의 노래에 스스로 빠져들기 위해 눈을 감는 경우를 생각해 보라. 거꾸로 자기도취에 빠진 사람은 목소리를 높이거나 노래를 흥얼거리게 된다. 이는 바깥으로 표출되는 목소리가 안으로 되돌아와 다시 영혼을 자극하기 때문이다. 공기의 파동인 목소리는 영혼의 울림으로 이어진다. 자기 감응을 수반하는 한에서 목소리는 물질화되는 정신, 정신화되는 물질처럼 현상한다. 목소리는 문자와 달리 정신적 의미를 실어 나르는 투명한 매체이되 자신이 실어 나른 의미의 배후로 소멸해 가는 휘발성 매체다. 그런 이유에서 서양철학자들은 보통 음성 언어를 자연적이고 살아 있는 언어로, 반면 문자 언어를 인위적이고 죽어 있는 언어로 간주해 왔다. 음성 언어는 의미의 생생한 자기 현전을 실현할 수 있는 특권적인 매체라는 것이다.

1960년대 말과 1970년대 초의 저작에서 데리다는 플라톤에서 구조주의 시대에 이르는 수많은 문헌들을 분석하면서 이런 음성 위주의 언어관이 드러나는 극적인 장면을 연출하곤 했다. 루소, 헤겔, 소쉬르, 레비스트로스, 후설, 하이데거 등을 거쳐 가는 다양한 사례 분석을 통해 장구한 전통의 음성 중심주의적인 언어관이 현전의 형이상학과 분리될 수 없는 관계에 있음을 보여 주었다. 그러나 데리다의 의도는 현전의 형이상학을 음성 중심주의로 재구성하는 데 있다기보다 그런 재구성 과정에서 음성보다 더 오래된 문자의 흔적을 드러내는 데 있다. 목소리보다 더 오래된 문자. 그것이 데리다가 말하는 어떤 원초적인 글-쓰기다. 그러나 목소리보다 더 오래된 글이라니? 왜냐하면 보통 우리는 말을 배우고서야 글을 배우기 때문이다. 상식적 의미의 문자는 음성을 재현, 대리, 보충하기 위해 있는 것이고 그래서 당연히 음성 언어가 있고 난 다음에 생기는 어떤 것이 아닌가?

위험한 보충　이런 물음을 위해서는 데리다가 현전의 형이상학을 음성 중심주의로서 재구성하는 3단계 절차를 구분할 필요가 있다. 첫 번째 단계는 음성과 문자가 첨예하게 대립하는 장면의 주위에서 펼쳐진다. 이 단계의 과제는 그런 대립의 장면 속에 여타의 모든 형이상학적 이항 대립 체계(정신/물질, 자연/인공, 생명/죽음, 기원/파생 등등)가 회집되고 있음을 밝히는 데 있다. 즉 음성과 문자는 각기 형이상학적인 것과 형이하학적인 것 전체를 압축, 표현하는 대표자가 된다. 이런 대립의 장면 속에서 문자는 단순히 음성 언어를 보완하는 외적인 보조 수단(보존, 전달, 재생 장치)으로 폄하될 뿐만 아니라 음성 언어의 자연적 순수성을 해치는 독으로 심판되기에 이른다.

두 번째 단계는 음성 중심주의의 자기모순으로 향한다. 그 모순은 서양철학자들이 음성과 문자를 대립시킴에도 불구하고 의식적으로든 무의식적으로든 문자의 필요성을 인정한다는 점에 있다. 음성은 오래 보존(기억)되거나 멀리 전달될 수 없다. 음성 중심주의는 음성 언어가 문자 언어에 의해 보충될 때만 자신의 완전성을 발휘할 수 있음을 고백한다. 이때 문자는 음성에 건강과 수명을 가져다주는 약으로 간주된다. 플라톤이 문자를 독과 약을 동시에 의미하는 파르마콘(pharmakon)으로 부른 이유는 여기에 있다. 이런 파르마콘의 논리 속에 드러나는 자기모순은 형이상학이 추구하는 순수한 현전이 끊임없이 지연, 보류되어야 하는 상태, 따라서 끝내 불가능한 상태임을 함축한다. 왜냐하면 보충한다는 것은 순수성을 훼손한다는 것과 같기 때문이다. 음성과 문자가 어떤 환원 불가능한 보충 관계에 있다면, 이는 음성으로 대변되는 순수 자연이나 순수 생명, 혹은 순수 기원 등이 문자로 대변되는 반대 항(인공, 죽음, 모사 등)에 의해 끊임없이 불순해지고 있음을 말한다.

세 번째 단계에서 해체론의 과제는 보충, 오염, 지연, 다시 말해서 차연을 유사 선험적인 원리로 끌어올리는 데 있다. 음성 중심주의를 해체한다는 것은 결코 문자 중심주의를 옹호한다는 것을 말하지 않는다. 그것은 오히려 음성 중심주의가 대변하는 모든 형이상학적 이항 대립 자체의 불가능 조건을 드러내는 것이자 그 불가능 조건인 차연 자체 속에서 다시 형이상학적 이항 대립의 유래와 가능 조건을 찾는 것이다. 이런 작업은 차연이 형이상학적 차이(플라톤)나 언어학적 차이(소쉬르)보다 더 오래된 차이, 나아가 변증법적 차이(헤겔)나 존재론적 차이(하이데거)보다 먼저 태어난 차이임을 언명하는 데까지 나아간다. 이런 언명의 끝에서 모든 것이 하나로 꿰어진다. 이 세상에 나타나는 모든 차이와 구별은 차연의 이중적 자기 운동, 다시 말해서 자기를 실현하되 동시에 차폐하는 자기 관계적인 차이의 산물로 그려지는 것이다.

글-쓰기 그렇다면 모든 차이와 구별 혹은 질서에 선행하는 차연을 왜 굳이 글-쓰기라 불러야 하는가? 이는 경험적 차원에서 글이 보여 주는 성격과 관련된 문제이다. 글의 성격은 다음과 같이 세 가지로 정리될 수 있다.

먼저 글은 지시 대상(사실)을 대신한다. 글 속에는 실재가 직접

현전하지 않는다. 다른 한편 글의 수취인과 발신자는 서로 떨어져 있다. 두 사람은 서로에 대해 부재한다. 마지막으로 글은 제3자의 손에 들어갔을 때에도 읽힐 수 있다. 이는 글이 원래의 문맥에서 벗어나더라도 여전히 기능할 수 있음을 말한다. 데리다는 글에서 찾을 수 있는 이런 세 가지 특징을 의미 작용 일반, 나아가 의사소통 일반의 구조적 특징으로 간주한다. 구조적 특징이라는 것은 가능 조건이라는 것과 같다. 즉 시각적이든 청각적이든 모든 종류의 기호는 사실, 주체, 문맥과 분리되어 독자적인 전개의 논리(반복 가능성)를 획득할 때야 비로소 어떤 의미를 가리키거나 전달할 수 있다.[12] 그 삼중의 분리가 의미 작용과 의사 전달 일반의 가능 조건이다. 데리다는 다양한 경로를 통해 이 점을 증명한다.

먼저 글(기표)이 사실(기의)과 분리되어 기능할 수 있다는 점, 다시 말해서 기표의 자율성과 관련된 논변은 소쉬르의 두 테제, 즉 자의성의 테제와 차이의 테제에서 출발한다. 데리다는 이 두 테제를 이용하여 기의의 발생이 기표들 사이의 차연에 의존함을 증명한다. 차연의 테제는 두 가지 극단적인 유형의 글쓰기, 즉 철학자가 추구하는 영도의 글-쓰기와 문학이 꿈꾸는 절대의 글-쓰기에 모두 불가능 선고를 내리는 위치에 있다. 영도의 글-쓰기에서 기표는 기의의 도래를 위해 등장했다 사라져야 할 휘발성 매체가 되어야 한다. 반면 절대의 글쓰기(말라르메, 아르토, 바타유 등)는 재현의 논리와 반복의 논리를 철저하게 거부한다. 그 결과 자기 이외의 어떤 것도 가리키지 않는, 오로지 자기 자신만을 가리키면서 앞으로 나아가는 언어가 되고자 한다. 차연의 테제는 절대적 언어가 철학적 언어와 마찬가지로 불가피

하게 재현과 반복 가능성의 논리에 의해 지연, 보충되고 있음을 보여
준다. 이는 반복이 모든 의미화의 환원 불가능한 조건임을 말한다.

다른 한편 주체에 대한 직관이 의미 전달의 필수 조건이 될 수 없
다는 것은 정신분석과 구조주의에서는 이미 진부한 이야기다. 정신
분석에서 주체는 무의식에 의해 자기 자신과 분리되어 있다. 구조주
의에서 주체는 구조가 만드는 어떤 기능적 위치로 소외되어 있다. 이
것은 현대 문학에서도 마찬가지이다. 가령 이인성의 소설에서 말은
주체에 대한 직관과 무한히 분리되고 있다. 데리다는 이런 종류의 근
거들 이외에 후설 현상학에 대한 분석을 통해서도 글과 주체의 분리
가능성이 의미 작용과 의사 전달 자체의 가능 조건임을 입증한다. 하
지만 이 점은 말과 문맥의 분리 가능성에 대한 논변 속에서 훨씬 더
명료해진다.

반복 가능성 문맥의 문제는 데리다와 수행적 언어의 분석으로 유
명한 미국의 언어철학자 설(John Searle) 사이의 논쟁 속에서 상세히
개진된다. 설에 따르면, 문학적 언어는 참된 언어의 세계에서 배제되
어야 하는 어떤 사이비 언어, 무책임한 언어다. 왜냐하면 사실적 문맥
을 무시하고 제멋대로 자신을 펼쳐 가기 때문이다. 이런 주장에 맞서
데리다는 다시 한 번 문학적 글-쓰기와 철학적 글-쓰기 사이의 경계
를 해체한다. 이런 논쟁적인 해체 작업에서 어떤 박차처럼 등장하는
용어가 있는데, 그것이 "반복 가능성(itérabilité)"이다.

이 용어는 인용문처럼 말이 원래의 문맥에서 분리되어 다른 문맥
속에서 반복되는 능력, 반복되면서 달라지는 가능성을 가리킨다.(iter
는 원래 '다르다'는 의미의 페르시아 말에서 왔다.) 그것은 데리다의 해체

해체론적 윤리학을 위하여

론에서 "인용 가능성", "접목", "산종" 등과 유사한 의미를 지니는 단어다. 데리다에 따르면 차이 나는 반복이나 인용 가능성은 문학적 언어에만 고유한 특성도, 문학에 의해 언어에 외재적으로 덧붙여지는 특성도 아니다. 그것은 오히려 모든 기호나 단어가 정상적으로 기능하기 위해 자체 안에 가지고 있어야 하는 어떤 내재적 특성이다. 반복 가능성은 기호나 단어의 최소 가능 조건으로 머물지 않는다. 그것은 또한 개념의 최소 가능 조건이기도 하다. 개념의 가능 조건이라는 것은 이때 어떤 합리적 질서의 가능 조건이라는 것과 같다.

경험적 차원의 글에 두드러지게 나타나는 삼중의 분리 가능성(사실, 주체, 문맥과의 분리 가능성)이 기호와 개념 나아가 나타남(경험적 현상) 일반의 가능 조건 자체임이 밝혀질 때, 글-쓰기는 그 유사 선험적 조건 자체의 작동 방식에 대한 이름으로 승격된다. 이것이 원초적 글-쓰기라는 용어의 탄생 배경이다. 그러나 데리다의 원초적 글-쓰기(archi-écriture)는 형이상학이 추구하던 어떤 순수 기원이나 뿌리(arche) 혹은 어떤 원본의 회귀와는 거리가 멀다. 그것은 오히려 순수 기원, 뿌리, 중심, 현전, 원본 속에서 일어나는 어떤 폭력의 경제를, 그 경제에서 비롯되는 어떤 지연과 타협을, 그 타협에서 비롯되는 어떤 시공간적 사이-내기를 가리킨다.

원초적 글-쓰기, 이것이 먼저는 입말의 일차적 가능 조건이고, 그다음은 좁은 의미의 문적 표기의 가능 조건이다. (……) 이 흔적은 일차적 외면성 일반의 개방에 해당하고, 살아 있는 것이 그것의 타자(=죽은 것)에, 어떤 안쪽이 어떤 바깥에 대해 맺는 수수께끼 같은 관계에서 온다. 그것은 즉 어떤 사이-내기(espacement)다. 우리가 세상에서 가장 친숙한 것으로 속속들이 안다고 믿는 바깥, '공간적'이고 '객체적'인 외면은 문자(gramme)가 없다면 나타나지 않을 것이다. 시간화로서의 차연이 없다면, 현전성의 의미에 기입된 타자의 비-현전이 없다면, 살아 있는 현재의 구체적인 구조인 죽음에 대한 관계가 없다면 결코 나타나지 않을 것이다.(G 103)

글-쓰기와 도덕의 기원 기원, 중심, 뿌리 속에서 일어나는 어떤 자기 관계적 차이, 그것이 글-쓰기다. 해체론적 문자학은 이런 글-쓰기를 이미 (비)도덕의 기원에 해당하는 사건으로 언명했다. "원초적 글-쓰기는 도덕성과 비도덕성의 기원이다. 윤리학을 열어 놓는 비-윤리적 개방. 폭력적 개방."(G 202) 그렇다면 글-쓰기는 어떻게 도덕과 비도덕, 윤리와 비-윤리의 공통된 기원일 수 있는가? 그것은 원초적 문자가 의사소통의 조건, 나아가 욕망의 조건이자 사회적 관계의 조건이기 때문이다.

이렇게 말할 때 데리다는 서양에서 지속적으로 내려오는 이상적 사회에 대한 꿈을 겨냥하고 있다. 가령 루소나 레비스트로스 같은 저자들은 모든 사람이 모든 사람들과 친밀한 소규모 공동체를 참된 사회로 간주한다. 반면 구성원들 사이의 관계가 소원해지는 근대 사회를 본래성을 잃어버린, 도덕적으로 타락할 수밖에 없는 사회로 본다. 모든 구성원이 시공간적 거리가 제거된 직접적인 의사소통 속에 놓인 공동체만이 도덕적 순수성을 유지할 수 있다는 것이다. 그러나 데리다에 따르면, 모든 의사소통 방식뿐만 아니라 모든 사회적 관계는 타인 대 타인의 관계이고, 모든 타자 관계는 죽은 타자와의 관계, 나아가 죽은 시간의 타자와의 관계를 포함하며, 따라서 어떤 지연과 부재에 의해 조건화되기 마련이다. "타자의 현전이 없다면, 그러나 또한 그렇기 때문에 부재, 감춤, 지연, 차연, 글-쓰기가 없다면 윤리는 있을 수 없다."(G 202)

이 점은 만년의 데리다가 레비나스의 윤리학에 주석을 붙일 때 좀 더 복잡하고 정교하게 서술된다.[13] 데리다가 재구성하는 레비나스의 윤리학에서 타자는 이원적이다. 먼저 얼굴로서 대변되는 절대적 타자가 있다. 무한한 책임, 무조건적 환대를 요구하는 무제약적 타자. 그 앞에서 주체는 순수 수동성의 상태, 인질의 위치로 떨어지면서 윤리적 주체로 태어난다. 다른 한편 제3자에 해당하는 타자가 있다. 그것은 직접적 대면 관계(얼굴 대 얼굴의 관계)에 놓인 무제약적 타자 이외의 다른 모든 타자, 타자의 타자들을 가리킨다. 그런 타자 일반이 요구하는 것은 어떤 합법칙성, 공정한 분배를 위한 소통과 계산 가능성, 정치적 합리성 등이다.

해체론적 문자학의 논리를 따를 때 순수 타자에 대한 도덕적 대면 관계와 제3자에 대한 정치-법률적 관계는 언제나 함께, 동시에 성립할 수밖에 없다. 그것은 글-쓰기가 처음부터 타자에 대한 이중의 관계, 혹은 이중의 타자에 대한 관계를 가리키기 때문이다. 먼저 글-쓰기는 문맥에 상관없이 책임 있는 응답을 명령하는 초월적 타자에 대한 관계다. 여기서 존중되어야 하는 것은 타자의 독특성, 단독성, 일회성이다. 다른 한편 글-쓰기는 이런 초월적 타자와 관계하되 그것을 일반적 타자의 요구 안에 기-입하기 위해 관계한다. 이 점을 강조하기 위해 데리다가 반복하는 구절이 "모든 타자는 전적으로 다르다.(Tout autre est tout autre.)"이다. 이는 모든 타자 일반이 단독적인 타자 못지않게 똑같이 존중되어야 함을 의미한다. 일반적 타자 앞에서 존중해야 하는 가치는 (가변적) 반복 가능성이다.

모든 차이의 철학은 한목소리로 말한다. 무제약적 타자의 독특성을 간과하는 판단은 결코 윤리적일 수 없음을. 도덕적 책임의 핵심은 타자에 대한 무조건적인 환대에 있다. 그러나 데리다는 이 지점에서 레비나스와 거리를 둔다. 즉 절대 타자와의 순수 대면 관계에 머무는 판단은 실현 불가능한 영웅주의, 악으로 변질될 수 있는 아름다운 영혼의 순수주의로 그칠 수 있다. 현실 속에서 유효하고 따라서 반복 가능한 윤리적 판단은 초월적 타자의 무제한적인 요구를 일반적 타자의 수용 가능성 안에서 제한할 때만 성립할 수 있다. 설득력 있는 윤리적 판단의 기원에는 초월적 타자에 대한 수직적 관계와 일반적 타자에 대한 수평적 관계가 교차하는 사건이 있다.

데리다는 그 교차의 사건을 때로는 차연이나 글-쓰기로, 때로는 용서, 타협, 창조 등으로 부른다. 해체론은 용서의 윤리학이자 타협의 윤리학 혹은 창조의 윤리학으로 불릴 수 있다. 그러나 이 모든 용어는 어떤 숨 막히는 결단의 사건을 대체, 설명하는 위치에 있다. 어떠한 형태를 취하든 해체론적 윤리학은 도덕적 판단의 기원과 조건을 묻는 결단의 윤리학으로 귀결된다. 왜냐하면 글-쓰기가 어떤 교차의 사건이라면, 그것은 무엇보다 아포리아를 초래하는 어떤 결정 불가능자가 출현하는 사건이기 때문이다.

이때 결정 불가능하다는 것은 어떠한 규칙이나 논리라 해도 무력해진다는 것을 말한다. 그것은 이론적 판단, 학문적 지식이 마지막 한계를 드러내는 사건이다. 해체론적 의미의 윤리적 상황은 정확히 어떤 결정 불가능자가 위급하고 긴박한 결정을 요구하는 정의로서, 다시 말해서 도덕적 책임의 기원으로서 경험될 때 성립한다. 데리다는 도덕적 책임을 불러일으키는 문제의 결정 불가능자를 유령이라 부른다. 유령은 이론적 인식의 저편에서 순수 실천의 차원을 개방하는 이념, 다시 말해서 정의에 대한 이름이다.

해체론적 유령학과 윤리적 개방성의 기원

해체론은 1990년대 초부터 문자학의 형태를 버리고 유령학의 형태를 취한다. 이 무렵 데리다는 법과 정의의 관계를 천착하는 『법의 힘』(최초 강연 1992)을 계기로 본격적으로 실천의 문제와 씨름하기 시작했다. 『마르크스의 유령들』(1993)[14]에서 가장 상세히 개진되는 해체론적 유령학은 동구 공산권의 몰락과 더불어 역사의 뒤안길로 사라진 듯한 마르크스의 정신을 어떻게 계승할 것인가라는 물음 속에서 탄생했다. 구천을 떠도는 듯한 마르크스의 유령을 어떻게 애도할 것인가?

결정 불가능성　유령학은 문자학과 유사한 전략적 위치에 있다. 문자학은 형이상학이 적대시했던 문자를 역설적으로 (탈)형이상학의 기원에 해당하는 사태로 전도시켰다. 유령도 문자 못지않게 형이상학이 혐오하는 어떤 것이다. 형이상학에 기초한 서양의 이론적 사유에서 유령은 신비한 환상, 망상의 영역에 속하는 것으로 간주된다. 유령과 관련된 담론은 기껏해야 문학이라는 특정 영역에서만 허용된다. 유령은 실재의 바깥에 있는 가상, 따라서 참된 앎의 바깥에 속하는 거짓

믿음의 대상이다. 따라서 학자는 결코 유령을 믿지 않으며, 과학성을 추구했던 마르크스는 더더욱 믿지 않았다. 학문적 사고는 실재와 비-실재를 첨예하게 대립시키는 형이상학적 이분법의 논리를 따르기 때문이다. "학자로서 실재와 비-실재, 현실과 비-현실, 생명과 비-생명, 존재와 비-존재 사이의 날카로운 구별을 믿지 않은 사람은 결코 있어 본 적이 없다."(SM 33) 그러나 데리다는 유령이 글-쓰기와 마찬가지로 (탈)형이상학의 기원에 출몰하는 어떤 해체 불가능한 사태, 다시 말해서 차연을 번역할 수 있는 용어임을 입증코자 한다.

이 과정에서 데리다는 네 가지 중요한 논점을 제시한다. 첫째, 유령은 형이상학적 이분법을 초과하며, 따라서 형이상학이 결코 공정하게 사유할 수 없는 어떤 것이다. 둘째, 유령은 실재의 바깥 어느 장소에 속하는 국지적 사태가 아니라 실재의 현상(혹은 경험)을 구성하는 일반적 사태다. 셋째, 유령은 나타남의 비밀이기 이전에 믿음 일반의 가능 조건에 해당한다. 그런 한에서 유령은 미래로부터 올 타자에 대한 메시아적 약속의 가능 조건이다. 이는 새로운 역사적 개방성의 가능 조건이라는 것과 같다. 넷째, 유령은 법률 속에서 자라나는 법률 초과적인 잉여, 다시 말해서 정의의 얼굴이다. 이 논점들 각각을 차례로 상론해 보자.

(1) 유령은 존재와 무, 생명과 죽음, 현실과 잠재 등의 이분법을 초과한다. 없는 것이면서 있고, 죽은 것인가 하면 살아 있으며, 가상적인 것이면서 현실적인 것이기 때문이다. 햄릿의 물음 "to be or not to be?"는 "왜 없지 않고 있는가?"라는 전통 존재론의 물음을 반복한다. 유령은 이런 물음의 배후에 있는 존재 이해, 존재를 현전으로 가

정하는 존재 이해를 위기에 빠뜨린다. 유령은 형이상학적 이분법의 논리에서는 어떤 결정 불가능자에 해당한다.

현상학에서 유령학으로　유령은 산 것인지 죽은 것인지 결정 불가 능한 것일 뿐만 아니라 반복 가능한 어떤 것이다. 예측 불가능한 리듬에 따라 오고 또 오고 다시 출몰하는 어떤 것. 그것이 유령이다. 반복 가능하다는 것은 어떤 질서를 열어 놓는다는 것, 어떤 전달 가능한 의미의 기원이 된다는 것과 같다. 결정 불가능하되 반복 가능한 사태인 유령은 형이상학적 판단의 근본 전제를 처음부터 다시 검토할 것을 요구한다. 또한 자신에 부응하는 새로운 논리를 고안하도록 호소한다. 데리다는 그것을 유령학이라 부른다.

> 이것을 유령학이라 부르자. 이 유령 출몰의 논리는 단지 존재론이나 존재 사유보다 훨씬 더 폭넓고 위력적인 것만이 아니다. (……) 유령학은 종말 론과 목적론마저 자기 범위 안에 포용하되 그것들을 어떤 국지화된 장소 들로서 또는 어떤 특수한 효과들로서 포용한다.(SM 31)

(2) 유령학은 존재론과 존재 사유, 종말론과 목적론을 하위의 계 기로 거느릴 뿐만 아니라 현상학까지 하위의 효과로 거느린다. 반복 적인 유령 출몰은 어떤 재-출현이되 "결코 나타남도 아니고 사라짐 도 될 수 없는, 결코 현상도 아니고 그 반대도 될 수 없는 어떤 출현의 재-출현"(SM 84)이라는 점에서 현상학을 초과한다. 초과한다는 것은 배반하되 동시에 정초한다는 것과 같다. 유령 출몰은 현상학적 나타 남의 기원이고, 따라서 현상학은 유령학의 하위 영역이다. 현상학은

유령 출몰의 논리 안에서 일어나는 어떤 자기 제한의 효과다.

그렇다면 유령성은 어떤 의미에서 나타남의 마지막 비밀인가? 그것은 나타남이 현재 속에 과거와 미래가 개입하는 역동적인 사태이기 때문이다. 현재에 개입하는 과거와 미래. 그것은 비-현전, 부재의 차원에 속하되 현재 속에 잠입하고 있는 것, 따라서 유령적인 어떤 것이다. 현상은 반복 가능한 유령적 효과에 의해 구조화되어 있고, 그런 한에서만 비로소 특정한 질서에 따라 역동적으로 나타날 수 있다. 그러므로 유령성은 실재의 바깥도, 문학과 같은 특정 영역에서만 허용되는 국지적 담론의 대상도 아니다. 현상 일반은 유령적 효과에 의해 비로소 살아 있는 현상으로서 나타나거나 소멸할 수 있다. 이런 의미에서 유령성은 현상의 세계 전체에 편재한다.

(3) 유령성은 단지 현상의 세계 전체에 편재할 뿐만 아니라 세계 자체를 초과한다. 어디로 초과하는가? 믿음, 신념, 신앙의 세계로 초과한다. 신념의 상관 항은 실재도 비-실재도 아닌 것, 현전도 부재도 아닌 것, 유령적인 어떤 것이다. 우리는 유령을 부인하자마자 믿음의 가능성 자체를 부정하기에 이르고, 따라서 실재에 대한 신념 자체마저 버려야 한다. 모든 믿음은 어떤 유령적 효과에 의해 구조화되고, 특히 미래에 대한 신념의 지반은 유령성에 있다.

이렇게 말할 때 데리다가 강조하는 것은 유령성이 가리키는 신념의 지반이 현상의 지반, 나타남의 최후 조건 자체라는 점이다. 미래(혹은 과거)에서부터 도래하며 현재를 긍정하는 타자에 대한 믿음, 현재에 말을 거는 타자에 대한 (재)긍정 없이 어떠한 의미, 어떠한 실재도 현상으로서 나타날 수 없다. 유령적인 타자에 대한 신뢰와 긍정,

다시 말해서 약속의 '예(yes)'는 나타남의 최후 조건이다. 모든 관계의 마지막 조건, 따라서 공동체의 최소 조건도 여기에 있다. 그러나 조이스의 작품을 마무리하는 문장이 말하는 것처럼, '예'는 언제나 '예, 예'다. 당신은 '예, 예'라 하지 않으면서 '예'라 할 수 없다. 긍정은 타인의 긍정에 대한 긍정이자 반복 가능성에 의해 구조화된 (재)긍정이다. 이런 반복 가능성이 미래에 대한 약속과 신념을 불러들인다.

결단과 순수 실천의 차원   미래에 대한 약속과 신념이 사라진 자리에는 오로지 예정된 프로그램, 계산 가능한 시간표만 남는다. 프로그램과 시간표가 장악한 시간. 그 기계적인 시간에는 역사가 있을 수 없다. 프로그램에 따라 고정된 시간의 빗장이 어떤 유령적 효과에 의해 풀릴 때, 시간표의 순서가 어떤 결정 불가능자의 출몰에 의해 탈구될 때, 그때야 비로소 역사적인 시간이 요동치게 된다. 역사적 시간은 어떤 계산 불가능자의 도래와 더불어 일어나는 희망과 약속의 시간, 메시아적 약속의 시간이다.

형이상학은 역사의 흐름에 어떤 확정된 목적론적 의미를 부여하고자 했다. 그리고 목적론적 의미가 실현되는 종말의 계기를 구하고자 했다. 이런 목적론적 합리화와 종말론적 정당화는 유령을 푸닥거리하는 절차와 같다. 가령 헤겔이 논리-개념화한 역사는 유령성이 완전히 말소된 시간이다. 거기에서는 더 이상 메시아적 희망과 약속을 언명할 수 없다. 그러나 해체론의 논리에 따르면, 그런 헤겔식 말소는 유령 자신이 하는 일로 번역될 수 있다. 목적론과 종말론은 존재론과 마찬가지로 유령의 자기 후퇴와 양보에서 성립하는 파생적 효과다. 시간의 빗장을 푸는 것도 유령이지만, 빗장을 거는 것 또한 유령이다.

(4) 메시아적 희망과 약속의 가능 조건인 유령은 신속한 결단의 책임을 불러일으킨다. 이 점에서 유령은 윤리적 판단을 지도하는 최후의 이념이자 도덕적 의무의 마지막 상관 항인 정의(正義) 자체다. 데리다의 해체론은 믿음에 자리를 내주기 위해 앎을 지양한다는 칸트적 계획의 연장선상에 있다. 해체론은 이론적 사유를 해체하되 오로지 해체 불가능한 것을 구하기 위해 해체한다. 이때 해체 불가능하다는 것은 역설적이고 따라서 결정 불가능하다는 것을 말한다. 그러나 헤겔의 논리학에서 모순이 개념의 함정이되 새로운 개념의 원천인 것처럼, 데리다의 해체론에서 결정 불가능한 것은 판단의 무덤이되 자궁이다.

이론적 판단의 무덤이자 실천적 판단의 자궁. 여기서 이론적 판단은 모든 형체를 잃어버리고 순수 실천적인 수행사의 형태로 다시 태어나야 하는 위기의 상황을 맞이한다. 그것은 차라리 광기의 상황이다. 계산할 수 없는 것을 계산해야 하고 결정할 수 없는 것을 결정해야 하기 때문이다. 결정 불가능자는 판단의 유보, 정지, 휴식을 허락하지 않는다. 오히려 햄릿의 유령처럼 간절하게 응답해 줄 것을 호소한다. 해체론이 재발견하는 도덕적 책임의 기원은 결정 불가능자가 요구하는 다급한 결정의 의무에 있다. 위급하고 긴박한 결정의 의무. 그것이 또한 해체론적 의미의 글-쓰기의 의무에 해당한다. 결단의 글-쓰기는 결정할 수 없는 것을 화급히 결정하기 위해, 책임질 수 없는 것을 책임지기 위해 광기와 오만, 전율을 통과한다. 그리고 모든 합리성과 계산적 추론의 저편으로 도약하여 순수 실천의 차원을 맞이한다.

이 결정 불가능자는 결정을 윤리-정치적 책임의 질서 안으로 불러들인다. 해체 불가능자는 결단의 필수적 조건이다. 하나의 결단은 오로지 계산 가능한 프로그램의 저편에서나 성립할 수 있다. 계산 가능한 프로그램은 책임을 규정된 원인들에서 비롯하는 예상 가능한 결과로 변형시킴으로써 책임 자체를 파괴하게 될 것이다.(LI 209~210)

결정 불가능자의 위치에 있는 흔적이나 유령, 그것은 책임의 궁극적 원리라는 점에서 올바른 것, 정의로운 것이다. 프로그램은 앞에서 언급되었던 "흔적의 환원 구조"와 다르지 않다. 우리는 앞에서 해체론이 이론적 사유에 종속된 역사적 현실을 주제화하고 있음을 보았다. 여기서 주제화되는 역사적 현실은 이론적 사유에 종속된 윤리-정치적 현실이다. 형이상학적으로 동화된 실천적 현실의 질서, 이론적으로 규정된 실천적 법칙을 지칭하기 위해 데리다가 사용하는 말이 프로그램이다. 프로그램에서 사상되는 것은 결정(표상) 불가능자로서의 흔적 혹은 유령, 그리고 그것이 요구하는 정의다. 이론화된 실천적 세계, 프로그램화된 질서는 흔적의 배제(혹은 유령의 추방)를 통해 성립한다. 그러나 흔적의 배제가 심화될수록 거기서 책임을 말한다는 것은 형식적인 것에 지나지 않는다. 형식적 계산이 정의와 의무, 그 밖의 모든 책임 의식의 조건들을 대신하게 된다.

역사적 현실과 유리된 형식적 프로그램의 폐해는 언제나 크다. 형식적 질서는 역사적 현실에 부합하기 위해 당연히 수정되거나 파기되어야 한다. 실천적 법칙은 형식적 질서 안에서 망각된 정의를 회상, 애도하는 가운데 새롭게 설정되어야 한다. 물론 기존 질서의 저항은 크고, 그만큼 애도의 과제 또한 커질 수밖에 없다. 그러나 애도의 과제가 커지는 것은 정의가 표상 불가능하고 결정 불가능한 것이기 때문이다. 실천적 법칙의 최초 유래는 법 이전, 언어 이전의 차원, 계산 가능성을 넘어서는 초월론적 차원에 있다. 이 차원에서 내려야 하는 판단은 어떤 절대적 유보의 순간을 지나며, "순수 수행사적 행위(un acte performatif pur)"로서 경험된다.

이 법률에 대한 유보의 순간, 이 에포케, 이 창시적이고 혁명적인 순간은 법률 안의 비-법률적 계기다. 그러나 그것이 법률의 모든 역사다. '이 순간은 현전 속에 언제나 일어났고 동시에 결코 일어나지 않았다.' 그것은 법률의 창립이 공허 속에 혹은 심연 위에 매달려 있는 순간이고 (……) 어떤 순수한 수행사적 행위에 내맡겨진 순간이다.(FL 89)

법과 정의 칸트는 적법성과 도덕성을 구별한 바 있다. 법에 부합한다 해도 법 자체를 위한 (도덕적) 판단이 아닐 수 있기 때문이다. 데리다는 법을 따르는 판단과 정의를 따르는 판단을 구별한다. 이때 법은 현전의 질서에 속하는 것, 현실적인 것, 이론적으로 계산 가능한 것, 따라서 해체 가능한 어떤 것이다. 반면 정의는 반복 가능하되 논리적으로 결정 불가능한 것, 계산 불가능한 것, 따라서 결코 해체할 수 없는 어떤 것이다. 데리다는 도덕적 판단을 정의를 따르는 판단에 국한하고, 법을 따르는 판단은 정치적 판단으로 분류한다.

이런 분류에 따르면, 정의는 현전의 시간 속에서는 결코 마주칠 수 없는 어떤 것이 된다. 정의가 충만하게 실현되는 어떤 현실적 계기는 없다. 그 누구도 자신이 정의롭다고 말할 수 없다. 정의는 무한히 다가갈 수 있되 결코 도달할 수 없는 이념이다. 닫힌 시간의 빗장을 풀며 다가오는 이념은 결코 현재화될 수 없지만, 바로 그렇기 때문에 실천적 판단의 배후에 자리한 유사 선험적 조건이 될 수 있다. 왜냐하면 처음부터 예측 가능한 결론, 기계적 추론의 결과로서 주어질 수 있는 것은 도덕적 책임과 결단의 대상일 수 없기 때문이다. 칸트의 윤리학에서 도덕적 판단이 보편성 검사를 통과해야 한다면, 데리다의 윤리학에서 통과해야 하는 것은 "결정 불가능성의 시련"이다.

> 결정 불가능성의 시련을 거치지 않은 결정은 자유로운 결정이라 할 수 없다. 그것은 기껏해야 어떤 계산 가능한 절차를 프로그램에 따라 적용하거나 연속적으로 펼쳐 가는 것에 불과하다. 그런 판단은 합법적일 수 있을지 언정 정의롭지는 못할 것이다.(FL 53)

법은 현실적이되 본성상 자기 자신을 합법적으로 정초하거나 정당화할 수 없다. 합법성은 이미 법이 수립되었을 때만 성립한다. 벤야민이 지적한 것처럼, 법을 수립하고 정초하는 것은 법이 아니라 어떤 폭력이다. 법률 정초적인 폭력은 합법적이지 않지만, 불법적이지도 않다. 합법-불법의 이분법은 법이 수립된 이후의 일이다. 이분법의 논리에 따르는 법은 자신의 기원에 있는 어떤 개방적인 폭력을 사유할 수 없다. 합법성에 얽매인 판단은 특정 법체계의 기원에 있는 창조적인 계기를 망각하기 쉽다. 기계적인 규칙 적용으로, 타성적인 환원으로 전락하기 쉽다.

칸트는 규정적 판단과 반성적 판단을 구별했다. 규정적 판단은 규칙 이행적인 판단이고 반성적 판단은 규칙 창조적인 판단이다. 칸트는 도덕적 판단을 규정적 판단의 하위 유형으로 간주했다. 반면 데리다에게 도덕적 판단은 마치 감성적 이념에 부딪힌 심미적 판단처럼 반성적 판단의 형태를 취해야 한다. 왜냐하면 정의는 기존의 법칙을 근본적으로 다시 해석하고 새로운 법칙을 수립하도록 요구하기 때문이다. 정의는 기존의 법칙을 초과하되 그 법칙의 전제에 대해, 그 법칙에 따른 추론과 결론에 대해 처음부터 다시 생각하도록 주문하는 어떤 이의 제기의 원천이다. 책임 있는 응답과 결정을 명령하는 어떤 물음의 원천. 우리는 그 앞에서 새로운 법칙의 창조로 나아가야 한다.

그렇다고 정의를 단순히 법의 바깥, 외부로 간주할 수는 없다. 법을 무시하고 위반하는 것은 이미 정의로운 것이 아니기 때문이다. 정의롭기 위해서는 먼저 적법성부터 갖추어야 한다. 하지만 적법성은 정의의 충분조건이 될 수 없다. 정의는 법에 따른 추론의 끝에서 찾아오는 것도, 법정 판결을 알리는 방망이 소리와 더불어 실현되는 것도 아니다. 정의가 법의 한계를 표시한다면, 그것은 법이 자신의 가능한 논리를 모두 펼친 이후 부딪히는 한계다. 정의는 최선의 법률적 계산이 이율배반에 빠질 때, 따라서 그 법률 초과적인 사태에 부응하는 고심에 찬 결단을 요구하면서, 근본으로 돌아가는 창조적 판단을 요구하면서 온다.

타협, 위증, 무책임의 책임   해체론적 의미의 결정(글-쓰기)이 창조적이어야 한다면, 데리다가 말하는 창조(invention)는 여러 가지 점에서 특이한 의미를 지닌다. 우리는 그것을 다음과 같이 네 가지 측면에

해체론적 윤리학을 위하여

서 정리할 수 있다.

(1) 먼저 창조적 결정은 기억과 전통에 대한 계승을 전제한다. 해체론적 유령학에서 "유산은 결코 어떤 주어진 소여가 아니다. 그것은 언제나 어떤 과제다. (……) 존재한다는 것, 그것은 상속한다는 것을 의미한다. 존재를 둘러싼 모든 물음, 또는 무엇이 있어야 하는가(혹은 있지 말아야 하는가)를 둘러싼 모든 물음은 유산 상속의 물음이다."(SM 54) 존재는 언제나 상속된 존재이고, 상속은 과거의 비밀로 돌아가는 재해석, 회상, 애도 속에서 이루어진다. 정의가 무조건적인 책임(선물)을 요구하며 출몰하는 타자의 유령에 있다면, 타자의 유령은 애도(용서)의 작업 속에서 출현하며, 이와 더불어 우리의 존재가 규정된다.

(2) 애도가 유령을 불러들이는 작업인 것처럼, 창조는 "타자를 오게끔 만드는 결단"이다. 여기서 창조의 어원적 의미 자체가 오게 한다는 것(in-venire), 안으로 불러들인다는 것에 있음을 주목하자. 해체론적 의미의 창조는 전적으로 다른 타자를 초대, 환대한다는 것과 같다. 따라서 창조적 판단은 수동적인 형식의 판단이다. 창조는 타자의 도래를, 결정은 "타자의 결정"을 의미한다. 모든 것은 "타자 앞에 응답하기"로 귀결된다. 그러나 그 응답은 결정 불가능성의 시련을 통과해야 한다. 광기와 오만, 전율과 도약의 상황을 지나야 하므로 자아는 자기의식이 분열되고 정체성이 허물어지는 국면을 맞이한다. 창조적 결단은 오직 그런 통제 불가능한 분열의 순간에 일어난다.

(3) 이런 광기와 분열의 상황은 어떤 폭력의 도가니다. 두 종류의 폭력이 들끓는 도가니. 거기에는 먼저 무조건적인 환대를 요구하는 절대적 타자의 폭력, 윤리적 폭력이 있다. 가령 타자의 얼굴과 직

접적인 대면 관계에 놓인 레비나스적 주체는 어떤 성스러운 광기에 빠진다. 자발적으로 인질의 위치로 내려가서, 때로는 자신의 죽음으로 타자와 관계하고자 한다. 이는 "선과 악, 사랑과 미움, 주기와 취하기, 삶의 욕망과 죽음 충동, 열렬한 환대와 자기중심적이거나 나르키소스적인 자폐 사이를 식별하기 불가능한"(AL 65~66) 국면이다. 다른 한편 레비나스가 제3자라 부르는 타자의 타자들(유한한 타자들)에서 오는 정치-법률적 폭력이 있다. 이것은 사회와 국가의 공공적 질서를 위해 행사되는 폭력이다. 공존을 위한 비교, 계산, 숙고, 심문, 소통, 분배의 차원을 여는 정치-법률적 폭력은 주체를 "윤리적 폭력의 현기증"으로부터 보호, 방어해 준다.

데리다가 말하는 창조적 결단의 책임은 무한한 타자 앞의 책임(절대적 책임)도, 유한한 타자들 앞의 책임(일반적 책임)도 아니다. 그것은 서로 상반되는 두 가지 책임을 그때그때 상황마다 매번 서로 다르게 조율하고 타협시켜야 하는 책임이다. 그런 조율과 타협이 없다면 정의는 도착적이거나 악의적인 계산에 이용당할 수 있다. 타협과 계산을 회피할 때 윤리적 주체는 현실에 손을 더럽히지 않으려다 무력하거나 무책임한 주체로 전락할 수 있다. 헤겔의 양심의 변증법에서 읽을 수 있는 것처럼, 순수를 지키기 위해 실천에 나서는 대신 오직 타인의 행동에서 날선 비판의 빌미만을 찾는 아름다운 영혼으로 전락할 수도 있다. 해체론적 의미의 판단이나 결단은 폭력의 경제를 배경으로 하는 어떤 타협이다. 그것이 창조적이라 불리는 것은 상반된 두 가지 폭력의 논리를 하나로 엮는 작업이기 때문이다.

(4) 두 종류의 책임 사이에 타협점을 찾는 창조의 책임. 이 제3의

해체론적 윤리학을 위하여

책임 앞에서 선행의 두 가지 책임은 부분적으로나마 어떤 훼손과 배반의 대상이 될 수밖에 없다. 절대적 책임과 일반적 책임에 동시에 부응하기 위해 윤리적 판단은 필연적으로 어떤 위증, 무책임을 범해야 한다. 이런 역설을 극적으로 연출하는 장면은 가족을 속인 채 모리아 산에 올라 이삭을 칼로 베려는 순간의 아브라함이다. 신에 대한 절대적 책임을 위해 아브라함은 아버지로서, 남편으로서, 공동체의 지도자로서 떠맡아야 하는 사회적 책임 일반에 눈을 감아야 했다. 거꾸로 사회적 책임을 다하기 위해서라면 아브라함은 신의 무조건적인 명령 앞에 무책임해져야 한다.

윤리와 종교의 관계

데리다에게 이 장면은 두 가지 의미를 지닌다. 먼저 그것은 3대 메시아주의 종교(유대교, 기독교, 이슬람교)가 뿌리를 내리는 첫 번째 장면이다. 다른 한편 그것은 절대적 책임과 일반적 책임 사이의 모순을 설명하는 어떤 극단적인, 그러나 모든 윤리적 판단의 구조를 반영하는 범례적인 사례에 해당한다. 가령 나는 한 사람을 연인으로 선택할 때 그 외의 다른 모든 사람에게 무관심해질 수밖에 없다. 내가 연인으로서 책임을 다할수록 다른 사람들에게는 무책임해진다. 무책임화는 책임의 논리와 배타적인 것이 아니라 책임의 논리 자체를 구성하는 일부다. 이것은 충실한 번역이나 창조적 계승이 배반이나 위증의 계기를 피할 수 없는 것과 같다.

근본악 혹은 자기 면역의 논리 종교의 문제를 천착하는 『신앙과 지식』(1996)[15]에서 데리다는 이런 무책임화의 역설과 유사한 모순을 신앙과 지식, 종교와 이성 사이에서 다시 발견한다. 그리고 종교의 비종교화를 초래하는 그 모순을 근본악이라 부른다. "근본악의 가능성이 종교성을 파괴하는 동시에 일으켜 세운다."(FS 86) 이때 근본악은 종교를 지속적으로 위협하는 이성도, 그것에 기초한 과학이나 첨단 기술이 아니다. 그것은 종교와 이성, 신앙과 지식을 하나로 묶는 자기 면역의 논리다. 정확히 말해서 무사(無邪) 혹은 성결(聖潔)의 자기 면역 논리. 이때 성결(l'indemne)은 종교가 지키려는 성스러움, 거룩함, 안녕, 온전함 등을 가리킨다. 데리다에게 그것은 절대적 타자의 충만한 현전의 가능성을 말한다.

새로운 면역성을 얻기 위해서는 기존의 면역 체계, 기존의 자기 방어 체계를 파괴해야 한다. 그런 조건에서만 유기체는 비로소 죽음의 위협에서 구제될 수 있다. 데리다가 말하는 자기 면역의 논리는 자기를 스스로 훼손하여 자신을 보존하는 논리, 스스로 더럽혀 자신의 순수성을 지키는 논리, 스스로 탈을 내어 무탈한 삶의 길을 가는 논리다. 거꾸로 보면 이것은 살아남기 위해서는 먼저 죽어야 한다는 논리다. 그러나 죽었다 살아난 생명, 죽음을 통과하고 극복한 생명은 때로 생명 이상의 생명이 된다. 생물학적인 생명이 넘볼 수 없는 숭고한 생명, 가령 정신적 생명도 자기 면역의 논리에 의해 태어난다.

역사적으로 볼 때 계몽주의 시대에 종교는 이성에 의해 사라진 것처럼 보인다. 그러나 동시에 이성에 의해, 이성 안에서 다른 형태로 부활하게 되었다. 가령 칸트의 『이성의 한계 안에서의 종교』(1793)가 이 점을 대변한다. 여기서 칸트는 예식의 종교와 도덕적 종교, 반성적 신앙과 독단적 신앙을 구별했다. 도덕적 종교 혹은 반성적 신앙에

해체론적 윤리학을 위하여

서 신의 계시와 예식(기도)의 관계는 도덕 법칙과 실천 이성의 관계로 대체된다. 그런데 칸트는 기독교를 세상에서 유일한 도덕적 종교, 이성적 종교, 법칙의 인식에 따른 순수 종교로 간주했다. 이것은 종교가 자신을 위기에 빠뜨리는 적대자에 의해 새로운 진화의 기회를 얻는 사례라 할 수 있다. 종교는 계몽주의에 의해 죽었다 다시 살아났다. 우리는 여기서 기독교가 신이 없는 종교로, 순수 도덕으로 다시 태어나는 것을 본다.

데리다가 레비나스의 윤리학에 적극 개입하는 것도 그것이 칸트 이후 유대-기독교(믿음)의 전통이 자기 면역의 논리에 따라 그리스적 이성(앎)의 전통에 의해 다시 한 번 극단적으로 추상화, 보편화되는 사례이기 때문일 것이다. 사실 레비나스에게서 얼굴과 제3자, 절대적 책임과 일반적 책임, 다윗의 도시와 시저의 도시는 성결의 자기 면역 논리에 의해 상호 교차-보충되는 두 항, 다시 말해서 믿음과 앎을 대신하는 위치에 있다. 이런 치명적인 자기 면역의 논리는 오늘날 종교와 첨단 과학 기술 사이에서 반복되고 있다. 데리다는 도처에서 발견되는 이런 역설의 논리를 통해 종교와 이성, 신앙과 지식, 계시와 추상이 원천적으로 분리 불가능한 관계에 있다는 사실을 끌어낸다.

종교와 이성은 공통의 원천에서 나와 함께 전개된다. (……) 단일한 공통의 원천이 스스로 자신을 기계적으로, 자동적으로 나누고 반동적으로 자기 자신과 대립한다. 이런 반동은 자기희생적인 보상과 회복의 절차로서, 그 자신이 위협하는 성결(l'indemne, heilig)을 복원코자 한다.(FS 41)

종교성 혹은 메시아성   종교와 이성의 공통 원천. 그것은 서양의 실천적 역사의 세계를 구조화하는 어떤 유사 선험적 조건이다. 데리다는 그것을 종교성(종교적인 것)이라 부른다. 역사 속에 등장했던 모든 종교보다 더 오래된 종교성. 모든 실정 종교에 선행할 뿐만 아니라 믿음과 지식의 공통 원천인 그런 종교성. 그것이 데리다가 말하는 "메시아주의 없는 메시아성(메시아적인 것)"이다. 모든 약속, 믿음, 희망, 미래, 역사가 성립하기 위해 먼저 있어야 하는 메시아성. 그러므로 그것은 언어와 경험 그리고 지식 자체 속에, 나아가 공동체 속에 이것들의 가능 조건으로 기입되어 있는 메시아성이다. 해체론적 의미의 메시아성은 계산 가능성을 초과하는, 그러나 정의로서 도래하는 타자에 대한 열림과 응답을 말한다. 정확히 말해서 그것은 결정 불가능성의 시험을 통과하는 응답, 그 시험 속에서 어쩔 줄 몰라 멈칫하고 뒷걸음치는 존경을 가리킨다.

이런 존경은 여전히 종교성(religio)이다. 주저와 망설임 혹은 억제(……)로서의 종교성. 그것은 모든 종교의 문턱에서부터, 모든 사회적이거나 공동체적인 끈에서부터 오는, 자기 관계적인 반복의 끈에 해당하는 종교성이다. 태초의 말씀 이전과 이후에, 성례(聖禮)의 이전과 이후에, 성경의 이전과 이후에 오는 종교성이다.(FS 33~34)

따라서 종교성의 진면목은 다른 데 있는 것이 아니다. 그것은 성경이나 종교적인 의례에 있는 것이 아니라 도덕적 판단 안에 있다. 결정 불가능한 것을 결정하는 전율과 도약의 순간은 종교보다 더 종교

해체론적 윤리학을 위하여

적일 수 있는 계기다. 그런 숭고한 계기를 통과할 때만 도덕적 판단이 유효할 수 있음을 강조하는 데리다는 칸트와 레비나스를 이어 다시 한 번 종교를 윤리적으로 환원, 추상화하고 있는 셈이다. 그러나 그때 윤리는 종교처럼 비밀스러워지고 성스러워지며 두터운 침묵의 무게를 거느리게 된다는 사실도 놓치지 말아야 할 것이다.

김상환 연세대학교 철학과와 동 대학원을 졸업하고 프랑스 파리 제4대학(소르본)에서 철학 박사 학위를 받았다. 현재 서울대학교 철학과 교수로 현대 프랑스 철학을 강의하고 있으며, 구조주의 전후의 현대 철학 사조를 동아시아의 문맥에서 재해석하는 데 관심을 가지고 있다. 한국프랑스철학회 회장을 역임했고 고등과학원(KIAS) 초학제독립연구단에서 연구책임자를 맡았다. 저서로 『해체론 시대의 철학』, 『예술가를 위한 형이상학』, 『니체, 프로이트, 맑스 이후』, 『철학과 인문적 상상력』 등이 있고 편서로 『라캉의 재탄생』 등이, 역서로 『차이와 반복』 등이 있다.

29

동서양의 경계를 넘어

에드워드 사이드의 『오리엔탈리즘』과

『문화와 제국주의』 읽기

김성곤 (서울대학교 명예교수)

에드워드 사이드(Edward W. Said, 1935~2003)

1935년 당시 영국이 점령하고 있던 팔레스타인의 예루살렘에서 태어났다. 이스라엘의 건국과 함께 이집트 카이로로 이주했고, 1950년대 말에 다시 미국으로 건너가 프린스턴 대학을 졸업하고 하버드 대학에서 박사 학위를 받았다. 컬럼비아 대학에서 영문학, 비교문학 교수로 재직하며 이론가, 문학비평가로 활동했다. 1978년 발표한 『오리엔탈리즘』에서 서구 사회가 만들어 낸 동양에 대한 오랜 편견과 허상을 비판하여 세계적인 명성을 얻었다. 팔레스타인의 평화를 위해서 평생을 헌신했으며 백혈병으로 투병 생활을 하던 중 2003년 뉴욕에서 세상을 떠났다. 『문화와 제국주의』, 『팔레스타인 문제』, 『지식인의 표상』, 『저항의 인문학』, 『펜과 칼』, 『평행과 역설』 등 20여 권의 저술을 남겼다.

1 에드워드 사이드의 중요성과 의의

에드워드 사이드는 자크 데리다, 미셸 푸코와 더불어 20세기 후반의 가장 영향력 있는 사상가이자 문학 이론가라는 평을 받는다. 과연 그의 오리엔탈리즘 이론은 20세기 후반을 풍미한 탈식민주의 이론의 근간이 되었으며, 데리다의 해체이론 및 푸코의 담론이론과 더불어 현대 문학 이론을 받치는 3대 축의 하나를 이루고 있다. 특히 사이드의 이론은 사변적이지 않고 실천적이며, 서구의 편견과 문화적 헤게모니에 도전했고, 동서양의 경계를 넘어 주변부를 조명했다는 점에서 높이 평가된다.

에드워드 사이드를 논하려면, 우선 그가 왜 중요하며 그의 비평 이론이 이 시대에 어떤 의미를 갖는가라는 질문으로부터 시작할 수 있을 것이다. 사이드는 『오리엔탈리즘』이나 『문화와 제국주의』 같은 중요한 저서들을 통해 동양에 대한 서양의 오독과 편견을 비판했고, 서구 사회에서 소외되고 차별받는 이슬람과 동양에 대한 재조명을 주장했으며, 영토 제국주의가 종식된 지금도 여전히 계속되고 있는 문화 제국주의의 실체를 파헤쳐 보여 주었다. 그 결과 탈식민주의 및 다문화주의 이론의 시작과 전개에 지대한 공헌을 했다. 특히 문화와 제국주의 사이의 연관을 연구하는 탈식민주의 계열의 학자들은 누구나 사이드를 정신적 멘토로 생각한다.

사이드가 불과 40세의 젊은 나이인 1975년에 발표한 『시작: 의도와 방법(Beginnings: Intention and Method)』은 서구 학계에 새로운 바람을 일으켰다. 이 책에서 사이드는 서구 문화가 숭상하는 고정되고 신성한 '오리진(the Origin)'의 개념에 도전해 그것의 유효성에 의문을 던지며, 대신 역동적이고 세속적인 '시작'을 제안한다. 사이드는 '시작들(Beginnings)'이라는 복수 형태를 사용하고 있는데, 이는 단 하나의 진리로 군림하는 '오리진'과 달리 '시작'은 나라와 문화와 시대에 따라 여러 가지 형태로 존재하고 작용할 수 있기 때문이다. 이때 사이드가 말하는 '시작'이란, 비평가가 체제 순응적이거나 순수 지향적인 태도를 버리고, 현실과 괴리된 상아탑에서 거리로 나와, 의지와 의도와 역사 인식을 갖고 현실과 직접적으로 관계하는 역동적인 글쓰기를 하는 것을 의미한다. 사이드는 그러한 비평을 '현실에 오염된 비평', 또는 '세속적 비평(secular criticism)'이라고 부른다. 그는 데리다와 푸코가 주도했던 최근의 서구 문학 이론이 '오리진'을 해체하는 방향으로 나아가고는 있지만, 그 이후에 새로운 '시작'을 시도하려는 의지나 의도가 부족하다고 비판하며, 역동적이고 세속적인 '시작'을 제안해서 학계의 비상한 주목을 받았다. 당시 코넬 대학과 존스 홉킨스 대학이 공동 발행하던 《다이어크리틱스(*Diacritics*)》는 1976년 가을호에서 에드워드 사이드 특집을 기획해『시작』에 대한 서평 및 논문과 더불어 사이드와의 인터뷰를 게재했으며, 표지에는 터번을 두른 지니가 하늘을 날아가는 그림을 실었다.

『시작』에서 사이드는 이탈리아의 사상가 비코와 독일 철학자 니체, 그리고 프랑스 사상가 푸코에 대해 집중적으로 논의하고 있다. 사이드는 서구인의 의식에서 중요한 위치를 차지하고 있는 '오리진' 사상이 18세기에 접어들면서 신성한 히브리 역사보다는 세속적인 이방인의 역사에 더 관심을 보였던 비코에 의해 흔들리게 되었고, 19세기에 오면 사상계의 세 이단아, 즉 니체, 프로이트, 마르크스에 의해 도전받았다고 지적한다. 예컨대 니체는 신(오리진)의 죽음을 선언했고, 프로이트는 의식(오리진)보다 무의식을 중요시했으며, 마르크스 역시 상부 구조(오리진)보다 하부 구조의 중요성을 역설했다. 그리고 현대에 오면 서구의 '오리진' 사상은 사물의 질서가 단절돼 있음을 지적한 푸코와 내부에서 오리진/중심의 해체를 주장한 데리다에 의해 무너지게 된다. 그러나 사이드는 푸코나 데리다의 이론이 그동안 절대적 진리로 군림해 온 '오리진'의 유효성에 회의를 제기하고 그 신성함과 절대성을 해체하기는 했지만, 그 이후의 대안은 제시하지 않았다고 지적하며, 새롭고 역동적인 '시작'의 필요성을 주장한다. 사이드의 '시작'은 "현실과 역사에 의한 텍스트의 세속화와 오염"으로부터 시작한다. 사이드는 이렇게 말한다.

텍스트는 세속적이며 어떤 의미에서는 하나의 사건이라고 할 수 있다. 그리고 텍스트가 순수성을 주장하고 있는 것처럼 보이는 바로 그 순간에도, 텍스트는 스스로 위치하고 해석되는 그 역사적 순간, 삶, 그리고 사회의 일부를 이루고 있는 것이다.[1]

그래서 사이드의 '시작'은 절대적이고 신성한 '오리진'과는 달리 상대적이고 세속적이며, 현실적이고 역사적이다. 1983년에 나온 『세상과 텍스트와 비평가(The World, the Text, and the Critic)』에서도 사이드는 비슷한 주장을 펼친다. "1970년대 미국의 문학 이론은 현실과 괴리된 채, 텍스트의 혁명을 불러온 유럽의 두 사도인 데리다와 푸코를 이끌고 텍스트의 미궁 속으로 후퇴해 들어갔다."[2]

다소 사변적이고 이론적인『시작』은 보다 더 구체적인 '시작'의 전략을 담은 책『오리엔탈리즘』의 출현을 이미 예고하고 있었다. 신성한 '오리진'은 서양의 상징일 수도 있고, 세속적인 '시작'은 동양의 상징일 수도 있기 때문이다.

2   사이드의『오리엔탈리즘』이론

사이드가 43세의 비교적 젊은 나이에 출간한『오리엔탈리즘 (Orientalism)』(1978)은 이후 전개되는 탈식민주의의 단초가 되고 세계 학계와 문단에 지대한 영향을 끼친 기념비적 저서이다. 예컨대 학계에서 탈식민주의를 논할 때, 또는 존 쿳시의『포(Foe)』나 진 리스의『광활한 사르가소 바다(Wide Sargasso Sea)』같은 탈식민주의 계열의 소설을 분석할 때, 그 근저에는 언제나 사이드의『오리엔탈리즘』이론이 자리 잡고 있다. 과연 이 책이 보여 주는 동서 관계에 대한 새로운 성찰은 서구의 학자나 작가들에게 새로운 깨달음을 제공해 주었고, 이후 동서양을 바라보는 시각에 본질적인 인식의 변화를 초래했다.

유럽의 방대한 문헌을 분석한『오리엔탈리즘』에서 사이드는 여행기나 학술 서적이나 문학 작품에 나타난 동양에 대한 서양의 편견이 만들어 낸 잘못된 지식 체계를 '오리엔탈리즘'이라 불렀고, 거기에 참여한 서양 학자나 작가들을 '오리엔탈리스트'라고 불렀다. 그래서『오리엔탈리즘』이 출간되자마자 미국 대학들이 당시 '오리엔탈연

구학과(Department of Oriental Studies)'라고 되어 있었던 학과의 명칭을 '중동학과', '근동학과', 또는 '동아시아학과'로 바꾸는 일이 벌어지기도 했다. 사실 '오리엔탈 연구'라는 분야가 고고학 및 인류학과 더불어 제국주의 시대인 19세기에 식민지 연구를 목적으로 융성했다는 점을 염두에 둔다면, 그러한 명칭 변경은 어쩌면 시대적 요청이었고 필연적인 것이었다.

『오리엔탈리즘』에서 사이드는 그동안 유럽인의 마음속에 동양은 단지 이국적이고 낭만적인 장소이자 하나의 환상적인 아이디어로만 존재해 왔다고 지적한다. 그래서 그는 유럽인이 보는 동양은 실체가 아니라, 유럽인이 자신들에 비추어 재현하고 만들어 낸 허구라고 말한다. "동양에 대해서 말하자면, 동양은 완전히 부재한다. 다만 오리엔탈리스트와 그가 하는 말만 존재할 뿐."[3]

문제는 동양에 대한 서양의 부정확한 시각과 잘못된 편견이 시간이 지남에 따라 문학 작품과 학술 연구와 각종 저술을 통해 하나의 견고한 지식 체계와 절대적 진리로 굳어졌다는 것이다. 사이드는 말한다.

오리엔탈리즘은 단순히 문화나 학문이나 제도가 수동적으로 반영된 정치적 주제도 아니고, 동양에 대한 텍스트의 모음도 아니며, 동양을 억누르려는 제국주의자의 음모도 아니다. 오리엔탈리즘은 지리적인 의식을 심미적, 학문적, 경제적, 사회학적, 역사적, 문헌학적 텍스트에 투사한 것이다.[4]

그러므로 오리엔탈리즘이 제기하는 문제는 다음과 같다. 오리엔탈리즘을 형상하는 데 어떤 지적, 심미적, 학문적, 문화적 에너지들이 협조했는가?

어떻게 문헌학이나 사전학이나 역사나 전기나 정치 경제 이론이나 소설이나 시 쓰기가 오리엔탈리즘의 형성에 일익을 담당했는가? 오리엔탈리즘 내부에서는 어떤 변화가 일어났으며, 매 시대 어떻게 변화해 왔는가? 그런 맥락에서 독창성, 연속성, 개체성은 어떤 의미를 갖는가?[5]

『오리엔탈리즘』은 바로 이러한 물음에서 시작하고 있으며, 그것에 답하기 위해 사이드는 방대한 자료들 —— 동양을 다녀온 여행자들과 동양으로 파견되었던 군인들, 그리고 학자들과 작가들의 저술 —— 을 분석한다. 그리고 푸코의 담론이론을 빌려서, 그러한 부정확한 지식이 매 시대 어떻게 당대의 권력과 담합하여 동양에 대한 잘못된 진리를 만들어 냈는가를 탐구한다. "그런 텍스트들은 지식뿐 아니라 그 지식이 묘사하는 리얼리티도 만들어 낸다. 시간이 지나면 그러한 지식과 리얼리티는 전통 또는 미셸 푸코가 말하는 담론을 만들어 낸다."[6] 사이드는 바로 그렇게 해서 형성된 동양에 대한 담론을 오리엔탈리즘이라고 부르며, 의식적 또는 무의식적으로 오리엔탈리즘의 형성에 일조한 서구 저술가들을 오리엔탈리스트라고 부른다.

그런데 그러한 지식 체계는 동양을 제대로 재현할 수 없기 때문에, 결국 동양을 하나의 '허구의 텍스트'로 만들 위험성을 내포하고 있다. 사이드의 다음 언급은 바로 그러한 문제를 통찰하고 있다.

동양에 대한 지식 체계에서 보면, 동양은 하나의 장소라기보다는 지역이고, 일련의 참고 자료이며, 독특한 것들의 집합체인데, 이 모든 것의 근원은 동양에 대한 누군가의 저술 속의 인용이거나, 인용 부호이거나, 텍스트의 단편이거나, 아니면 기존의 상상의 편린이거나, 아니면 그 모든 것의 혼합일 뿐이다. 동양에 대한 직접적 관찰이나 상황 묘사도 동양에 관한 저술 행위에 의해 제시된 픽션일 뿐이며 (……) 라마르틴이나 네르발이나 플로베르에 있어서도 동양은 이미 알려진 자료를 심미적인 측면에서 독자의 관심을 끌도록 재(再)제시된 것일 뿐이다.[7]

과연 서구의 문헌에서 동양은 흔히 실체가 아닌 허구의 구축물로 등장한다. 그래서 유럽이 산출한 문학 작품들을 분석하면서 사이드는 그 속에서 동양이 얼마나 부정확하게 제시되어 있는가를 지적한다.

그러한 논의를 통해 사이드는 문학이 사회에 오염되어 있지 않은 순수한 텍스트라는 고정 관념에 제동을 건다. 우리는 흔히 문학은 순수해서 정치나 사회와는 별 관련이 없다고 생각하기 쉽다. 그러나 사이드는 문학이야말로 본질적으로 그리고 필연적으로 정치 및 사회와 긴밀한 관련을 맺고 있기 때문에 문학이 당대의 시대상과 세계관을 반영하는 좋은 문화 텍스트이자 중요한 사회 문서가 된다고 말한다.

사람들은 문학과 문화는 정치적으로 심지어는 역사적으로도 순수하다고 추측한다. 그러나 내 경우에는 그렇지 않았다. 특히 오리엔탈리즘에 대한 연구를 하면서 나는 문학과 사회가 불가분의 관계에 있다는 사실을 깨닫게 되었다.[8]

그러므로 사이드는 어떤 문화나 문학도 순수하지 않으며, 문화나 문학을 본질적으로 현실에 오염된 것으로 본다. 그가 『세상과 텍스트와 비평가』에서 시종일관 주장하는 것도 바로 문학과 비평의 세속성이다. "다시 말해, 나의 복합적 시야는 내가 장르마다 다르고 역사의 각 시대마다 서로 다르다는 의미에서 모든 텍스트를 세속적이고 상황적이라고 보기 때문에, 다분히 역사적이고 인류학적이다."[9] 그래서 사이드는 위 저서에서 비평가가 보는 문화나 문학은 순수하고 지고한 천상의 존재가 아니라, 현실과 역사에 오염된 '현세적(worldly)'이고 '세속적(secular)'인 텍스트라고 말한다.

『오리엔탈리즘』에서 사이드가 지적하는 또 하나의 문제는, 동양에 대한 그러한 지식과 진리가 서양에게 동양에 대한 권력과 헤게모니를 부여했으며, 그 결과 서양으로 하여금 우월감을 갖고 동양을 지배하고 교화하는 것을 당연하게 생각하도록 했다는 것이다. 바로 이런 이유로 해서 오리엔탈리즘은 서구 제국주의 이데올로기의 이론적 근거를 마련해 주었다고 할 수 있다. 예컨대 『암흑의 핵심(Heart of Darkness)』에서 조셉 콘래드는 유럽인들이 암흑의 대륙(아프리카)에 문명의 횃불을 들고 가서 어둠을 밝혀 주어야 한다는 잘못된 사명감과 자기만 옳다는 독선에 사로잡혔고, 그래서 식민지에 가서 교화라는 미명하에 억압과 지배를, 훈육을 이유로 살인을, 그리고 무역이라는 핑계로 원주민을 착취했다고 말한다.

이렇게 동양에 대한 서구인의 오만과 편견을 논하면서 사이드는 이집트 총독이었던 크로머의 말을 인용한다.

쉽게 허위가 되기 쉬운 부정확함은 동양 정신의 특성이다. 유럽인은 세밀한 분석가이며, 그의 진술은 모호하지 않다. 그는 논리학을 배우지 않았지만, 타고난 논리학자이다. 그는 본질적으로 회의적이며, 어떤 것을 받아들이기 전에 증거를 요구한다. 그의 훈련된 지성은 정교한 메커니즘처럼 작용한다.

반면 동양인의 정신은 자기네의 현란한 저잣거리처럼 정확성이 부족하다. 그의 설명은 대체로 장황하고 명료함을 결여하고 있다. 그는 아마 여섯 번쯤은 자기가 조금 전에 한 말과 모순되는 말을 한 후에야 자신의 이야기를 마칠 것이다.[10]

크로머는 영국 의회에서 열린 은퇴 기념 고별 강연에서 위와 같이 우월감에 가득 찬 진술을 했다. 그에게 유럽의 동양 지배는 너무나도 당연한 것이었다. 또한 사이드는 1910년 아서 제임스 밸푸어가 영국 하원에서 한 다음과 같은 연설의 방만함도 지적한다.

우리는 이집트인을 위해 이집트를 지배하고는 있지만, 단순히 이집트인을 위해서만 그러는 것은 아니다. 우리는 유럽 전체를 위해 이집트를 지배하고 있는 것이다.[11]

위 진술에서 밸푸어는 유럽의 식민지 지배가 자치 능력이 없는 식민지인의 교화와 복지를 위해서라는 명분 외에도, 유럽의 평화와 안녕을 위해서도 필요하다는 오만한 논리를 펴고 있다. 그렇게 논리적이라고 자랑하는 유럽인의 마인드가 이렇게 비논리적일 수도 있다는 것은 놀랄 만한 일이다. 그러나 이런 비논리적인 사고가 제국주의 시대에는 가장 논리적인 상식으로 통했을 것이다.

동서양의 경계를 넘어

그러므로 사이드는 대부분의 서구 지식인과 작가들이 — 심지어는 동양을 좋아했고 자신은 동양 편이라고 생각했던 사람들조차도 — 예외 없이 오리엔탈리즘의 형성에 공헌했다고 지적하며, 그들의 저술을 예리하게 분석한다. 심지어는 아라비아를 좋아했고 아랍인의 이익에 크게 공헌해서 아라비아의 영웅이라고 불렸던, 그래서 데이비드 린 감독에 의해 「아라비아의 로렌스」라는 영화까지 만들어진 영국인 T. E. 로렌스조차도 사이드의 비판을 피하지는 못한다. 사이드에 의하면, 로렌스는 비록 아랍을 좋아하긴 했지만, 궁극적으로는 아라비아에 대해 우월감을 갖고 아랍인들을 서구식으로 계몽하려 했던 오만한 유럽인이었다는 것이다. 과연 린 감독은 집착과 강박 관념이 심했던 로렌스의 특성을 영화에서 잘 묘사하고 있다.

사이드의 비판은 마르크스에게도 향한다. 사이드는 마르크스가 인도의 경제 개혁을 위해서라면 영국의 지배가 필요하다고 말한 점을 지적한다.

영국은 인도에서 두 가지 사명을 완수해야 한다. 하나는 파괴하는 것이고, 또 하나는 재건하는 것이다. 즉 아시아식 사회를 파괴하고 아시아에 서구 사회의 물질적 토대를 건설하는 것이다.[12]

마르크스는 또한 "그들(동양)은 스스로를 나타내지 못한다. 그들은 타자(서양)에 의해 재현되어야 한다."라고 말함으로써[13] 동양을 서구가 교화해야 할 미개한 지역으로 보았다.

동양에 대한 또 하나의 편견은 동양을 미개하고 위험한 지역으로 보는 것이다. 코난 도일의 추리 소설에서도 범죄에 사용되는 독약, 독화살, 또는 독사 같은 위험하고 치명적인 것들은 대개 인도나 아프리카 식민지에서 온 것으로 설정되어 있는데, 이는 제국인 영국에는 애초에 그런 치명적인 무기나 범죄가 없었다는 것을 암시한다. 또 윌리엄 윌키 콜린스의 『흰 옷을 입은 여인(The Woman in White)』에는 영국 여성은 집안 청소나 요리를 하지 않도록 귀하게 태어났고, 그런 집안의 잡일은 식민지 여자들이나 하는 것이라는 다분히 제국주의적인 언급이 나오는데, 이는 영국 여자가 식민지 여인을 가정부로 부리는 것을 합리화한다.

사이드는 "동양은 서양의 바로 옆에 있을 뿐 아니라, 서양의 가장 크고 오래된 풍요한 식민지였고, 서구 문명과 서구어의 근원이었으며, 문화적 경쟁자였고, 가장 중요한 타자의 이미지였다. 더욱이 동양은 서양을 정의하는 거울의 역할을 했다."라고 말한다.[14] 오리엔트라는 말은 '해가 뜨는 곳'이라는 뜻이다. 밝은 곳으로 가는 길을 가르쳐 준다는 의미의 '오리엔테이션'이란 단어도 '오리엔트'에서 유래했다. 문명의 발상지 역시 중국 황하 문명, 인도 갠지스 문명, 페르시아 문명, 바빌로니아/메소포타미아 문명, 그리고 이집트 문명을 거쳐, 그리스 문명으로 이동해 갔다. 그래서 고대 동양이 서양에 끼친 영향은 대단히 크다고 볼 수 있다.

그럼에도 근대에 이르러 서양의 과학 기술이 발달함으로써 동양은 낙후 지역이 되었고, 결국 서양의 식민지로 전락하기에 이르렀다. 1914년에 이르면 전 세계의 85퍼센트가 서구의 식민지가 되었다. 식민지를 지배하고 다스리기 위해 훈육과 교화가 강조되었고, 식민지

동서양의 경계를 넘어

인들에게 제국의 언어와 문학을 교육했으며, 대학에 오리엔트 연구를 비롯한 식민지 연구 관련 학과들이 생겨나기 시작했다. 그리고 동양에 대한 지식은 그 부정확함에도 불구하고 동양에 대한 우월감과 권력을 서양에 부여했고, 식민 지배 담론을 만들어 냈으며, 제국주의를 합리화해 주었다. 사이드의『오리엔탈리즘』은 바로 그러한 오리엔탈리즘의 형성 과정을 추적하고 탐색하며 성찰했다는 점에서 중요한 의미를 갖는다.

3 『문화와 제국주의』에 나타난 사이드의 사상

『오리엔탈리즘』에서 중동에 한정되어 있던 사이드의 논의는『문화와 제국주의(*Culture and Imperialism*)』(1993)에서 아프리카와 인도, 그리고 아시아와 호주를 포함한 전 세계 모든 식민지 국가들로 확대되고 있다. 그래서 사이드는『문화와 제국주의』를『오리엔탈리즘』의 속편이라고 불렀다.

『문화와 제국주의』에서 사이드는 '문화'라는 용어를 두 가지 의미로 사용하는데, 하나는 경제적, 사회적, 정치적 영역으로부터 독립되어 있는 "심미적 영역"을 지칭하며, 또 하나는 매슈 아널드가 1860년대에 말한 세련되고 고양된, 그래서 현대인의 황폐한 삶을 완화해 주는 "각 나라의 최상의 지식과 사고의 보물 창고"라는 개념이다.

사이드는 얼핏 정치 이념과 무관해 보이는 19세기 리얼리즘 소설들이나 심미적인 문학 작품들이 사실은 의식적 또는 무의식적으로 제국주의적 태도와 언급과 경험을 기본으로 깔고 있으며, 또한 그 과정에서 제국주의 이념 형성의 일익을 담당해 왔다고 지적한다. 예 컨대 제인 오스틴이 『맨스필드 파크(*Mansfield Park*)』에서 해외 식민지 를 제국인의 당연한 돈벌이 수단으로 보는 시각, 또는 대니얼 디포 의 『로빈슨 크루소(*Robinson Crusoe*)』가 "머나먼 비유럽 지역에 자신 을 위한 영지를 건설하는 유럽인의 이야기라는 것도 결코 단순한 우 연의 일치가 아니라는 것"이다. 찰스 디킨스가 『막대한 유산(*Great Expectations*)』에서 제국인의 고정 관념으로 오스트레일리아를 바라보 는 것에 대해 언급하면서 사이드는 이렇게 말한다.

> 디킨스가 빅토리아 시대의 사업가를 재현하는 것의 국가적, 국제적 맥락 을 무시하거나 보지 못하는 것은, 그의 소설과 그것의 역사적 세계 사이의 본질적인 연관을 놓치는 셈이 된다. 그러한 연관을 이해하는 것은 예술 작 품으로서 소설의 가치를 평가 절하하지는 않는다. 반대로 세속성으로 인 해, 그리고 실제 배경과의 복합적인 연관으로 인해 그것들은 더욱 흥미 있 고 더욱 가치 있는 예술 작품이 될 것이다.[15]

사이드는 16세기 영국의 위대한 문인 에드먼드 스펜서가 영국군 의 아일랜드인 학살을 상상했으며, 토머스 칼라일과 존 러스킨이 자 메이카 폭동 때 영국군의 원주민 학살을 지지했다는 사실을 그들의 문학 작품을 읽을 때 배제해서는 안 된다고 말한다. 그런 것들을 전혀 염두에 두지 않고, 그들 문학의 심미성이나 순수성만을 가르치고 배 우는 것에는 문제가 있다는 것이다. 사이드는 말한다.

동서양의 경계를 넘어

우리는 칼라일과 러스킨의 심미적 이론들을 설명하는 데 많은 시간을 할
애하면서도 정작 그들의 관념이 동시에 열등한 민족과 식민지의 복종을
초래했다는 점에 대해서는 거의 주의를 기울이지 않고 있다. 또 다른 예를
들면, 우리가 유럽의 위대한 리얼리즘 소설들이 어떻게 제국주의의 주요
목적 중 하나에 공헌했는가를 이해하지 못한다면, 우리는 그때나 지금이
나 문화의 중요성과 제국 속에서 문화가 일으키는 반향을 오독하게 되는
것이다.[16]

또 러디어드 키플링이 『킴(*Kim*)』 같은 소설에서 제국의 정치 이
데올로기를 드러내는 것도 같은 맥락이라는 것이다.

그러므로 말하자면, 키플링 같은 위대한 예술가가 자신의 작품 속에서 어
떻게 인도를 옮겨 놓고 있으며, 그렇게 하는 과정에서 그가 어떻게 『킴』
같은 소설에서 앵글로 인디언 시각의 기나긴 역사에 의존하고 있을 뿐만
아니라, 자신도 모르는 사이에 인도의 현실이 다소간 무제한으로 영국의
지배를 필요로 하고 있다는 신념에 대한 주장의 부적합성을 예언하고 있
는가를 찾아보는 것은 고무적이다. 우리가 1860년대에 살고 있는 영국인
이나 프랑스인이었다면, 인도나 북아프리카를 친근감과 거리의 두 감정
으로 바라보았을 것이지, 결코 그것들을 독립된 주권을 가진 존재로 보지
는 않았을 것이다.[17]

사이드는 심지어 조셉 콘래드조차도 『암흑의 핵심』이나 『노스트
로모(*Nostromo*)』나 『로드 짐(*Lord Jim*)』에서 서구 제국주의를 비판하기

만 했을 뿐, 식민지에도 제국의 문화에 버금가는 토착민들의 훌륭한 고유문화가 있다는 사실은 간과했다고 비판한다. 제국의 횡포와 부패를 개탄했던 콘래드는 다만 제국의 문화에 의해 패배하고 파괴된 식민지 문화의 처참함만 보았을 뿐, 그것의 독자성과 가능성은 보지 못했다는 것이다. 이러한 관점으로는 식민지에는 가치 있는 문화나 역사가 없고, 그렇기 때문에 서구를 통해서만 재현될 수 있다는 결론에서 벗어나지 못하게 된다. 문제는 제국주의를 비판하는 대부분의 사람들이 콘래드의 시각에서 크게 벗어나지 못한다는 점이다. 사이드는 겉으로는 좋아 보이는 미국의 사해동포주의가 갖는 허점도 바로 여기에 있다고 말하며, 다음과 같은 흥미로운 지적을 한다.

우리는 최근 워싱턴과 대부분의 서구 외교 정책 입안자들과 지식인들의 태도가 콘래드의 태도에서 크게 벗어나지 못하고 있다는 사실에 주목할 필요가 있다. 콘래드가 보았던 제국주의적 인류 박애 사상 — 즉 "세계를 민주주의를 위한 안전한 장소로 만든다."라는 생각 — 속에 내재해 있는 부질없음을, 그러한 소망을 전 세계에 특히 중동에 심으려고 하는 것의 헛됨을 미국 정부는 아직도 인지하지 못하고 있다. 그러한 시도는 계획자들을 더욱 더 전지전능함과 잘못된 자아 만족(베트남 참전에서처럼)의 함정에 빠뜨리며, 바로 그러한 본성으로 인해 가짜 증거까지도 만들어 내기 때문이다.[18]

부시 행정부가 이라크 전쟁을 일으키는 구실로 거론한 이라크의 '대량 살상 무기'는 나중에 근거 없는 허위로 판명되었는데, 사이드는 이미 1993년에 서구의 외교 정책 담당자들이 "가짜 증거도 만들어 낸다"는 정확한 예언을 한 셈이다.

이렇게 제국주의 시대에 산출된 문학 작품들은 직접적으로 또는 간접적으로 제국주의 이념과 긴밀한 연관을 맺게 된다. 그럼에도 인문학자와 예술가들은 그동안 문학 작품을 해석하면서 그러한 면을 간과해 왔다. 그 이유를 사이드는 이렇게 말한다.

문제는 자기 문화에 대한 과대평가뿐만 아니라, 문화가 일상 세계를 초월하는 것이기 때문에 일상 현실과는 다른 것으로 생각한다는 데에 있다. 그래서 대부분의 인문학자들은 노예 제도나 식민주의나 인종적 억압이나 제국주의적 종속 같은 오래되고 야비하며 잔인한 행위와 그러한 행위와 연관되어 있는 시나 소설이나 철학을 연결시키지 못한다. 이 책을 쓰면서 내가 발견한 것은, 영국이나 프랑스의 예술가들 중, 자기네 관리들이 인도나 알제리를 지배하면서 실천한 '종속'이나 '열등한' 인종의 개념을 다룬 사람이 거의 없다는 사실이었다. 그러나 그러한 태도는 사실 널리 유포되어 있었으며 19세기를 통틀어 제국들이 아프리카를 점령하는 데 연료의 역할을 했다.[19]

그러나 사이드는 그렇다고 해서 그 작가들이 의도적으로 제국주의의 앞잡이 노릇을 한 것은 아니라고 말한다. 푸코의 말대로, 사람은 누구나 자기가 태어나 살고 있는 시대의 현실과 담론과 세계관으로부터 자유로울 수 없기 때문이다. 그래서 사이드는 그 당시 작가들을 규탄하자는 것이 아니라, 다만 우리가 지금까지 간과해 온 점을 인식하자는 것이라며, 이것이 오히려 작품 읽기의 수준을 한층 높여 줄 것이라고 주장한다. 즉 문학 작품과 그러한 역사적, 사회적 맥락을 연결시켜 읽는 것은 작품의 문학성이나 예술성을 평가 절하하는 것이 아니며, 작품의 가치는 실제 배경과의 복합적인 연관이 고려될 때 오히려 더 높아진다는 것이다.

사이드는 또한 매슈 아널드식의 문화적 개념이 우리 문화는 세련되고 순수하며 다른 문화는 열등하고 대중적이라는 '문화와 아나키' 식의 사고방식으로 전락할 수도 있다고 경고한다. 그는 "때로 문화는 적극적으로 국가와 연결되는데, 그때 문화는 언제나 외국 혐오증과 함께 '우리'를 '그들'과 구별하게 해 주는 역할을 한다."라고 말한다.[20] 제국의 문화나 식민지의 문화는 둘 다 자기네 문화가 더 위대했다고 믿는 과거로 회귀하게 되고, 그 과정에서 제국주의와 식민주의뿐 아니라 극단적인 국수주의/민족주의/원리주의 문화관도 탄생한다는 것이다. 사이드는 그러한 문제에 대해 이렇게 경고하고 있다.

문화란 여러 가지 정치적·이념적 명분들이 서로 뒤섞이는 일종의 극장이라고도 할 수 있다. 아폴로적인 점잖음의 온화한 영역과는 거리가 먼 채, 문화는 대외 명분들을 백주에 드러내 놓고 싸우는 전장이 될 수도 있다. 예컨대 타국의 고전보다는 자국의 고전을 먼저 읽도록 배운 미국과 프랑스와 인도의 학생들이 거의 무비판적으로 자기 나라와 자기 전통을 받아들이고 거기에 충성스럽게 속해 있는 반면, 타국의 문화나 전통은 격하하거나 대항해 싸우는 싸움터가 될 수도 있다는 것이다.[21]

동서양의 경계를 넘어

여기에서 사이드는 예전 제국들의 문화 제국주의뿐 아니라, 국수주의와 자국 문화 지상주의에 빠져 문화를 전쟁 무기로 악용하는 예전 식민지들의 극단적 민족주의 또한 똑같이 위험한 것으로 본다. 그는 일부 급진적인 국가에서 아직 덜 성숙한 아이들에게 배타적인 정치 이데올로기를 교육하는 것에 대해 신랄한 비판을 가한다.

나는, '우리'는 '우리 것'에만 관심을 갖겠다, 라는 태도를 참을 수가 없고, 동시에 아랍인들은 아랍 책만을 읽고 아랍의 방법만을 써야 된다는 태도도 참을 수가 없다. C. L. R. 제임스가 늘 말했듯이, 베토벤은 그가 독일인인 만큼이나 서인도 제도인일 수도 있는 것이다. 왜냐하면 그의 음악은 인류의 유산이기 때문이다. 그럼에도 불구하고 정체성에 대한 관심은 각자자신의 이익을 앞세우는 여러 집단 — 모두 다 억눌린 소수 집단은 아니다. — 의 이해관계와 현안과 뒤엉켜 있는 것이 오늘날 우리의 현실이다.[22]

사이드는 이러한 위험에서 벗어나는 방편으로 모든 문화를 동등하게 포용하고 인정하는 다문화주의를 제안한다. 다문화주의가 혼란을 야기할까 봐 우려하는 사람들에게 그는 변화와 다양성을 두려워하지 말라고 말한다.

다문화주의에 대한 현재의 논의 결과는 미국의 '레바논화' 같은 것은 아닐 것이고, 그렇다면 그러한 논의가 정치적 변화와 여성들과 소수 인종들과 최근의 이민자들이 스스로를 바라볼 수 있도록 해 주는 변화를 의미한다면, 그러한 변화는 결코 두려워하거나 방어적으로 바라볼 필요가 없다는 것이다. 기억해야만 되는 것은, 이 가장 강력한 형태의 해방과 계몽의 내러티브가 분리가 아니라 '통합'의 내러티브 — 즉 주요 그룹으로부터 제외되어 온 사람들이 그 속에서 자신들의 위치를 찾으려는 통합의 내러티브 — 라는 사실이다.

만일 주요 그룹의 낡고 관습적인 관념이 이 새로운 그룹을 허용할 만큼 유연하고 관대하지 못한다면, 그런 관념들은 변해야만 된다. 그러한 변화는, 새로 등장하는 그룹들을 단순히 거부하는 것보다 훨씬 더 나은 행동이 되기 때문이다.[23]

위의 인용에서 사이드는 다문화주의를 통해 분리와 분열이 아닌, 포용과 통합의 내러티브를 제안한다. 사이드는 자신이 활발한 국제 정치 평론가이기도 했지만, 언제나 저술과 언론을 통해서 저항했지, 대학을 물리적 폭력의 장소로 이용하지는 않았다. 그는 대학이란 모든 정치적, 사회적, 문화적, 역사적, 사상적 문제들을 조사하고 논의하는 장소이지, 정치 활동가들이 권력을 잡기 위해 이용하는 정치 투쟁의 장소가 되는 것은 바람직하지 않다고 말했다.

이 책을 쓰면서 나는 대학에 의해 아직도 제공되고 있는 유토피아적인 공간 — 그러한 중요한 문제들이 조사되고 논의되고 반영되는 장소로 남아 있어야만 되는 공간 — 을 이용했다. 대학을 사회적이고 정치적 문제들이 실제로 부과되고 해결되는 장소로 만드는 것은 곧 대학의 기능을 없애고, 권력을 원하는 정치 집단의 부속 기관으로 만드는 셈이 된다.[24]

위 인용에서 사이드가 의미하는 것은, 대학이 독재 정권에 맞서 저항하면 안 된다는 것이 아니라, 특정 이념 집단이 자신들의 정치적 이익을 위해 대학이나 대학생을 이용하고, 캠퍼스를 물리적 충돌과 폭력의 장소로 만든다면 그건 잘못이라는 것이다.

『오리엔탈리즘』에서 다소간 비판적이고 전투적이었던 사이드의 전략은 『문화와 제국주의』에 오면 이해와 화해, 그리고 통합과 공존의 추구로 유연하게 바뀐다. 그러나 사실은 『오리엔탈리즘』에서도 사이드는 이미 동양도 서양에 대한 편견을 갖고 '옥시덴탈리즘'을 실천하면 안 된다는 입장을 분명히 밝히고 있다.

4 망명객의 귀환

사이드는 돌아갈 조국이 없는 실향민이자 영원한 망명객으로 살다가 생을 마감했다. 그럼에도 그는 자신을 그렇게 만든 서양을 원망하거나, 한(恨)에 맺혀 복수를 시도하지는 않았다. 대신 언제나 중도의 길을 택했고, 그 자신의 표현을 빌리면, 단세포적인 시각이 아니라 "대위법적으로 사물을 보려고 노력했으며, 분열보다는 통합의 내러티브를 추구"했다.

그래서 사이드는 제국주의 시대의 유럽과 현재 미국의 중동 정책을 비판하면서도, 동시에 무슬림 테러리즘도 똑같이 비난했다. 그는 『문화와 제국주의』에서 "제국주의와 극단적 민족주의는 서로를 잠식

해 들어가는 똑같이 해로운 것이다."라고 말하는데, 이는 미국 작가 토머스 핀천의 "인류 문명을 절멸하는 것은 서구 제국주의와 제3세계의 극단적 민족주의다."라는 말과도 상통한다. 사이드는 또 아라파트가 이끄는 팔레스타인 망명 국회의 의원이었지만 아라파트의 정책이 정도에서 벗어나자 그와 결별했고, 집에서는 아랍어를 그리고 대학에서는 영어를 사용했으며, 팔레스타인인이면서도 기독교를 믿음으로써 종교적 포용성도 보여 주었다.

사이드는 또 좌파 지식인이었지만 마르크스주의자는 아니었다. 영국의 마르크스주의 비평가 테리 이글턴은 사이드가 마르크스주의자가 아닌 것을 대단히 섭섭해했지만, 사이드는 『세상과 텍스트와 비평가』의 서문에서 자기는 마르크스주의자가 아니라고 밝힘으로써, 스스로 어느 당파에도 속하지 않은 위대한 학자임을 증명했다. 그는 탈식민주의 이론의 원조로 불리지만, 본인은 어떤 학파에도 속하기를 원하지 않았다. 츠베탄 토도로프가 말했듯이 위대한 문인이나 학자는 결코 어느 한 유파나 당파에 소속되지 않는 법이기 때문이다.[25]

사이드는 생전에 이스라엘의 극단적 시온주의자들로부터 본인뿐 아니라 자녀들까지 테러 위협을 받았고, 평생 주소와 전화번호를 감추고 살았지만, 이스라엘 음악가 다니엘 바렌보임과 단짝이었다. 두 사람은 『평행과 역설(Parallels and Paradoxes)』이라는 음악에 관한 책을 공저로 출간하는가 하면(사이드는 연주회까지 열었던 명성 있는 피아니스트였다.) 역사상 최초로 팔레스타인의 웨스트뱅크에서 이스라엘과 팔레스타인의 화해를 기원하는 연주회를 개최하기도 했다. 또한 사이드는 백혈병으로 투병할 때도 뉴욕의 유대계 병원인 마운트 사이나이

병원을 택해, 유대계 의사들에게 자신의 생명을 맡기는 화해의 제스처도 보여 주었다.

사이드는 이름조차도 영어 이름(Edward)과 아랍 이름(Said)을 동시에 갖고 있었으며(자서전『아웃 오브 플레이스(*Out of Place*)』에서 그는 어머니가 영국의 에드워드 왕자를 좋아해 이름을 에드워드라고 지었다고 밝히고 있다.) 이름의 약자인 E. W. Said도 마치 East West Said처럼 느껴진다. 자서전에서 사이드는 카이로에서 영국식 고등학교인 빅토리아 칼리지에 다닐 때, 영어 이름과 아랍 이름이 섞인 것 때문에 급우들로부터 놀림도 많이 받았고, 동서양 어디에도 속하지 못했던 자신의 정체성 때문에 방황했다고 쓰고 있다.

또 사이드는 어머니가 집에서 아랍어와 영어를 둘 다 사용했던 것, 그리고 팔레스타인인이면서 동시에 미국 시민이었던 아버지로 인해 미국 여권을 갖고 있었던 상황도 자신을 두 세계 사이에 선 '경계인'으로 만들었다고 밝히고 있다. 심지어는 타계하기 직전 자신이 태어난 예루살렘에 갔을 때, 미국 여권에 찍힌 출생지가 예루살렘으로 되어 있어서 의심스러워하는 이스라엘 출입국 관리 앞에서도 정체성의 혼란을 느꼈다고 고백한다. 그래서 사이드는 이스라엘에 갔을 때, 스스로를 '유대계 팔레스타인인'이라고 생각한다고 말한 적이 있다. 그 말은 곧 이 세상에 순수한 문화란 없듯이 순수한 인종이나 민족도 없다는 사이드의 생각을 잘 나타내 준다. 사이드는 이 세상 모든 문화, 모든 인종은 본질적으로 혼혈이라고 보았고, 따라서 '혼종성(hybridity)'의 장점과 필요성을 주장했던 '두 세계 사이의 지식인'이었다. 그는 『문화와 제국주의』에서 "제국으로 인해 모든 문화는 서로 연결되어 있다. 그 어느 문화도 단일하거나 순수할 수는 없다. 모든 문화는 혼혈이며, 다양하고, 놀랄 만큼 변별적이며, 다층적이다."라고 말한다.[26]

그래서 『평행과 역설』에서 대담자가 물어 온 "살아오면서 고향이나 집처럼 편하게 느끼는 곳은 어디입니까?"라는 질문에 사이드는 이렇게 대답한다.

나는 여기저기 돌아다니는 것을 가장 좋아합니다. 나는 뉴욕을 좋아하는데, 그 이유도 뉴욕이 카멜레온 같은 망명객의 도시이기 때문입니다. 우리는 뉴욕이라는 도시의 테두리 안에서 어디든 있을 수 있지만, 동시에 결코 뉴욕의 일부가 될 수는 없습니다. (……) 우리의 정체성이란 고정된 장소나 붙박이인 어떤 물체가 아니라, 끝없이 흐르는 것, 물처럼 흐르는 조수와도 같다고 생각합니다.[27]

사이드는 『오리엔탈리즘』과 『문화와 제국주의』가 둘 다 자신의 개인적 삶과 밀접한 관계가 있다고 말한다. 이는 문학 비평과 현실과 우리의 삶은 별개가 아니라 같은 여정을 가는 것이라는 평소 사이드의 주장과 상통한다.

이 책은 두 개의 영국 식민지에서 자라난 동양인으로서의 자의식에서 비롯된 것이다. 그 두 식민지(팔레스타인과 이집트)에서 내 교육은 온전히 서구식으로만 이루어졌지만, 그 자의식은 내내 나를 따라다녔다. 여러 가지 면에서 이 책 『오리엔탈리즘』은 나 자신의 탐구의 여정이었다.[28]

동서양의 경계를 넘어

서양, 특히 미국에서 아랍계 팔레스타인인의 삶은 낙담스러울 수밖에 없다. 정치적으로 그는 존재하지 않는 것이나 마찬가지이고, 그게 허용된다고 해도, 다만 성가신 존재나 동양인으로만 취급된다. 아랍인이나 무슬림에 대한 인종 차별, 문화적 전형화, 정치적 제국주의, 비인간적인 정치 이데올로기는 너무나 강해서, 모든 팔레스타인인들은 자신이 처벌받는다는 운명을 느끼게 된다.[29]

『문화와 제국주의』에서 사이드는 자신의 의도가 분열과 원한과 복수가 아니라, 이해와 화해와 통합이라는 점을 명백하게 밝히고 있다. 그는 단순히 제국주의를 비판하는 데 그치지 않고, 제국주의가 결과적으로 끼친 긍정적인 점도 인정하며, 우리 모두가 "통합의 내러티브"를 창출할 것을 주문한다.

제국주의의 성과 중의 하나는 세계를 한데 끌어모으는 것이었고, 비록 그 과정에서 유럽인들과 토착민들의 분리가 모르는 사이에 퍼져 나갔고 또 그것이 근본적으로 불공평한 것이었다고는 해도, 우리 대부분은 오늘날 제국의 역사적 경험을 공통적인 것으로 받아들이고 있다. 그렇다면 오늘날 우리가 해야 할 일은 끔찍함과 유혈과 복수심의 신랄함에도 불구하고, 그 역사 경험을 인도인과 영국인, 알제리인과 프랑스인, 서구인과 아프리카인, 아시아인, 그리고 라틴아메리카인과 오스트레일리아인이 서로 연관되는 것으로 기술하는 일이 될 것이다.[30]

사이드는 심지어 고국을 잃고 망명객이 된 자신의 상황까지도 긍정적으로 받아들이는데, 역사상 망명객 중에서 이렇게 긍정적인 태도를 보인 사람은 아마도 사이드가 처음일 것이다.

『문화와 제국주의』는 한 망명객의 책이다. 나는 어쩔 수 없는 이유로 인해 서구 교육을 받은 아랍인으로 태어나 자랐다. 내가 기억하는 한, 나는 언제나 자신이 그 둘 중 하나에만 속한다기보다는 그 두 세계에 다 속하는 것으로 느끼며 살아왔다. 그러나 내 생전에, 내가 가장 긴밀한 연관을 갖고 있는 아랍 세계가 전쟁으로 인해 완전히 변했거나 아예 존재하지 않게 되었다. 그래서 나는 오랫동안 미국에서 아웃사이더로 살아왔다. 특히 미국이 아랍 세계와 전쟁을 하거나 반목할 때, 나는 언제나 아웃사이더였다. 그럼에도 불구하고 내가 "아웃사이더"라고 자신을 부를 때, 그것은 슬프거나 박탈당한 것을 의미하지는 않는다. 오히려 그 반대로 제국이 나누어 놓은 두 세계에 다 속해 있다는 것은 그만큼 그 두 세계를 더 잘 이해할 수 있다는 것을 의미한다. 그러한 상황은 나 자신이 하나 이상의 역사와 그룹에 속해 있다는 느낌을 갖게 해 주었다.[31]

서구 제국주의로 인해 식민지인으로 살다가 돌아갈 고국도 없어져 타지에서 평생 망명객으로 살아온 사이드가 자신의 처지를 슬퍼하거나 원망하지 않고, 오히려 자신이 두 개의 언어를 하게 되고, 두 개의 문화와 두 개의 세계에 속하게 된 것을 다행으로 생각한다고 말한 것은 우리에게 많은 것을 시사한다. 제국주의로 인해 한때 식민지인이었던 우리도 원한과 분노와 한(恨)의 늪에서 헤어 나오지 못하는 것보다, 사이드처럼 긍정적인 시각으로 세상을 바라보고, 진취적인

동서양의 경계를 넘어

태도를 갖는 것이 필요하다고 생각되기 때문이다. 그렇게 되면 슬픔을 기쁨으로, 편견을 이해로, 그리고 분쟁을 화해로 바꿀 수 있을 것이기 때문이다.

평생을 동양과 서양, 두 세계의 이해와 화해와 공존에 바친 사이드가 타계한 지도 12년이 되었다. 세계는 여전히 극심한 영토 분쟁과 종교 분쟁에서 벗어나지 못하고 있다. 뿐만 아니라, 중동에서는 IS(이슬람국가)까지 생겨나서 종교적, 정치 이념적 원리주의와 극단주의가 더욱 기승을 부리고 있고, 아시아에서도 미국과 손을 잡은 일본과 과거의 영광을 되찾으려는 중국이 부딪치면서 새로운 분쟁의 조짐이 보이고 있다. 이러한 갈등과 충돌의 시대에 평생을 동서의 화해와 평화로운 공존을 위해 바친 사이드의 삶과 저술을 돌이켜 보는 것은 분명 뜻깊은 일이 될 것이다.

김성곤 뉴욕 주립대(버펄로)에서 영문학 박사 학위를 받았고 컬럼비아 대학에서 비교문학 박사 과정을 수료했다. 2017년 뉴욕 주립대에서 명예 인문학 박사 학위를 받았다. 2014년까지 서울대학교 영어영문학과 교수로 재직했으며 동 대학교 언어교육원장, 출판문화원장, 미국학연구소장과, 국제비교한국학회 회장, 문학과 영상학회 회장, 한국아메리카학회 회장, 현대영미소설학회 회장, 문체부 산하 한국문학번역원장을 역임했다. 현재 서울대학교 명예교수이자 미국 조지 워싱턴 대학 객원 석학교수로 있다. 저서로 『문화로 보는 세상, 문화로 읽는 미래』, 『경계해체시대의 인문학』, 『문학의 명장면』, 『경계를 넘어서는 문학』, 『글로벌 시대의 문학』, 『뉴미디어 시대의 문학』 등이 있다. 우호인문학상, 김환태평론문학상을 수상했고 2013년 체코정부로부터 문화외교 메달을 수여받았다.

주

22 지식학에서 철학으로

1 칸트는 『순수이성비판(Kritik der reinen Vernunft)』(KrV)의 제2판(B: 1787)을 제1판(A: 1781)에 비해 50면 증면하면서 부분적으로 많은 대목을 수정했는데, 머리말과 서론, 순수 지성 개념의 초월적 연역 장과 순수 이성의 오류 추리 장은 전면 개정했다. 그런 중에 특히 주목할 바, 첫째는 베이컨의 말을 경구(BII)로 끌어다 씀으로써 저술의 의도를 분명히 한 일이고, 둘째는 존재론적/인식론적 사유에서 "사고방식의 변혁"(BXVI), 이른바 '코페르니쿠스적 전환'을 주창함으로써 "초월철학"의 본지(本旨)를 명료화한 일이다.

2 칸트 원 저술을 인용함에 있어서, 『순수이성비판』(KrV)은 서명 제시 없이 본문 중 소괄호 안에 제1판(1781)은 부호 "A" 다음에 면수, 제2판(1787)은 부호 "B" 다음에 면수를 밝힌다. 여타 저술은 필요한 경우 책이나 논문의 (통용되고 있는) 축약된 제목 및 해당 절과 함께 면수(와 베를린학술원판 칸트 전집(AA)의 권수 다음에 이어 면수)를 제시한다. 칸트 원저와 우리말 제목 및 약호는 다음과 같다.

칸트 주요 논저의 한국어 및 원어 제목(약호)과 이를 수록한 베를린 학술원판 전집(AA) 권수(와 인용 역본)

   Kant's gesammelte Schriften(베를린 학술원판 전집: AA), hrsg. v. der Kgl. Preußischen Akademie der Wissenschaft // v. der Deutschen Akademie der Wissenschaft zu Berlin // v. der Akademie der Wissenschaften zu Göttingen // v. der Berlin-Brandenburgischen Akademie der Wissenschaften, Bde. 1~29, Berlin 1900~2009.

『순수이성비판』: Kritik der reinen Vernunft(KrV), AA III~IV(백종현 옮김, 아카넷, 2006).

『형이상학 서설』: Prolegomena zu einer jeden künftigen Metaphysik, die als Wissenschaft wird auftreten können(Prol), AA IV(백종현 옮김, 아카넷, 2012).

『자연과학의 형이상학적 기초원리』: Metaphysische Anfangsgründe der Naturwissenschaft(MAN), AA IV.

『윤리형이상학 정초』/『정초』: Grundlegung zur Metaphysik der Sitten(GMS), AA IV(백종

현 옮김, 아카넷, 개정판 2014).

『실천이성비판』: *Kritik der praktischen Vernunft(KpV)*, AA V(백종현 옮김, 아카넷, 개정판 2009).

『윤리형이상학』: *Die Metaphysik der Sitten(MS)*, AA VI(백종현 옮김, 아카넷, 2012).

『법이론의 형이상학적 기초원리』/『법이론』: *Metaphysische Anfangsgründe der Rechtslehre(RL)*.

『덕이론의 형이상학적 기초원리』/『덕이론』: *Metaphysische Anfangsgründe der Tugendlehre(TL)*.

『판단력비판』: *Kritik der Urteilskraft(KU)*, AA V(백종현 옮김, 아카넷, 2009).

「판단력비판 제1서론」: Erste Einleitung in die Kritik der Urteilskraft(EEKU), AA XX(백종현 옮김, 아카넷, 2009).

『(순전한) 이성의 한계(들) 안에서의 종교』: *Die Religion innerhalb der Grenzen der bloßen Vernunft(RGV)*, AA VI(백종현 옮김, 아카넷, 2011).

『학부들의 다툼』: *Der Streit der Fakultäten(SF)*, AA VII.

『영원한 평화』: *Zum ewigen Frieden(ZeF)*, AA VIII(백종현 옮김, 아카넷, 2013).

「거짓말」: Über ein vermeintes Recht aus Menschenliebe zu lügen(VRML), AA VIII.

「이론과 실천」: Über den Gemeinspruch: Das mag in der Theorie richtig sein, taugt aber nicht für die Praxis(TP), AA VIII.

「도덕철학 강의」: (V-Mo), AA XXVII.

「윤리형이상학 강의」: Metaphysik der Sitten Vigilantius(V-MS/Vigil), AA XXVII.

「자연법 강의」: Naturrecht Feyerabend(V-NR/Feyerabend), AA XXVII.

「형이상학 강의」: (V-MP), AA XXVIII.

「종교론 강의」: Philosophische Religionslehre nach Pölitz(V-Phil-Th/Pölitz), AA XXVIII.

『(이성의 한계 안에서의) 인간학』: *Anthropologie in pragmatischer Hinsicht(Anth)*, AA VII (백종현 옮김, 아카넷, 2014).

「인간학 강의」: (V-Anth), AA XXV.

「조각글」: Reflexionen(Refl), AA XIV~XIX.

『교육학』: *Immanuel Kant über Pädagogik(Päd)*, AA IX(백종현 옮김, 아카넷, 2018).

『(자연)지리학』: *Immanuel Kants Physische Geographie(PG)*, AA IX.

『미와 숭고의 감정에 관한 관찰』: *Beobachtungen über das Gefühl des Schönen und Erhabenen (GSE)*, AA II.

「목적론적 원리들의 사용」: Über den Gebrauch teleologischer Principien in der Philosophie

(ÜGTP), AA VIII.

『논리학』: Immanuel Kant's Logik. Ein Handbuch zu Vorlesungen(Log), AA IX.

「논리학 강의」: (V-Log), AA XXIV.

「감성세계와 예지세계의 형식과 원리들」(교수 취임 논문): De mundi sensibilis atque intelligibilis forma et principiis(MSI), AA II.

「형이상학의 진보」: Welches sind die wirklichen Fortschritte, die die Metaphysik seit Leibnizens und Wolf's Zeiten in Deutschland gemacht hat?(FM), AA XX.

「신의 현존의 유일 가능한 증명 근거」: Der einzig mögliche Beweisgrund zu einer Demonstration des Daseins Gottes(BDG), AA II.

「(형이상학적 인식의 제1원리에 대한) 새로운 해명」: Principiorum primorum cognitionis metaphysicae nova dilucidatio(PND), AA I.

『시령자의 꿈』: Träume eines Geistersehers, erläutert durch die Träume der Metaphysik(TG), AA II.

「발견」: Über eine Entdeckung, nach der alle neue Kritik der reinen Vernunft durch eine ältere entbehrlich gemacht werden soll(ÜE), AA VIII.

「보편사의 이념」: Idee zu einer allgemeinen Geschichte in weltbürgerlicher Absicht (IaG), AA VIII.

「인간 역사」: Mutmaßlicher Anfang der Menschengeschichte(MAM), AA VIII.

「일반 자연사 및 천체 이론」: Allgemeine Naturgeschichte und Theorie des Himmels (NTH), AA I.

「자연신학과 도덕」: Untersuchung über die Deutlichkeit der Grundsätze der natürlichen Theologie und der Moral(nThM), AA II.

「계몽이란 무엇인가」: Beantwortung der Frage: Was ist Aufklärung?(WA), AA VIII.

「사고에서 올바른 정향」: Was heißt, sich im Denken orientiren?(WDO), AA VIII.

「만물의 종말」: Das Ende aller Dinge(EAD), AA VIII.

「유작」: Opus postumum(OP), AA XXI~XXII.

3   임마누엘 칸트, 백종현 옮김, 『순수이성비판 1』(아카넷, 2006) 참조.

4   Josef de Vries, Grundbegriffe der Scholastik(Darmstadt: Wissenschaftliche Buchgesellschaft, 1980), S. 90 이하 참조.

5   Duns Scotus, Tractatus de primo principio, I , 2 이하 참조.

6   코페르니쿠스(Nicolaus Copernicus, 1473~1543)는 그의 저술 『천체 원운동의 혁명에 관하여(De revolutionibus orbium coelestium)』(Nürnberg, 1543)에서 종래의 천동설에 반대하여 지동설을 주창했다.

7   『국립국어연구원 표준국어대사전』(서울: 두산동아, 1999), 6086면; Duden: Das große

Wörterbuch der deutschen Sprache, Bd. 7(Mannheim/Leipzig/Wien/Zürich: Dundenverlag, 21995), S. 3431 참조.

8   Ludwig Wittgenstein, *Tratatus Logico-Philosophicus*, 5. 632.

9   예컨대 아리스토텔레스는 실체(Substantia), 질(Qualitas), 양(Quantitas), 관계(Relatio), 능동(Actio), 수동(Passio), 시간(Quando), 장소(Ubi), 상태 내지 위치(Situs), 소유 내지 태도(Habitus) 등 10개의 범주를 열거한(Aristoteles, *Categoriae*, 1b 26~27 참조) 후에, 대립(Oppositium), 선차성(Prius), 동시성(Simul), 운동(Motus), 소유(Habere) 등 5개를 후범주라고 덧붙여 나열한 바(Aristoteles, *Categoriae*, 13b 37; 14a 26; 14b 24; 15a 13; 15b 16 참조) 있거니와, 여기에 '존재'/'실존'/'현존'과 같은 개념은 포함되어 있지 않다. 그래서 본질적으로 "'존재하는 사람'과 '사람'은 동일한 것이다."(Aristoteles, *Metaphysica*, 1003b 26 이하 참조)

10   Thomas Aquinas, *Quaestiones disp. — De veritate*, qu. 1, art. 1 참조.

11   Thomas Aquinas, *Summa Theologiae*, Pars I, qu. 16, art. 2, 2.

12   G. W. F. Hegel, *Wissenschaft der Logik I*, GW 11(Hamburg: Felix Meiner, 1978), S. 5.

13   Wittgenstein, *Tratatus Logico-Philosophicus*, 4. 111: "철학은 자연과학들의 하나가 아니다. ('철학'이라는 낱말은 자연과학들 위에 또는 밑에 서 있되, 자연과학들 옆에 서 있는 것은 아닌 어떤 것을 의미하지 않으면 안 된다.)" 참조.

23 『정신현상학』의 구조와 전개

1   이 글은 2015년 네이버 문화재단의 '열린연단: 문화의 안과 밖'에서 행한 강연의 원고이다. 강연의 목적에 맞게 개괄적 수준에서 논의를 축약한 부분이 있으며, 이후 내용을 보완하고 서술을 구체화하여 졸고『정신현상학의 이념』(세창출판사, 2016)의 제4장 '정신현상학의 본론과 전개'(147~211쪽)에 담았다. 정신현상학에 대한 보다 심화된 내용을 알고자 하는 독자들은 이 책을 참조하기 바란다.

2   G. W. F. Hegel, *Phänomenologie des Geistes*, Werke in Zwanzig Bänden, Bd. 3(Frankfurt am Main: Suhrkamp, 1969~1971), p. 103.

3   Ibid., p. 103.

4   Ibid., p. 152.

24 라캉의 시선으로 본 프로이트

1 Jacques Derrida, "Coming into One's Own," *Psychoanalysis and the Question of the Text*, ed. Geoffrey Hartman(Baltimore: Johns Hopkins UP, 1978), p. 115

2 Charles Brenner, *An Elementary Textbook of Psychoanalysis*(NY: Anchor Books, 1974), p. 158.

3 Ibid., pp. 162~163.

4 Sigmund Freud, *The Standard Edition of the Complete Psychological Works of Sigmund Freud*, 24 vols, ed. and trans. James Strachey(London: Hogarth P, 1953~1974). 이하 프로이트의 저술을 인용할 때에는 본문에 약칭 *SE*로 표기하며 권수와 쪽수를 병기한다.

5 Erich Fromm, *Greatness and Limitations of Freud's Thought*(NY: Harper & Row, 1980), p. 125.

6 Ibid., p. 127.

7 Juan-David Nasio, *Oedipus: The Most Crucial Concept in Psychoanalysis*, trans. David Pettigrew and François Raffoul(NY: SUNY P, 2010), p. 3.

8 Jacques Lacan, *Écrits: The First Complete Edition in English*, ed. and trans. Bruce Fink(NY: W. W. Norton, 2007), p. 825.

9 Jacques Lacan, *Écrits: A Selection*, trans. Alan Sheridan(NY: W. W. Norton, 1977). 이하 인용할 때에는 본문에 약칭 *É*로 표기하며 쪽수를 병기한다.

10 Bruce Fink, *Against Understanding: Commentary and Critique in a Lacanian Key*, Vol. 1(NY: Routledge, 2013), p. 40.

11 Jacques Lacan, *The Four Fundamental Concepts of Psychoanalysis*, ed. Jacques-Alain Miller, trans. Alan Sheridan(NY: W. W. Norton, 1977). 이하 인용할 때에는 본문에 약칭 *FFCP*로 표기하며 쪽수를 병기한다.

12 Richard Boothby, *Freud as Philosopher: Metapsychology after Lacan*(NY: Routledge, 2001), pp. 59~60.

13 Shoshana Felman, *Jacques Lacan and the Adventure of Insight: Psychoanalysis in Contemporary Culture*(Cambridge: Harvard UP, 1987), p. 199.

14 Richard Boothby, op. cit., p. 216.

15 Bruce Fink, *The Lacanian Subject: Between Language and Jouissance*(Princeton: Princeton UP, 1995), p. 26.

16 Ibid., p. 28.

17 Ibid., p. 30.

18 Annie G. Rogers, *The Unsayable: The Hidden Language of Trauma*(NY: Ballantine Books, 2006), p. 106.

19   Jean Laplanche and J.-B. Pontalis, *The Language of Psycho-Analysis*, trans. Donald Nicolson-Smith(NY: W. W. Norton, 1973), p. 13.

25 존재의 의미에 대한 근본적 물음

1   Martin Heidegger, *Holzwege, Gesamtausgabe* Bd. 5, ed. Friedrich-Wilhelm v. Herrmann (Frankfurt am Main: Vittorio Klostermann, 2003), p. 19.

26 『감시와 처벌』과 현대 사회의 권력

1   Michel Foucault, *Dits et écrits IV*(Gallimard, 1994), p. 13.

2   Ibid., p. 21.

3   "Foucault et les historiens, entretien avec Jacques Revel," *Magazine Littéraire* no. 101(Juin 1975), p. 11.

4   Michel Foucault, *Dits et écrits II*, p. 741.

5   Mark Poster, *Foucault, Marxism and History*(Polity Press, 1984), p. 73.

6   Michel Foucault, *L'archéologie du savoir*(Gallimard, 1969), pp. 16~17.

7   Michel Foucault, *Dits et écrits II*, p. 750.

8   미셸 푸코, 오생근 옮김, 『감시와 처벌』(나남, 2014), 63쪽.

9   디디에 에리봉, 박정자 옮김, 『미셸 푸코, 1926~1984』(그린비, 2010), 356쪽.

10   Michel Foucault, *Dits et écrits II*, p. 750.

11   디디에 에리봉, 앞의 책, 371~372쪽.

12   위의 책, 376쪽.

13   Michel Foucault, *Dits et écrits II*, p. 203.

14   미셸 푸코, 『감시와 처벌』, 67쪽.

15   위의 책, 67쪽.

16   위의 책, 107쪽.

17   위의 책, 123쪽.

18   위의 책, 146쪽.

19   위의 책, 49쪽.

20   위의 책, 169쪽.

21 위의 책, 171쪽.

22 위의 책, 170쪽.

23 위의 책, 184쪽.

24 위의 책, 184쪽.

25 위의 책, 185쪽.

26 위의 책, 206쪽.

27 위의 책, 208쪽.

28 Michel Foucault, *Dits et écrits II*, p. 741.

29 미셸 푸코, 『감시와 처벌』, 215~216쪽.

30 위의 책, 216쪽.

31 위의 책, 217쪽.

32 위의 책, 243쪽 참조.

33 위의 책, 268쪽.

34 위의 책, 253쪽.

35 위의 책, 254쪽.

36 위의 책, 268쪽.

37 위의 책, 289쪽.

38 위의 책, 288~289쪽.

39 위의 책, 289쪽.

40 위의 책, 290쪽.

41 위의 책, 292쪽.

42 위의 책, 295쪽.

43 위의 책, 298쪽.

44 위의 책, 301쪽.

45 Michel Foucault, *Dits et écrits III*, p. 190.

46 Ibid., p. 19.

47 Michel Foucault, *Dits et écrits IV*, p. 15.

48 미셸 푸코, 『감시와 처벌』, 318쪽.

49 위의 책, 335쪽.

50 Michel Foucault, *Dits et écrits III*, p. 201.

51 미셸 푸코, 『감시와 처벌』, 405~410쪽.

52 위의 책, 431쪽.

53 위의 책, 432쪽.

54 위의 책, 126~127쪽.

55 위의 책, 130쪽.

56 Michel Foucault, *Dits et écrits II*, p. 746.

57 Mark Poster, op. cit., p. 95.

58 Gilles Deleuze, *Foucault*(Editions de Minuit, 2004), p. 32.

59 미셸 푸코, 『감시와 처벌』, 57쪽.

60 위의 책, 331쪽.

61 위의 책, 244쪽.

62 위의 책, 300쪽.

63 위의 책, 302쪽.

27 포괄적 합리성과 사회 비판

1 Jürgen Habermas, *Theorie des kommunikativen Handelns*, 2 Bd.(Frankfurt am Main: Suhrkamp, 1981), 장춘익 옮김, 『의사소통행위이론 1, 2』(파주: 나남출판, 2006). 이하 괄호 안에 『의사소통행위이론』 한국어판의 권수와 쪽수를 표시한다.

2 Jürgen Habermas, *Die neue Unübersichtlichkeit: Kleine Politische Schriften V*(Frankfurt am Main: Suhrkamp, 1985), p. 178.

3 "기능주의 사회과학은 사회합리화 과정을 살피기 위한 기준점으로 체계합리성을 선택한다. 합리화될 수 있는 '지식'은 사회 체계들의 자기 조절 능력에서 표현된다는 것이다."(2, 477)

4 이것은 진리 조건적 의미론, 즉 한 문장의 의미는 그 문장이 참이 되는 조건과 같다는 입장의 화용론적 버전이라고 할 수 있다.

5 반사실적으로 상정한다고 해서 현실과 동떨어져 단순하게 이상주의적 사고를 한다고 이해되어선 안 된다. 나중에 보겠지만, 의사소통행위를 통해 재생산되는 생활세계에서는 합리성 요소들 사이의 균형이 실제로 요구된다는 것이 하버마스의 주장이다.

6 하버마스는 관료제적 사회주의를, "의사소통적 관계들의 물화 대신에, 관료제에 의해 메마르게 되고 강압적으로 인간화된 의사(擬似) 정치적 교류의 영역에서 의사소통적인 것으로 위장된 관계들이 등장"(2, 591)하는 것으로 여긴다.

28 해체론적 윤리학을 위하여

1 J. Derrida, *Force de loi: le fondement mystique* de l'autorité(Paris: Galilée, 1994), p. 44, pp. 55~56. 본문 내 약칭 FL. 진태원 옮김, 『법의 힘』(문학과지성사, 2004) 참조.

2 G. W. F. Hegel, *Vorlesungen über die Geschichte der Philosophie I*(Frankfurt am Main: Suhrkamp, 1971), p. 21. 본문 내 약칭 GPh.

3 J. Derrida, *De la grammatologie*(Paris: Minuit, 1967), p. 231. 본문 내 약칭 G. 김성도 옮김, 『그라마톨로지』(민음사, 2010) 참조.

4 J. Derrida, *Psyché: inventions de l'autre*(Paris: Galilée, 1987), p. 389.

5 J. Derrida, *Marges de la philosophie*(Paris: Minuit, 1972), pp. XX~XXI. 본문 내 약칭 M.

6 절대적 외면성으로서의 무한자와 형이상학적 체계(혹은 구조주의적 구조)에 담기는 총체성(내면성) 사이에는 하이데거적 의미의 존재론적 차이가 성립한다. 후자가 개념적 및 언어적 구성체라면 전자는 그것을 초과하는 차원이다. 이 안과 밖의 차이, 바로 이것이 데리다 해체론의 지속적 탐구 과제이고, 이는 하이데거가 존재와 존재자 일반 사이의 차이를 말할 때 제기된 문제와 다르지 않다. 데리다는 이 차이를 차연으로 혹은 흔적으로 번역했고, 이렇게 번역되었을 때 중요한 것은 더 이상 존재와 존재자 사이의 차이가 아니라 생명과 죽음의 차이, 혹은 살아 있는 것이 죽어 있는 것에 빚지는 차이다. 즉 차연 혹은 흔적은 살아 있는 총체성(생명)의 안과 밖 사이에서 일어나는 접경적 사태이며, 그 나름의 구조성을 띠고 있다. 데리다는 생명과 죽음 사이에 걸쳐 있는 이 "근원적 구조"를 종종 경제(économie)라는 말로 표기한다. 차연적 구조는 현전의 시간 속, 생명의 시간 속에 존재하는 구조주의적 구조와 혼동되지 말아야 한다. 결정적인 차이는 언제나 시간성에 있다. 차연적 구조(흔적, 글-쓰기)는 현상(세계) 배후의 "초월론적 경험의 장"(G 97)을 형성하는 어떤 수동적 시간의 종합과 관련되는 것으로 구조주의적 구조에 대해 생성의 기원이자 변형과 소멸의 기원에 해당한다.(김상환, 「해체론에서 초월론으로: 데리다의 구조주의 비판 소고」,《철학과 현실》제38호(1998년 가을호), 13~39쪽 참조) 흔적 혹은 원-흔적은 현상학적 시간론을 초과하는, 프로이트의 사후성 개념으로나 겨우 접근 가능한 "시간화의 종합(synthèse temporalisatrice)"(G 97)을 가리킨다. "그것은 생생한 현전의 현전성 안에 있는 죽은 시간을 나타낸다. 죽은 시간이 작동하는 것이다."(G 99) 나타남의 세계 배후에 그것의 개방성의 기원에 있는 근원적 시간성은 죽은 시간이 참여하고 있으므로 형이상학에 의해서는 결코 회상되거나 포착될 수 없다. 이런 시간론적 구도에서 두 가지 의미의 구조를 구별할 수 있을 때만 우리는 데리다의 '울타리'나 '텍스트'를 무난하게 이해할 수 있다. 차연적 구조가 추상된 것이 구조주의적 구조라면, 울타리는 이 추상적 구조의 닫힘과 열림, 그 안과 밖의 접경적 경제에 대한 이름이다. 반면 텍스

트는 차연적 구조에 의해 조형되거나 탈-조형되고 있는—그 자체로서는 무의미한 요소들 사이의—어떤 상호 준거 및 전송의 유희를 염두에 둔 명칭이다. 여기서 해체 대상에 해당하는 추상적 구조나 '안과 밖'이라는 개념 쌍은 이미 주변화되어 있다. "텍스트의 바깥은 없다."라는 데리다의 명제는 최종적으로 이런 문맥에서 해석되어야 한다. 데리다의 텍스트 개념에 대해서는 김상환, 「데리다의 텍스트」,《철학사상》제27호(2008년 2월호), 91~121쪽 참조.

7   헤겔의 '정신'과 데리다의 '울타리' 사이의 역사적 친족 관계는 하이데거의 '존재의 집' 즉 '얼개(Gefüge)'를 사이에 두고 이어진다. 체계(구조) 개념에 역사 개념이 결합하여 헤겔의 '정신'을 낳았고, 이 정신 개념을 보다 개방화하고 시간화한 것이 하이데거의 '얼개'다. 데리다의 '울타리'는, 나아가 '텍스트'는 이 '얼개'를 해체론적 관점에서 계승하고 있다.

8   J. Derrida, *Positions*(Paris: Minuit, 1972), p. 77. 본문 내 약칭 P.

9   J. Derrida, "Cogito et histoire de la folie," *L'écriture et la différence*(Paris: Seuil, 1967), pp. 51~97 참조. 본문 내 약칭 ED.

10 아래의 부분은 서울대학교 철학사상연구소 엮음,『처음 읽는 윤리학』(동녘, 2013)에 실린 졸고「데리다의 윤리학」을 수정·보완한 것이다.

11 J. Derrida, *Limited Inc.*(Paris: Galilée, 1990), pp. 260~261. 본문 내 약칭 LI.

12 J. Derrida, "Signature événement contexte," *Marges de la philosophie*, pp. 365~393 참조.

13 J. Derrida, *Adieu à Emmanuel Lévinas*(Paris: Galilée, 1997) 참조. 본문 내 약칭 AL.

14 J. Derrida, *Spectres de Marx*(Paris: Galilée, 1993). 본문 내 약칭 SM. 진태원 옮김,『마르크스의 유령들』(그린비, 2014) 참조.

15 J. Derrida, "Foi et savoir. Deux sources de la 'religion' aux limites de la simple raison," *La religion*, ed. J. Derrida et G. Vattimo(Paris: Seuil, 1996). 본문 내 약칭 FS.

29 동서양의 경계를 넘어

1   Edward W. Said, *Beginnings: Intention and Method*(New York: John Hopkins Press, 1975), p. 4.

2   Edward W. Said, *The World, the Text, and the Critic*(Cambridge: Harvard University Press, 1983), p. 3.

3   Edward W. Said, *Orientalism*(New York: Vintage, 1978), p. 209.

4   Ibid., p. 12.

5   Ibid., p. 15.

6   Ibid., p. 94.

7   Ibid., p. 177.

8   Ibid., p. 27.

9   Edward W. Said, *The World, the Text, and the Critic*, p. 23.

10   Edward W. Said, *Orientalism*, p. 38.

11   Ibid., p. 33.

12   Ibid., p. 154.

13   Ibid., p. 21.

14   Ibid., p. 1.

15   Edward W. Said, *Culture and Imperialism*(New York: Alfred Knopf, 1993), 김성곤·정정호 옮김, 『문화와 제국주의』(서울: 도서출판 창, 1995), 61쪽.

16   위의 책, 60쪽.

17   위의 책, 35쪽.

18   위의 책, 31~32쪽.

19   위의 책, 24쪽.

20   위의 책, 24쪽.

21   위의 책, 24쪽. 같은 책에서 사이드는 또 이렇게 말한다. "우리는 우리의 목소리를 들리게 할 생각에만 급급한 나머지, 이 세상이 복합적인 곳이라는 사실을 망각하곤 한다. 만일 우리가 각자 자신의 주장만 순수하고 옳다고 주장한다면, 우리 모두는 끝없는 투쟁과 피가 튀는 정치적 혼란 속에 빠져들고 말 것이다. 과연 그러한 진정한 공포가 최근 유럽에서 재현되고 있는 인종 차별주의와 미국에서 벌어지고 있는 도의적 공정성과 정체성 문제에 대한 토론의 불협화음─그리고 나 자신의 출신 지역에 대해 이야기한다면─사담 후세인과 수많은 그의 아랍 추종자들 그리고 그의 반대파들의 비스마르크스적인 전체주의가 빚어내는 종교적 편견과 망상적 약속들의 비관용성 속 여기저기에서 엿보이고 있다."(34~35쪽)

22   위의 책, 41쪽. 사이드는 이렇게 말한다. "방어적이고 보수적이며 심지어는 편집증적인 국수주의가 유감스럽게도 어린이들과 청소년들이 '자신들의' 문화의 독창성을 숭상하고 찬양하는 교육 현장에서 (대개는 타 문화를 비하시키면서) 가르쳐지고 있다."(41쪽)

23   위의 책, 42쪽.

24   위의 책, 41~42쪽.

25   "위대한 비평가가 되는 두 가지 조건은, 첫째, 자신과 반대되는 이론도 포용할 수 있는 '열린 마음'의 소유자가 되는 것이며, 둘째는 어떤 특정 당파에 속하지 않는 것입니다." (위의 책, 158쪽)

26 에드워드 사이드, 『문화와 제국주의』, 41쪽.

27 에드워드 사이드·다니엘 바렌보임, 장영준 옮김, 『평행과 역설』(서울: 생각의나무, 2003), 25쪽, 27쪽.

28 Edward W. Said, *Orientalism*, p. 25.

29 Ibid., p. 27.

30 에드워드 사이드, 『문화와 제국주의』, 36쪽.

31 위의 책, 42~43쪽.

고전 강연 전체 목록

고전 강연

4 근대정신과 비판

1판 1쇄 찍음 2018년 3월 16일
1판 1쇄 펴냄 2018년 3월 23일

지은이 백종현, 강순전, 박찬부, 박찬국, 오생근, 장춘익, 김상환, 김성곤
발행인 박근섭·박상준
펴낸곳 **(주)민음사**

출판등록 1966. 5. 19. 제16-490호
주소   (135-887) 서울시 강남구 도산대로 1길 62(신사동)
          강남출판문화센터 5층
대표전화 515-2000 | 팩시밀리 515-2007
홈페이지 www.minumsa.com

ISBN 978-89-374-3660-4 (04100)
      978-89-374-3656-7 (세트)

NAVER
문화재단

이 책은 네이버 문화재단의 후원으로 만들어졌습니다.